国家级一流本科专业建设点配套教材
北大社 "十四五"普通高等教育本科规划教材

SELECTED CASES OF CONTEMPORARY ECONOMIC DEVELOPMENT IN CHINA

中国当代经济发展案例选编

李小平　陈立兵　朱巧玲　编著

内 容 简 介

党的二十大报告明确指出："从现在起，中国共产党的中心任务就是团结带领全国各族人民全面建成社会主义现代化强国、实现第二个百年奋斗目标，以中国式现代化全面推进中华民族伟大复兴。"在中国共产党的领导下，中国人民的奋斗历程荡气回肠，尤其是自改革开放以来，中国经济走上了发展的快车道，涌现出一系列推动经济和社会发展、改善人民生活的典型案例。为了纪念和总结这一波澜壮阔的奋斗历程，我们组织编写了《中国当代经济发展案例选编》。

本书具有三个特点：一是通过经济发展案例向学生分析中国共产党在我国经济发展中的领导作用；二是通过讲授我国具有代表性的经济发展案例，向学生"讲好中国故事"，使其从经济学专业视角"读懂中国"，坚定"四个自信"，涵养家国情怀，激发使命担当；三是有利于培养学生基于中国"土壤"探索新的经济学理论的意识，为我国经济理论的繁荣发展作出应有的贡献。

图书在版编目 (CIP) 数据

中国当代经济发展案例选编 / 李小平，陈立兵，朱巧玲编著. —北京：北京大学出版社，2024.4
ISBN 978-7-301-34928-1

Ⅰ. ①中… Ⅱ. ①李… ②陈… ③朱… Ⅲ. ①中国经济—经济发展—案例 Ⅳ. ①F124

中国国家版本馆 CIP 数据核字（2024）第 055946 号

书　　　名	中国当代经济发展案例选编 ZHONGGUO DANGDAI JINGJI FAZHAN ANLI XUANBIAN
著作责任者	李小平　陈立兵　朱巧玲　编著
策划编辑	王显超
责任编辑	毛文婕　翟源
标准书号	ISBN 978-7-301-34928-1
出版发行	北京大学出版社
地　　　址	北京市海淀区成府路 205 号　100871
网　　　址	http://www.pup.cn　新浪微博：@北京大学出版社
电子邮箱	编辑部 pup6@pup.cn　总编室 zpup@pup.cn
电　　　话	邮购部 010-62752015　发行部 010-62750672　编辑部 010-62750667
印　刷　者	三河市北燕印装有限公司
经　销　者	新华书店 787 毫米 × 1092 毫米　16 开本　13.75 印张　324 千字 2024 年 4 月第 1 版　2024 年 4 月第 1 次印刷
定　　　价	59.00 元

未经许可，不得以任何方式复制或抄袭本书之部分或全部内容。
版权所有，侵权必究
举报电话：010-62752024　电子邮箱：fd@pup.cn
图书如有印装质量问题，请与出版部联系，电话：010-62756370

序　　言

　　党的二十大报告明确指出："从现在起，中国共产党的中心任务就是团结带领全国各族人民全面建成社会主义现代化强国、实现第二个百年奋斗目标，以中国式现代化全面推进中华民族伟大复兴。"在中国共产党的领导下，中国人民的奋斗历程荡气回肠，尤其是自改革开放以来，中国经济发展走上了快车道，涌现出一系列推动经济和社会发展、改善人民生活的典型案例。其中，具有代表性的一些案例如下。

　　1. 安徽省凤阳县小岗村敢为天下先，自发承包土地，最终形成了促进生产力发展的家庭联产承包责任制，后来该制度获得党中央认可并在全国推广，这推动了我国农业的发展。

　　2. 马应龙药业集团股份有限公司、健民药业集团股份有限公司的国有企业改革激发了企业活力、盘活了国有资产，创造了国有企业改革的"武汉模式"。

　　3. 苏南地区乡镇企业在改革开放初期积极参与市场、创造市场，使苏南地区成为当时最有活力、经济发展较快的地区。乡镇企业是我国农民的伟大创造，他们以自己独特的方式参与了我国社会主义市场经济建设，创造了地区经济发展的"苏南模式"。

　　4. 浙江省义乌小商品市场以自雇起家，将"鸡毛换糖"的市场经济精神发扬光大，最终形成了全球小商品集散地，向全球提供小商品服务。

　　5. "绿水青山就是金山银山"的绿色发展理念要求发展经济不能以污染环境为代价，必须追求高质量的发展。浙江省安吉县的白茶和翠竹就是践行了"绿水青山就是金山银山"的理念，发展绿色产业，追求高质量发展。这是科学的经济理论，是未来发展的必由之路。

　　6. 关怀社会底层群众发展的精准扶贫模式体现了中国共产党以人民为中心的执政理念，发展新时代中国特色社会主义经济必须关注社会底层群众，解决他们急难愁盼的问题。习近平总书记在湖南省花垣县十八洞村第一次提出了"精准扶贫"的指示后，全国扶贫工作进入了新阶段。中南财经政法大学的精准扶贫责任单位之一的湖北省咸宁市通城县麦市镇红石村的精准扶贫工作为我国贫困地区全面摘帽作出了贡献。

　　7. 高铁发展模式案例体现了我国集中力量办大事的社会主义市场经济体制的优越性。在进入21世纪后，我国用了20多年的时间实现了高铁的从无到有。如今我国高铁运营里程位居世界第一，高铁不但为老百姓出行提供了便利，而且提高了全社会运行的效率。

　　8. "一带一路"倡议促进中国以全新姿态走向世界，世界正通过"一带一路"倡议认识中国在新时代的国际形象。

　　9. 深圳经济特区从"小渔村"发展成一线城市的案例，体现了改革开放初期党中央实施改革开放的决心和稳妥发展经济决策的务实性。深圳经济特区是在当时社会背景下中央划定的中国特色社会主义市场经济试点，经过四十多年建设，深圳已经成为举世瞩目的一线城市。

　　10. 调动劳动者生产积极性、体现和谐生产关系的"华为模式"为我国企业发展提供新思路。和谐的劳动关系能促进企业快速发展壮大，并保持持久活力。华为员工持股型的公司管理模式体现了公司创始人任正非的格局和智慧，证明了实现企业劳动关系达到劳资双方长期满意并促进企业旺盛发展的可能性。

11. 阿里巴巴、京东、苏宁易购等企业的新零售商业模式改变了人们的日常生活，但也对传统实体零售模式造成了巨大冲击。新零售商业模式的出现是社会经济发展的必然现象，但其发展应当扬长避短，在造福社会的同时将其对社会的冲击降到最低。

本书具有三个特点，具体如下所述。

一是有利于通过经济发展案例向学生分析中国共产党在我国经济发展中的领导作用。中国共产党对经济工作的领导作用表现在对发展目标的引导作用、对制定发展战略的主导作用和在发展过程中对问题的纠正作用。

二是通过讲授我国具有代表性的经济发展案例，向学生"讲好中国故事"，使其从经济学专业视角"读懂中国"，坚定"四个自信"，涵养家国情怀，激发使命担当。

三是有利于培养学生基于中国"土壤"探索新的经济学理论的意识，为我国经济理论的繁荣发展作出应有的贡献。

中国经济的成功发展离不开党的领导，主要表现有如下几方面。首先，中国经济成功背后，中国共产党执政起关键作用；其次，中国政府制定经济政策的出发点始终以人民为中心；最后，中国政府的"五年规划"和"十年规划"，以及各项经济发展目标的制定为中国经济发展设计了比较科学的轨道和目标（即中国经济发展有目标、有规划、有步骤、有措施）等。这些对我国经济发展至关重要的决策和影响因素，通过案例表现出来更有利于学生领会党中央的决策。因此，本书必然会增加学生的使命感，使学生在以习近平新时代中国特色社会主义思想的指导下，基于中国经济发展的肥沃"土壤"，研究出超越当代西方经济学的研究成果，为构建新时代中国特色社会主义政治经济学理论体系作出应有的贡献。

本书是集体智慧的结晶，由李小平、陈立兵、朱巧玲编著，共同拟定了编写大纲和撰写要求，其他各部分的撰稿人包括张昆（案例一　促进生产力发展的家庭联产承包责任制；案例六　关怀社会底层群众发展的精准扶贫模式）、马军舰（案例二　激发企业活力、盘活国有资产的马应龙药业、健民药业等国有企业改革案例）、杨剑刚（案例三　调动基层组织积极参与市场的苏南模式；案例四　以自雇起家的义乌小商品市场案例研究）、骆月丽（案例五　"绿水青山就是金山银山"的绿色发展理念——以浙江省安吉县白茶和翠竹为例）、黄逸飞（案例七　"集中力量办大事"的高铁发展模式）、闫境华（案例八　"一带一路"倡议中我国的大国责任与国内供给侧结构性改革；案例十一　阿里巴巴、京东、苏宁易购等企业的新零售商业模式的政治经济学分析）、李琦婷（案例九　从"小渔村"发展成一线城市的深圳经济特区模式；案例十　调动劳动者生产积极性、体现和谐生产关系的"华为模式"）。本书还有丰富的配套资源，可以扫描封底的二维码，联系客服领取。

由于编者水平有限，本书难免会有错误之处，敬请批评指正！

编者

2024 年 3 月

目 录

案例一 促进生产力发展的家庭联产承包责任制 ……………………… 1
一、案例概要与教学目标 ……………… 2
二、案例内容 …………………………… 2
　（一）基于产权视角论述建党以来我国农村土地制度变迁 ……… 2
　（二）家庭联产承包责任制的形成和发展 ………………… 10
　（三）小岗村家庭联产承包责任制案例分析 ……………… 14
三、案例简评 …………………………… 19
　（一）国家层面上家庭联产承包责任制的制度绩效 ……… 19
　（二）小岗村家庭联产承包责任制的制度绩效 …………… 20
四、问题探索与理论链接 ……………… 21
　（一）所有制形式由单一化向多样化转变 ………………… 21
　（二）突破了"按劳分配是资本主义分配方式"的认识 …… 22
　（三）为公私融合的混合所有制经济开创了一个成功的先例 … 23
五、问题讨论 …………………………… 23
参考文献 ………………………………… 23

案例二 激发企业活力、盘活国有资产的马应龙药业、健民药业等国有企业改革案例 …………… 24
一、案例概要与教学目标 ……………… 25
二、案例内容 …………………………… 25
　（一）国有企业改革历程与武汉国有企业改革实践 ……… 26
　（二）武汉国企改革案例之马应龙制药厂 …………… 28
　（三）武汉国企改革案例之武汉健民制药厂 ………… 33
三、案例简评 …………………………… 39
　（一）国有企业改革成果评价 … 39

　（二）马应龙药业改革成果评价 …… 39
　（三）健民药业改革成果评价 ……… 40
四、问题探索与理论链接 ……………… 41
　（一）国有企业改革的理论逻辑 …………………………… 41
　（二）国有企业改革的经验与不足 ………………………… 41
　（三）国有企业改革的基本方向与目标 …………………… 42
五、问题讨论 …………………………… 42
参考文献 ………………………………… 43

案例三 调动基层组织积极参与市场的苏南模式 ……………………… 45
一、案例概要与教学目标 ……………… 46
二、案例内容 …………………………… 46
　（一）苏南模式的历史背景考察 …… 46
　（二）苏南模式形成机制和发展演变 ……………………… 53
三、案例简评 …………………………… 58
　（一）苏南模式的意义 ……… 58
　（二）苏南模式的当下价值 … 59
　（三）苏南模式的未来展望 … 59
四、问题探索与理论链接 ……………… 60
　（一）基层组织是市场经济的起步器 ……………………… 60
　（二）基层组织是市场经济的加速器 ……………………… 60
　（三）基层组织是市场经济的稳定器 ……………………… 61
五、问题讨论 …………………………… 61
参考文献 ………………………………… 61

案例四 以自雇起家的义乌小商品市场案例研究 ……………………… 63
一、案例概要与教学目标 ……………… 64
二、案例内容 …………………………… 64
　（一）自雇的概念以及行为逻辑 …… 64

（二）以自雇起家的义乌小商品市场的
　　　　时代背景和发展历程 ………… 67
三、案例简评 ……………………………… 73
　　（一）自雇促进社会主义市场经济
　　　　主导地位的确立 ……………… 73
　　（二）自雇促进形成专业化市场的
　　　　竞争优势 ……………………… 74
　　（三）自雇促进产权制度的改革 …… 74
四、问题探索与理论链接 ………………… 75
　　（一）做好因地制宜发展特色
　　　　经济 …………………………… 75
　　（二）做好制度保障和制度创新 …… 75
　　（三）做好政府和市场之间
　　　　的平衡 ………………………… 76
五、问题讨论 ……………………………… 76
参考文献 …………………………………… 76

**案例五 "绿水青山就是金山银山"的绿色
　　　　发展理念——以浙江省安吉县
　　　　白茶和翠竹为例** ……………… 78
一、案例概要与教学目标 ………………… 79
二、案例内容 ……………………………… 79
三、案例简评 ……………………………… 84
　　（一）安吉县践行"两山"理念，
　　　　以绿色产业升级经济结构 …… 84
　　（二）安吉县践行"两山"理念，
　　　　推动绿色高质量发展 ………… 85
　　（三）安吉县践行"两山"理念，
　　　　推进人与自然和谐共生 ……… 86
四、问题探索与理论链接 ………………… 86
　　（一）马克思主义生态哲学观
　　　　及其中国化 …………………… 86
　　（二）"两山"理念的科学内涵 …… 88
　　（三）"两山"理念所蕴含的习近平
　　　　生态文明思想 ………………… 88
五、问题讨论 ……………………………… 90
参考文献 …………………………………… 91

**案例六 关怀社会底层群众发展的精准扶贫
　　　　模式** ……………………………… 92
一、案例概要与教学目标 ………………… 93
二、案例内容 ……………………………… 93
　　（一）改革开放以来中国的
　　　　扶贫实践 ……………………… 93

　　（二）十八洞村的精准扶贫
　　　　案例分析 ……………………… 97
　　（三）湖北省咸宁市红石村的精准扶贫
　　　　与乡村振兴案例分析 ………… 105
三、案例简评 ……………………………… 106
　　（一）十八洞村的脱贫绩效 ………… 106
　　（二）十八洞村的发展机遇 ………… 108
　　（三）十八洞村从精准脱贫到乡村振兴面
　　　　临的挑战 ……………………… 109
四、问题探索与理论链接 ………………… 110
　　（一）精准扶贫的理论基础和
　　　　现实基础 ……………………… 110
　　（二）精准扶贫的重要内涵 ………… 111
　　（三）精准扶贫的重大意义 ………… 113
五、问题讨论 ……………………………… 115
参考文献 …………………………………… 116

**案例七 "集中力量办大事"的高铁发展
　　　　模式** ……………………………… 117
一、案例概要与教学目标 ………………… 118
二、案例内容 ……………………………… 118
　　（一）背景介绍 ……………………… 118
　　（二）中国高铁的发展现状 ………… 121
三、案例简评 ……………………………… 128
　　（一）中国高铁的投资和
　　　　融资模式 ……………………… 128
　　（二）中国共产党在高铁建设中的
　　　　作用 …………………………… 133
　　（三）中国高铁的经济效益 ………… 135
四、问题探索与理论链接 ………………… 138
　　（一）高铁发展面临的挑战 ………… 138
　　（二）高铁发展建议 ………………… 140
五、问题讨论 ……………………………… 142
参考文献 …………………………………… 142

**案例八 "一带一路"倡议中我国的大国责任
　　　　与国内供给侧结构性改革** …… 144
一、案例概要与教学目标 ………………… 145
二、案例内容 ……………………………… 145
　　（一）"一带一路"倡议的提出 …… 145
　　（二）"一带一路"倡议对经济全球化的
　　　　影响 …………………………… 148
　　（三）"一带一路"倡议对古代
　　　　丝绸之路的超越 ……………… 149

（四）"一带一路"倡议重点区域的
　　　　发展情况·················· 151
　　（五）中国与沿线国家共建"一带一路"
　　　　倡议的回顾················ 152
三、案例简评························ 154
　　（一）"一带一路"倡议的理念
　　　　创新······················ 154
　　（二）"一带一路"倡议的方式
　　　　崭新······················ 155
　　（三）"一带一路"倡议彰显
　　　　大国担当·················· 155
四、问题探索与理论链接·············· 156
　　（一）供给侧结构性改革·········· 156
　　（二）供给侧结构性改革与"一带一路"
　　　　倡议的关系················ 156
五、问题讨论························ 157
参考文献···························· 157

案例九　从"小渔村"发展成一线城市的深圳经济特区模式·········· 158

一、案例概要与教学目标·············· 159
二、案例内容························ 159
　　（一）深圳经济特区的
　　　　时代背景·················· 159
　　（二）深圳经济特区的
　　　　决策过程·················· 160
　　（三）深圳经济特区的
　　　　建设过程·················· 161
三、案例简评························ 164
　　（一）深圳经济特区的
　　　　改革逻辑·················· 164
　　（二）深圳经济特区的
　　　　经验探讨·················· 165
四、问题探索与理论链接·············· 167
　　（一）深圳经济特区建设经验的
　　　　理论贡献·················· 167
　　（二）深圳经济特区成功实践的
　　　　重要启示·················· 168
五、问题讨论························ 170
参考文献···························· 170

案例十　调动劳动者生产积极性、体现和谐生产关系的"华为模式"······ 171

一、案例概要与教学目标·············· 172

二、案例内容························ 172
　　（一）华为的薪酬管理模式········ 173
　　（二）华为实施员工持股计划的
　　　　历程······················ 174
　　（三）华为员工持股计划的
　　　　激励效果·················· 176
三、案例简评························ 179
　　（一）华为的股权结构及其性质···· 179
　　（二）华为员工持股的特征········ 180
　　（三）华为实施员工持股计划的
　　　　动因分析·················· 181
　　（四）分析华为员工持股下的
　　　　劳动关系·················· 182
四、问题探索与理论链接·············· 183
　　（一）华为员工持股计划对企业生产
　　　　关系的改变················ 183
　　（二）华为员工持股计划对企业分配
　　　　关系的调整················ 185
　　（三）华为员工持股计划对企业
　　　　发展的影响················ 186
五、问题讨论························ 188
参考文献···························· 188

案例十一　阿里巴巴、京东、苏宁易购等企业的新零售商业模式的政治经济学分析·············· 190

一、案例概要与教学目标·············· 191
二、案例内容························ 191
　　（一）新零售的产生背景与
　　　　相关概念·················· 191
　　（二）阿里巴巴、京东、苏宁易购等
　　　　企业的新零售商业模式······ 194
　　（三）新零售的典型案例·········· 197
三、案例简评························ 199
　　（一）阿里巴巴的新零售发展
　　　　历程······················ 199
　　（二）京东的新零售发展
　　　　历程······················ 199
　　（三）苏宁易购的新零售发展
　　　　历程······················ 200
　　（四）其他企业的新零售发展
　　　　历程······················ 200
四、问题探索与理论链接·············· 200

（一）马克思流通经济范式中的
零售本质……………… 201
（二）零售的源起及其在资本主义
经济关系中的本质 ………… 203
（三）数字化零售趋势的兴起与
中国零售业转型 …………… 205

（四）数字化驱动零售创新的潜在
作用机理……………… 207
（五）结论及启示 ……………… 210

五、问题讨论 ……………………… 211

参考文献 …………………………… 211

案例一
促进生产力发展的家庭联产承包责任制

张 昆

教学目的

使学生了解经济制度改革对生产力的促进作用。

教学内容

介绍小岗村的农村集体产权制度改革对当地农民劳动的激励作用和农业生产绩效的提升作用。

重点、难点：本讲的重点是介绍经济制度改革对农民的激励作用，党中央尊重人民的首创精神；难点是介绍当时的社会经济背景以及当时的经济发展的阻碍。

章前思考题：促进生产力发展的因素主要有哪些？

一、案例概要与教学目标

正如著名的经济学家威廉·配第所说:"劳动是财富之父,土地是财富之母",土地自古以来就是人类赖以生存的前提。马克思在《资本论》中引用了上述观点。中国的经济改革是从农村开始取得突破的,农村土地制度的改革在一定程度上为解决中国人民的温饱问题奠定了制度基础。我国农村的土地制度改革是在曲折中摸索前进的,家庭联产承包责任制取得了巨大的成功,它是中国农民的伟大创造。

随着经济的发展,大量农村劳动力非农就业,这是二元经济走向一元经济的必经之路,也是实现农村土地适度规模经营的前提。但随之而来的是大量兼业农户的存在,从农户的角度来看这是一种理性的选择,由于社会保障不足,他们无法完全脱离农村。同时,农村土地也出现了一些粗放经营和撂荒的情况,家庭联产承包责任制还有继续完善的空间和必要性。因此党的十八届三中全会提出,要稳定农村土地承包关系并保持长久不变,在坚持和完善最严格的耕地保护制度前提下,赋予农民对承包地占有、使用、收益、流转及承包经营权抵押、担保权能,允许农民以土地承包经营权入股发展农业产业化经营;鼓励承包经营权在公开市场上向专业大户、家庭农场、农民合作社、农业企业流转,发展多种形式规模经营;赋予农民更多的财产权利。十九届五中全会进一步指出,保障进城落户农民土地承包权、宅基地使用权、集体收益分配权,鼓励依法自愿有偿转让。党的二十大报告指出,深化农村土地制度改革,赋予农民更加充分的财产权益。保障进城落户农民合法土地权益,鼓励依法自愿有偿转让。

农村土地制度的核心是产权制度,不论是家庭联产承包责任制,还是农村土地流转,实现农村土地适度规模经营,其实质都是农村土地产权制度改革。农村土地产权制度的完善也是实现市场在土地资源配置中起决定性作用的基础。鉴于此,本讲首先从产权的视角对建党以来中国农村土地制度改革进行梳理;其次对家庭联产承包责任制产生的背景、过程及意义进行分析;最后对安徽小岗村家庭联产承包责任制的案例进行深度剖析,使学生了解成功的经济制度改革对生产力发展的巨大促进作用,激发广大学生在新时代经济改革的浪潮中探索优秀制度的热情。

二、案例内容

(一) 基于产权视角论述建党以来我国农村土地制度变迁

农村土地(又称"农地")主要包括承包地(家庭联产承包责任制改革前主要是指耕地)、宅基地及集体建设用地。《中华人民共和国宪法》(以下简称宪法)第十条规定,城市的土地属于国家所有;农村和城市郊区的土地,除由法律规定属于国家所有的以外,属于集体所有;宅基地和自留地、自留山,也属于集体所有。本讲余下部分所讨论的农村土地改革仅限于农村承包地的改革,事实上家庭联产承包责任制主要也只涉及农村承包地的改革。

产权不仅仅是指所有权,而应是一束权利。尽管产权学家对权利束的划分不尽相同,但我们从已有的文献中,可以将产权分解为所有权、使用权、收益权和让渡权。建党以来,我国农村土地制度改革大致经历了三个阶段，沿着产权的思路又可以将三个大的阶段划分为十个小的阶段，在这些阶段，土地改革的主线都是对农村土地产权制度的改革与重构。

1. 建党至解放战争以前的农村土地制度改革（1921—1945年）

（1）农村土地公有，所有权与使用权分离的萌芽阶段（1921—1929年）。

这一时期的土地制度主要还停留在探索阶段，体现了中国共产党这一时期在农村土地这一问题上的政策主张。1921年，中共一大开幕标志着中国共产党（以下简称中共）正式成立。此次会议通过的《中国共产党第一个纲领》规定，消灭资本家私有制，没收机器、土地、厂房和半成品等生产资料，归社会公有。这体现了土地公有的理念。但是由于条件所限，很多政策都没有能真正全面付诸实施。同时，实现土地公有并不是一蹴而就，实现形式也不是单一的，而是经过了长时间的探索。1925年，《中共中央执行委员会扩大会议告农民书》发表，强调"耕地农有"是解除农民困苦的根本办法。1927年中共八七会议通过的《最近农民斗争的议决案》实际上明确了"耕者有其田"只是农村土地产权制度的中间阶段，农村土地改革的终极目标是土地国有下农村土地使用权的重新分配。之后相关文件关于农村土地产权制度的表述越来越清晰，"土地国有"正式成为改革的终极目标。

综上所述，这一阶段的农村土地制度改革在初期强调"土地公有"的理念，但实际上已经萌发出了土地所有权公有和土地使用权归农民所有的"两权分离"的思想。同时，随着农民斗争的不断深入，党逐步把"土地国有"作为农村土地所有权制度改革的终极目标。需要补充的是，当时农民没有农村土地的让渡权。这一时期的土地政策是中共关于土地问题的第一次尝试，这为以后的农村土地改革奠定基础。

（2）耕地农有，允许土地买卖阶段（1930—1936年）。

1930年以前，中共有关土地问题的文件，大多规定了土地国有、农民使用的原则，禁止土地买卖。而按人口均分农村土地使用权的做法导致耕地分了又分，地权极不稳定，这影响了农业生产。土地革命斗争实践使中国共产党领导人逐渐认识到了在当时确定土地私有权的重要性，于是决定改变土地国有政策。从1930年开始中共就明确提出了允许土地买卖。

1930年10月，中共湘鄂西特委通过的《关于土地问题决议案大纲》明确提出不禁止土地买卖。1931年2月8日，中共苏区中央局也发出《土地问题与反富农策略》的通告，该通告指出，目前阶段"土地国有"只是宣传口号，尚未到实行阶段，必须使广大农民在革命中取得他们唯一热望的土地所有权。这也是党内文献第一次明确提出农民对土地的所有权，并允许土地自由买卖。1931年11月7日，中华苏维埃共和国（以下简称苏维埃）临时中央政府在江西中央苏区成立，在此后相关文件中均明确提出土地的所有权归农民所有，农民有权变卖。1931年12月1日，《中华苏维埃共和国土地法令》公布，再次明确不禁止土地出租与买卖。

（3）农村土地收益权的调整阶段（1937—1945年）。

1937年抗日战争全面爆发后，中共对土地政策做了许多调整，土地改革政策由以没收地主土地为主转变为对农村土地所有权、使用权维持现状，重点对收益权进行改革。这一阶段，已经分配给农民的土地仍然允许自由买卖，未经分配的土地还是归原来的合法所有者（主要是地主）所有，但是实行减租减息的政策，减轻农民负担。1937年8月，中共中央在洛川会议上提出实行"减租减息"政策，作为中共中央在抗日战争时期解决农民问题的一项基本决策。1942年颁布的《陕甘宁边区土地租佃条例草案》从法律上对减租额作了明确规定，在未经分配土地区域，一般减租率不得低于二五（25%）。1945年，中共中央发出《减租和生产是保卫解放区的两件大事》的党内指示，阐明当时我党方针，仍然是减租而非没收土地。这一时期的土地政策相对温和，注重平衡地主、富农、中农、贫雇农等各方利益。建党至解放战争以前中国的农村土地制度变迁的内容总结见表1-1。

表1-1 建党至解放战争以前中国的农村土地制度变迁（1921—1945年）

改革方向	制度来源	制度内容总结
农地公有，所有权与使用权分离萌芽（1921—1929年）	1921年，《中国共产党第一个纲领》	消灭资本家私有制，没收机器、土地、厂房和半成品等生产资料，归社会公有
	1925年，《中共中央执行委员会扩大会议告农民书》	强调"耕地农有"是农民最主要的要求和解除农民困苦的根本办法，并把"耕地农有"定义为"谁耕种的田地归谁自己所有，不向地东缴纳租课"
	1927年，《最近农民斗争的议决案》	本党之农民革命问题上的行动政纲，在这一整个的时期中本是"耕者有其田"这一极通俗的口号，足以引起农民革命运动，一直发展到土地国有及完全重新分配土地
	1927年，《土地问题议决案》	无代价地没收地主租与农民的土地，经过土地委员会，将此等土地交诸耕种的农民；向着土地国有、取消土地私有制度的方向而努力进行
	1928年，《井冈山土地法》	没收一切土地归苏维埃政府所有，分配农民个别耕种，一切土地经苏维埃政府没收并分配后，禁止买卖
耕地农有，允许土地买卖（1930—1936年）	1930年，《关于土地问题决议案大纲》	"土地国有"，此时只是宣传口号，还不是实行口号，所以土地不禁止买卖
	1931年，《土地问题与反富农策略》的通告	目前"土地国有"只是宣传口号，尚未到实行阶段；农民参加土地革命的目的，不仅要取得土地的使用权，主要的还要取得土地的所有权，必须使广大农民在革命中取得他们唯一热望的土地所有权
	1931年，《中华苏维埃共和国土地法令》	现在仍不禁止土地的出租与土地的买卖
农地用益权调整（1937—1945年）	1942年，《陕甘宁边区土地租佃条例草案》	在未分配土地区域，定租一般减租率，不得低于二五（25%）；活租按原租额减25%～40%，减租之后，出租人所得最多不得超过收获量的30%
	1945年，《减租和生产是保卫解放区的两件大事》	当时我党方针仍然是减租而不是没收土地

2. 解放战争以后至改革开放以前的农村土地制度改革（1946—1978年）

实际上，废除封建半封建的土地制度改革从1946年就已经开始了，但是全国范围内的改革还是要到1949年中华人民共和国成立以后才有了实现的条件。

(1) 从"减租减息"到"耕者有其田"的历史性转变（1946—1952年）。

1946年5月4日，中共中央发出《关于土地问题的指示》，将党在抗战时期实行的"减租减息"政策改为没收地主土地分配给农民的政策。随着解放战争的顺利进行，为了满足农民对土地的需求，1947年颁布的《中国土地法大纲》不仅对农村土地进行了确权和发证，而且给予了土地所有者（农民）包括所有权、经营权、让渡权等比较充分的产权。随着1950年《中华人民共和国土地改革法》的颁布实施，土地改革有了新的法律依据。这一阶段的土地改革是农村进入全面性大革命的重要一役，它的意义特别重大，让广大贫农获得土地，从而使中共拥有广泛的群众基础，这为解放战争的胜利打下坚实的基础。1952年土地改革完成后，彻底废除了封建半封建的土地制度，也为以后的土地制度改革奠定了基础。

(2) 开展互助合作，整合农村土地使用权，重构农村土地收益权（1953—1956年）。

马克思主义农业合作化理论在苏联取得了一定的成功，党在这一时期也已经萌发了改造小农经济的农业发展思路。1953年《关于农业生产互助合作的决议》，号召农民把土地通过互助组、合作社交给"集体"，由农民自愿组成初级农业合作社，形成土地农民所有、集中统一经营、农民按土地股份分红的新型土地制度。1955年，各地农村掀起了农业合作化的高潮，到1956年年底，有96.3%的农户已经入社，实现了较为全面的合作化，农业的社会主义改造基本完成。这一时期，土地属于农民私有这一农村经济中的基本制度并没有发生变化，互助组时期农村土地使用权和收益权也没有明显改变。但到了初级社时期，农村土地产权制度发生了一些明显变化，农村土地不再由农民自己耕种，而是交由集体耕种，土地收益也不再与土地所有权完全直接挂钩。

(3) 高级社和人民公社时期，农村土地集体所有、集体使用、收益统一分配（1957—1978年）。

这一阶段，我国通过集体化建立了农村土地集体所有制，这为中国的工业化发展创造了一个良好的基础。1957年年初，全国约88%的农户参加了高级社，高级社的典型特点是土地等生产资料归集体所有，实行按劳分配。1958年8月通过了《中共中央关于在农村建立人民公社问题的决议》，把人民公社化运动推向了高潮，同年9月底，全国已基本实现了人民公社化。人民公社体制的基本特点是"一大二公"，即人民公社规模大，人民公社公有化程度高，人民公社既是行政组织同时又是经济组织（政社合一）。但是，由于违背了经济规律，人民公社成立不久，农民群众生产积极性明显下降，农村的生产力急剧下滑。1960年《关于农村人民公社当前政策问题的紧急指示信》，调整人民公社所有制为三级所有制：公社、生产大队、生产队。并把人民公社的基本核算单位下放到了生产大队。1962年中共中央发出《关于改变农村人民公社基本核算单位问题的指示》，把基本核算单位从生产大队下放到生产队。但是这一改革还是不够彻底，因为核算单位下放到生产队以后虽然克服了部分生产队"搭便车"的行为，但是并没有能够克服队内部分农民"搭便车"的行为。在这以后，以生产队为基本核算单位的三级所有制，队为基础的农村经济体制，就一直比较稳定地实行到农村土地的家庭联产承包责任制改革之前。

从基本实现了高级社之后的1957年到改革开放之前的1978年，我国农业得到了一定程度的发展，农产品总产出明显提高。但是，社会主义制度的优越性并没有充分发挥出来。由于人口数量快速增加，人均农产品占有量并没有明显提高，人民生活水平没有太多改善。解放战争以后至改革开放以前我国农村土地制度变迁的内容总结见表1–2。

表1-2 解放战争以后至改革开放以前我国农村土地制度变迁

改革方向	制度来源	制度内容总结
从"减租减息"到"耕者有其田"的历史性转变（1946—1952年）	1946年，《关于土地问题的指示》	通过没收、清算、减租等形式收取地主土地，分给农民
	1947年，《中国土地法大纲》	废除封建、半封建剥削的土地制度，实行"耕者有其田"的土地制度；分配给农民的土地由政府发放土地所有证，并承认其自由经营、买卖及在特定条件下出租的权利
	1950年，《中华人民共和国土地改革法》	废除地主阶级封建剥削的土地所有制，实行农民的土地所有制，借以解放农村生产力，发展农业生产
开展互助合作，整合农村土地使用权，重构农村土地收益权（1953—1956年）	1953年，《关于农业生产互助合作的决议》	"组织起来"，按照自愿和互利的原则，发展农民互助合作的积极性。这种互助合作是建立在个体经济基础上（农民私有财产的基础上）的集体劳动，其发展前途就是农业集体化或社会主义化
	1955年，《中共中央关于整顿和巩固农业生产合作社的通知》	合作化运动，基本上转入控制发展、着重巩固的阶段。全体社员的自愿联合，乃是办好社最基本的保证
	1955年，《关于农业合作化问题的决议》	建社要有群众的组织准备；要普遍地、大量地发展农业生产互助组，并且只要有可能就促使许多互助组联合起来，组成互助组的联合组，打好进一步联合起来建立合作社的基础
高级社和人民公社时期，农村土地集体所有、集体使用、收益平均分配（1957—1978年）	1958年，《中共中央关于在农村建立人民公社问题的决议》	社的组织规模，一般以一乡一社、两千户左右较为合适；大社统一定名为人民公社；人民公社建成以后，还是采用集体所有制
	1960年，《关于农村人民公社当前政策问题的紧急指示信》	三级所有，队为基础，是现阶段人民公社的根本制度；生产队（有的地方叫管理区或者生产大队）是基本核算单位；允许社员经营少量的自留地和小规模的家庭副业
	1962年，《关于改变农村人民公社基本核算单位问题的指示》	实行以生产队（生产小队）为基本核算单位，正是调动广大农民集体生产积极性的一项重大措施；土地的所有权归谁，可以斟酌情况决定；可以确定归生产队所有，也可以仍旧归大队所有

注：因1962年确立的"三级所有、队为基础"的公社体制一直延存至改革开放前，1978年前的农村土地制度从产权角度来看没有重大调整，因此本表未列举1962—1978年农村土地制度变迁的相关内容。

3. 改革开放以后的农村土地产权制度改革（1978年至今）

（1）家庭联产承包责任制确立，真正实现两权分离（1978—1983年）。

1978年召开的党的十一届三中全会拉开了中国改革开放的序幕，而我国的改革又是从农村开始取得突破的。此时，安徽、四川等省的部分农村地区实行了包产到户和包干到户等农业经营形式。但这一做法并没有马上得到官方认可，而是经历了明确不允许，到例外允许，到全部允许三个阶段。1983年，全国农村"双包到户"的比重已占到了95%以上。至此，以家庭联产承包为主的责任制已经成为我国农村集体经济组织中普遍实行的一种最基本的经营形式。从人民公社生产队的统一经营、统一核算、统一分配，到家庭联产承包责任制的农民分户经营、自负盈亏，表面上是农村经济核算体制的变化，但实际上却是农村集体土地经营体制的变革。变革的焦点始终围绕着是否使农户真正成为土地的自主经营者，即农户是否拥有土地的自主使用权和充分的收益分配权。家庭联产承包责任制使农村土地所有权与使用权真正实现分离，并为解决中国人民的温饱问题作出了重要贡献。

（2）稳定农民预期，放活农村土地使用权（1984—2001年）。

家庭联产承包责任制以及按人口均分土地的制度安排的弊端主要表现在两个方面：一是农村土地经营的细碎化；二是频繁的调整导致农户对农村土地长期投资动力缺乏。因此，此后一阶段农村土地制度改革的重点就转变为延长承包期、减少农村土地调整，稳定农民预期；放活农村土地使用权、允许农村土地流转，实现适度规模经营等方面。1984年中央一号文件规定土地承包期一般应在15年以上，同时鼓励土地逐步向种田能手集中。1988年4月，第七届全国人大第一次会议通过了《中华人民共和国宪法修正案》（以下简称"宪法修正案"），删去了《中华人民共和国宪法》第十条第四款中"禁止土地出租"的规定，同时在该条款中增加"土地的使用权可以依照法律的规定转让"。同年12月29日，第七届全国人大常委会根据上述宪法修正案，通过了关于修改《中华人民共和国土地管理法》的决定，删除了"禁止出租土地"的内容，并增加规定"国有土地和集体所有的土地的使用权可以依法转让""国家依法实行国有土地有偿使用制度"等内容。由于各地实行土地承包的起始时间不同，到了20世纪90年代初，许多地区15年承包期已经到期或即将到期。针对这一情况，1993年，《中共中央、国务院关于当前农业和农村经济发展的若干政策措施》中明确要求，在原定的耕地承包期到期之后，再延长30年不变，并提倡在承包期内实行"增人不增地、减人不减地"，此后一系列文件均有此项规定。1999年年底，全国农村延长土地承包期的工作基本完成。

（3）农村土地使用权物权化，立法保障、规范农村土地流转（2002—2012年）。

随着农民非农收入的增加，土地对于农民的重要性有所下降，非农就业的增加一方面减轻了农民对土地的依赖，另一方面也使他们无法像以前一样对自己分得的农村土地进行精耕细作，农村土地流转的需求和必要性进一步增加。户籍制度改革，使得城乡人口实现了自由流动，有一部分农民实现了身份转换，他们有退出农村土地经营的需求。随着农村土地流转的面积的增加和范围的扩大，随之产生的纠纷越来越多，问题也越来越多。因此这一阶段主要通过立法，对农村土地流转进行了规范。2002年，《中华人民共和国农村土地承包法》对农村土地承包经营权制度作出了明确、详细的规定。2004年3月通过的《中华人民共和国宪法修正案》中规定，土地的使用权可以依照法律的规定转让。土地使用权流转得到宪法的确认和保护。2007年出台的《中华人民共和国物权法》（已于2020年废止）将土地承包经营权界定为用益物权。"用益"即"使用""收益"。

（4）农村土地"三权分置"改革，促进农村土地流转（2013年至今）。

2013年召开的中央农村工作会议提出，要不断探索农村土地集体所有制的有效实现形式，落实集体所有权、稳定农户承包权、放活土地经营权。2014年11月，中共中央办公厅、国务院办公厅发布的《关于引导农村土地经营权有序流转发展农业适度规模经营的意见》，正式提出了"三权分置"的改革思路，指出要坚持农村土地集体所有，实现所有权、承包权、经营权"三权分置"，引导土地经营权有序流转。党的十八届五中全会明确提出，完善土地所有权、承包权、经营权分置办法，依法推进土地经营权有序流转。2016年，中共中央办公厅、国务院办公厅印发了《关于完善农村土地所有权承包权经营权分置办法的意见》，正式提出所有权、承包权、经营权分置的相关具体实施办法。"三权分置"的改革方案也是来源于农村的基层实践，它是对家庭联产承包责任制的继承和发展，它还为我国下一阶段农村土地制度的进一步改革指明了方向。党的二十大报告指出，深化农村土地制度改革，赋予农民更加充分的财产权益；保障进城落户农民合法土地权益，鼓励依法自愿有偿转让。深化农村土地制度改革是巩固和完善农村基本经营制度，发展新型农村集体经济，发展新型农业经营主体和社会化服务，发展农业适度规模经营的前提。改革开放至今我国农村土地产权制度变迁见表1-3，中国共产党成立以来农村土地产权制度的演变过程（承包地部分）见表1-4。

表1-3 改革开放至今我国农村土地产权制度变迁

改革方向	制度来源	制度内容总结
家庭联产承包责任制确立，真正实现两权分离（1978—1983年）	1978年，《中共中央关于加快农业发展若干问题的决定（草案）》	可以按定额记工分，可以按时记工分加评议，也可以包工到作业组，但不许分田单干，不许包产到户
	1979年，《中共中央关于加快农业发展若干问题的决定》	不许分田单干，除某些副业生产的特殊需要和边远山区、交通不便的单家独户外，也不要包产到户
	1980年，《关于进一步加强和完善农业生产责任制的几个问题》	在那些边远山区和贫困落后的地区，可以包产到户，也可以包干到户；在一般地区，就不要搞包产到户
	1982年，《全国农村工作会议纪要》	土地等基本生产资料公有制是长期不变的；包括包产到户、包干到户等在内的各种责任制，都是社会主义集体经济的生产责任制，只要群众不要求改变，就不要变动；社员承包的土地，不准买卖，不准出租，不准转让，不准荒废，否则，集体有权收回
稳定农民预期，放活农村土地使用权（1984—2001年）	1984年，《关于一九八四年农村工作的通知》	土地承包期一般应在十五年以上；鼓励土地逐步向种田能手集中，允许转入户为转出户提供一定数量的平价口粮；自留地、承包地均不准买卖，不准出租，不准转作宅基地和其他非农业用地
	1986年，《中华人民共和国土地管理法》	任何单位和个人不得侵占、买卖、出租或者以其他形式非法转让土地；城市市区的土地属于全民所有即国家所有；农村和城市郊区的土地，除法律规定属于国家所有的以外，属于集体所有
	1988年，《中华人民共和国宪法修正案》	任何组织或者个人不得侵占、买卖或者以其他形式非法转让土地；土地的使用权可以依照法律的规定转让
	1993年，《中共中央、国务院关于当前农业和农村经济发展的若干政策措施》	原定耕地承包期到期之后，再延长30年不变；提倡在承包期内实行"增人不增地、减人不减地"；在坚持土地集体所有和不改变土地用途的前提下，经发包方同意，允许土地的使用权依法有偿转让

续表

改革方向	制度来源	制度内容总结
农村土地使用权物权化，立法保障、规范农村土地流转（2002—2012年）	1995年，《关于稳定和完善土地承包关系的意见》	不得将已经属于组级集体经济组织（原生产队）所有的土地收归村有，在全村范围内平均承包；提倡在承包期内实行"增人不增地、减人不减地"；建立土地承包经营权流转机制
	2001年，《中共中央关于做好农户承包地使用权流转工作的通知》	土地承包期再延长30年不变的政策要落实到具体农户和具体地块；在承包期内，农户对承包地有自主的使用权、收益权和流转权；农户承包地使用权流转必须坚持依法、自愿、有偿的原则
	2002年，《中华人民共和国农村土地承包法》	承包期内，承包方全家迁入小城镇落户的，应当按照承包方的意愿，保留其土地承包经营权或者允许其依法进行土地承包经营权流转；承包期内，承包方全家迁入设区的市，转为非农业户口的，应当将承包的耕地和草地交回发包方；土地承包经营权可以依法采取转包、出租、互换、转让或者其他方式流转
	2005年，《农村土地承包经营权流转管理办法》	农村土地承包经营权流转应遵循平等协商、依法、自愿、有偿的原则；流转收益归承包方所有，任何组织和个人不得侵占、截留、扣缴
	2007年，《中华人民共和国物权法》（2020年已废止）	土地承包经营权人依法对其承包经营的耕地、林地、草地等享有占有、使用和收益的权利；耕地的承包期为三十年；土地承包经营权人依照农村土地承包法的规定，有权将土地承包经营权采取转包、互换、转让等方式流转
	2008年，《中共中央 国务院关于切实加强农业基础建设进一步促进农业发展农民增收的若干意见》	继续推进农村土地承包纠纷仲裁试点；严格执行土地承包期内不得调整、收回农户承包地的法律规定；健全土地承包经营权流转市场；农村土地承包合同管理部门要加强土地流转中介服务，完善土地流转合同、登记、备案等制度
农村土地"三权分置"促进农村土地流转（2013年至今）	2014年，《关于引导农村土地经营权有序流转发展农业适度规模经营的意见》	推进土地承包经营权确权登记颁证工作；稳步推进土地经营权抵押、担保试点，研究制定统一规范的实施办法，探索建立抵押资产处置机制
	2016年，《关于完善农村土地所有权承包权经营权分置办法的意见》	有权依法依规就承包土地经营权设定抵押、自愿有偿退出承包地；不得违法调整农户承包地，不得以退出土地承包权作为农民进城落户的条件；经营主体再流转土地经营权或依法依规设定抵押，须经承包农户或其委托代理人书面同意，并向农民集体书面备案
	2020年，《中共中央关于制定国民经济和社会发展第十四个五年规划和二〇三五年远景目标的建议》	落实第二轮土地承包到期后再延长30年政策；保障进城落户农民土地承包权、宅基地使用权、集体收益分配权，鼓励依法自愿有偿转让；深化农村集体产权制度改革，发展新型农村集体经济

续表

改革方向	制度来源	制度内容总结
	2021年，《中共中央 国务院关于全面推进乡村振兴加快农业农村现代化的意见》	完善农村产权制度和要素市场化配置机制，充分激发农村发展内生动力；坚持农村土地农民集体所有制不动摇，坚持家庭承包经营基础性地位不动摇，健全土地经营权流转服务体系；保障进城落户农民土地承包权、宅基地使用权、集体收益分配权，研究制定依法自愿有偿转让的具体办法；加强农村产权流转交易和管理信息网络平台建设，提供综合性交易服务

表1-4 中国共产党成立以来农村土地产权制度的演变过程（承包地部分）

时期/历史事件	所有权	使用权	收益权	让渡权
《中国共产党第一个纲领》	社会公有	未明确	未明确	未明确
八七会议	农民和小地主	农民	未明确	未明确
党的六大	苏维埃	农民	未明确	未明确
《中华苏维埃共和国土地法令》	农民	农民	农民	可买卖
抗日战争时期	农民或地主	农民或地主	部分收益权	可买卖
土地改革、互助组时期	农民	农民	农民	可买卖
初级社	农民	集体	社内分配	未明确
高级社、人民公社初期	集体	集体	社内分配	没有
三级所有，队为基础	集体	集体	生产队内分配	没有
家庭联产承包责任制	集体	农户	部分收益权	使用权的让渡权
取消农业税	集体	农户	完全收益权	使用权的让渡权
物权界定	集体	农户	农户	使用权的让渡权
"三权分置"	集体	农户	农户	使用权的让渡权
未来展望	集体	新型农民	充分收益权	使用权的让渡权、承包权且有偿退出等

注：本表只列举了典型地区的土地产权制度特点。解放战争时期，国统区的农村土地产权制度不在本文的研究范围之内，因而省略。

(二) 家庭联产承包责任制的形成和发展

包产到户、包干到户是家庭联产承包责任制的前身，包产到户这种农业经营形式，在党的十一届三中全会之前就已经较大规模地出现过三次，表现为一种推动制度变迁的力量。早在1956年高级社刚刚普及时，包产到户就已经出现过，但在当时被认为是资本主义形式而受到批判。后来在20世纪50年代末60年代初，包产到户又曾两次出现，都同样遭到了严厉的批评，没能在全国进行大范围推广。而党的十一届三中全会前后的这一次包产到户，经过中央政府渐进的政策允许后，迅速普及到各地农村，并将其作为我国农村经济中的一项基本制度的重要内容确立了下来。

1. 家庭联产承包责任制确立的时代背景

(1) 真理标准问题的讨论使人民的思想空前解放。

1978年5月10日,《实践是检验真理的唯一标准》一文在中央党校内部刊物《理论动态》上发表,次日,《光明日报》以特约评论员的身份转发了这篇文章。文章提出,检验真理的标准只能是社会实践,理论与实践的统一是马克思主义的一个最基本的原则,任何理论都要不断接受实践的检验。由此引发了一场关于真理标准问题的大讨论,"实践是检验真理的唯一标准"的思想开始为人民所接受和肯定。1978年召开的党的十一届三中全会,重新确立了"解放思想,实事求是"的思想路线。之后一系列的改革,在这一正确思想路线的指引下,开始立足中国实际,解决中国的现实问题。思想的解放为政策的转变打破了坚冰。

(2) 经济社会发展的客观现实倒逼改革。

1957年初普及高级合作化以后,我国仍然照搬苏联农业全盘集体化的做法,然而并未取得理想的效果。1958年人民公社在全国普遍建立,农民积极性受到严重打击,生产力遭到严重破坏。尽管1961年以后,人民公社体制做过几次调整,划小核算单位,实行三级所有制,队为基础,对平均主义有所改正,但改正得不彻底。农业集体化的实现并没有解决我国农产品供给严重不足的问题。相反,农民的温饱难以实现,城市供给严重短缺,国民经济的整体发展受到影响,并引发大量社会问题。到了1971年,城市职工突破5000万,全国贫困地区人口扩大到2.5亿,粮食市场供应日趋紧张。由表1-5可以看出,完成农业集体化以后的二十多年是中国农业发展非常慢的阶段,特别是人均粮食产量,只增加17斤,年均增长0.8斤,跟不上人口的增长速度。政府实行粮食统购,不但价格低,还往往购过头粮。口粮短缺的忧患,加重了农民对集体经济优越性的怀疑。而"政社合一,公民皆社员"的人民公社又不允许自由进出,堵塞了农户自求谋生的道路,限制了农户发展经济的自由。在这样的背景下,农民改革的要求自发涌动,成为大势所趋。

表1-5 中国改革开放前各阶段农业生产发展情况

时期	农业总产值增长(%)		粮食产量增长(亿斤)		人均粮食产量增长(斤)	
	总增长	年均增长	总增长	年均增长	总增长	年均增长
1950—1952年	48.4	14.4	1014.7	338.2	158	52.7
1953—1956年	20.5	4.8	576.6	144.2	46	11.5
1957—1978年	90.6	3	2240.4	102.8	17	0.8

资料来源:苏少之,张继久,《对指导五十年代农业集体化一个理论的反思》,《中共党史研究》1998(3),第53页。

2. 家庭联产承包责任制的确立过程

改革开放前,我国农村经济现代化发展程度较低,这正好为经济体制改革提供一个风险较小的试验地。1978年年底,党的十一届三中全会召开。这次全会确定把全党工作重点转移到社会主义现代化建设上来,提出必须集中主要精力把农业尽快搞上去,还制定了《中共中央关于加快农业发展若干问题的决定(草案)》,发到各省、自治区、直辖市讨论试行。尽管这个决定仍然明确规定不许包产到户,但坚冰已经打破,农村土地制度开始了从单纯集体向集体所有、家庭经营的两权分离模式的转变。此后,家庭经营体制在全国基本按照先贫困山区和边远山区，后平原地区和经济相对发达地区的顺序全面展开。包产到户和包干到户的确是农民创造、自发推广的。但是，党的政策的转变，对于家庭联产承包责任制迅速地确立起自己的地位，也起了难以估量的作用，这种转变可以分为以下三个阶段。

（1）家庭联产承包责任制的启动阶段（1978年年底—1980年4月）。

1978年12月，中共十一届三中全会通过了《中共中央关于加快农业发展若干问题的决定（草案）》和《农村人民公社工作条例（试行草案）》，明确指出，总的看来，我国农业近20年来发展的速度不快，归结到一点，就是违反自然规律和经济规律，剥夺了生产队和农民的自主权，打击了他们的积极性。上述决定的草案提出的发展生产力25条措施的总的指导思想是对农业和农民放权，要尊重生产队的自主权，恢复按劳分配制度，坚决纠正平均主义，同时建立严格的生产责任制，肯定了包工到组、联产计酬等农业生产组织方式，但同时指出不允许包产到户和分田单干。

此后，首先是安徽，然后是甘肃、贵州、四川、内蒙古等地纷纷以隐蔽或半公开的形式突破了不许包产到户的限制。据统计，仅安徽一省，到1978年底实行了包产到户、包干到户的生产队就有1200个左右。针对这一情况，1979年3月，原国家农委党组在《关于农村工作问题座谈会纪要》中明确指出，搞包产到户，分田单干的地方，要积极引导农民重新组织起来，但深山、偏僻的独门独户实行包产到户，应当许可。1979年9月，党的十一届四中全会修改通过了《中共中央关于加快农业发展若干问题的决定》，把"两个不许"改为"一个不许""一个不要"，即不许分田单干，除某些副业生产的特殊需要和边远山区交通不便的独家独户，也不要包产到户。对包产到户，由"不许"改为"不要"，尽管语气缓和了，而且允许例外，但当时包产到户并没有得到中央全面一致的认同。1980年3月，原国家农委在《全国农村人民公社经营管理会议纪要》中指出，对于极少数集体经济长期办得不好、群众生活很困难，自发包产到户的，应当热情帮助搞好生产，积极引导他们努力保持，并且逐渐增加统一经营的因素，不要硬性扭转，与群众对立。

（2）家庭联产承包责任制大范围推广阶段（1980年5月—1981年年底）。

20世纪80年代初，粮食生产问题是大家关注的焦点问题，有事实证明包产到户能够促进粮食生产，同时还能减轻国家的救济负担，于是增加粮食产量成了制度安排的突破口。1980年5月31日，邓小平同志在同中央有关工作人员谈话时，肯定了安徽的农村改革。同时，他指出一些适宜搞包产到户的地方搞了包产到户，效果很好，变化很快；可以肯定，只要生产发展了，农村的社会分工和商品经济发展了，低水平的集体化就会发展到高水平的集体化；关键是发展生产力。根据邓小平同志这次的讲话精神，中央召开了省、自治区、直辖市党委第一书记座谈会，专门讨论加强和完善农业生产责任制的问题，并形成了会议纪要。1980年9月27日，中共中央发出了印发这个会议纪要的通知，即《关于进一步加强和完善农业生产责任制的几个问题的通知》（中发〔1980〕75号文件，以下简称75号文件）。该文件提出，在一般地区，集体经济比较稳定，生产力有所发展，现行的生产责任制群众满意或经过修改可以使群众满意的，就不要搞包产到户；愿意选择家庭承包的也不要硬纠；对那些边远山区和贫困落后的地区，群众对集体丧失信心，因而要求包产到户的，应当支持群众的要求，可以包产到户，也可以包干到户，并在一个较长时间内保持稳定。

在75号文件精神的指引下，全国农村迅速掀起了实行各种形式的生产责任制、改革人民公社体制的大潮。75号文件是肯定包产到户和包干到户的第一个中央文件，它实际上把党的十一届三中全会决议中关于生产责任制的规定向前推进了一步，一方面把包产到户的范围扩大到了非贫困地区，强调农民自由选择的权利；另一方面把政策允许的范围由包产到户扩展到包干到户，对于推动农业体制改革，产生了重要的影响。粮食生产问题是政策出台的突破口也是政策评价的焦点。1980年是中等年成，年终统计显示，按生产队核算的粮食产量基本上不增不减，实行包产到组的增产10%~20%，实行包产到户的增产30%~50%。"队不如组，组不如户"，这在1979年的安徽已得到过证明，一年后又在全国再一次得到了证明。此后，中央连续三年以一号文件的形式，来指导和推动农村改革。1980年秋，全国实行"双包到户"的生产队已占总数的20%；1981年年底，发展到占50%。

（3）家庭联产承包责任制的全面确立阶段（1982年春—1984年初）。

在1981年冬天中央召开的全国农村工作会议上，各地传来的讯息，几乎都是"队不如组，组不如户，不包到户稳不住"。会议讨论中大家逐渐取得共识，应当给包产到户上个社会主义的"户口"。1982年的一号文件即《全国农村工作会议纪要》明确指出，包产到户、包干到户等目前实行的多种责任制都是社会主义集体经济的生产责任制；不论采取什么形式，只要群众不要求改变，就不要变动；社员承包的土地，不准买卖，不准出租，不准转让，不准荒废，否则，集体有权收回；社员无力经营或转营他业时应退还集体。这个文件充分肯定了包产到户、包干到户的社会主义性质，从而大大推进了包产到户和包干到户等家庭联产承包责任制形式的发展。据统计，1982年夏，全国农村社队实行"双包到户"的生产队已占78.2%，而到1983年，全国农村社队实行"双包到户"的生产队已占到95%以上。

1982年12月，《中华人民共和国宪法》（现行宪法，后又经过多次修正）在第五届全国人大第五次会议上正式通过并颁布，其中明确规定，农村和城市郊区的土地，除由法律规定属于国家所有的以外，属于集体所有；宅基地和自留地、自留山，也属于集体所有；参加农村集体经济组织的劳动者，有权在法律规定的范围内经营自留地、自留山、家庭副业和饲养自留畜；同时还规定，任何组织或者个人不得侵占、买卖、出租或者以其他形式非法转让土地。1983年的中央一号文件即《当前农村经济政策的若干问题》认为联产承包责任制具有广泛的适应性，是在党的领导下中国农民的伟大创造，是马克思主义合作化理论在我国实践中的发展。同时该文件还提出，人民公社的体制要从两方面进行改革，一是实行生产责任制，特别是联产承包制，二是实行政社分设；稳定和完善农业生产责任制，仍然是当前农村工作的主要任务；在分散经营和统一经营相结合的经营方式下，分户承包的家庭经营是合作经济中一个经营层次，也是一种新型的家庭经济，它和过去小私有的个体经济有着本质的区别，不应混同。1983年10月12日，中共中央、国务院顺应形势发展的要求，发布了《关于实行政社分开建立乡政府的通知》，废除了在农村实行长达25年之久的人民公社政社合一的体制。至此，以土地承包经营为核心的家庭联产承包责任制，取代了人民公社体制成为中国农业基本经营制度。1983年年末，起步最晚的黑龙江终于也全面推广了家庭联产承包责任制。此时，全国农村"双包到户"的比重已占到95%以上。当然，这时的承包并没有一个明确的年限，1984年的中央一号文件《中共中央关于一九八四年农村工作的通知》才明确规定承包期一般应在15年以上，并限制频繁调整，这提高了农民对土地的承包预期。家庭联产承包责任制的确立过程见表1-6。

表 1-6　家庭联产承包责任制的确立过程

时间	名称	制度内容总结
1978 年 3 月 5 日	《中华人民共和国宪法》（第三部宪法，现行宪法于 1982 年颁布）	农村人民公社经济是社会主义劳动群众集体所有制经济，一般实行公社、生产大队、生产队三级所有，而以生产队为基本核算单位；生产大队在条件成熟的时候，可以向以生产大队为基本核算单位过渡
1978 年 12 月 22 日	《农村人民公社工作条例（试行草案）》	不许包产到户，不许分田单干
1979 年 3 月 29 日	《关于农村工作问题座谈会纪要》	搞包产到户、分田单干的地方，要积极引导农民重新组织起来，但深山、偏僻地区的独门独户，实行包产到户，应当许可；社员承包的土地，不准买卖，不准出租，不准转让，不准荒废
1979 年 9 月 28 日	《中共中央关于加快农业发展若干问题的决定》	提出不许分田单干，也不要包产到户
1980 年 3 月 6 日	《全国农村人民公社经营管理会议纪要》	极少数集体经营长期办得不好、群众生活困难的，自发包产到户的，应当热情帮助搞好生产
1980 年 9 月 27 日	《关于进一步加强和完善农业生产责任制的几个问题》	建立多种形式的生产责任制，可分为两类：一类是小段包工，定额计酬；一类是包工包产，联产计酬
1982 年 1 月 1 日	《全国农村工作会议纪要》	包括包产到户、包干到户在内的各种生产责任制，只要群众不要求改变，就不要变动；目前的各种生产责任制，都是社会主义集体经济的生产责任制
1982 年 12 月 4 日	《中华人民共和国宪法》（第四部宪法，后又经多次修正）	农村和城市郊区的土地除由法律规定属于国家所有的以外，属于集体所有；任何组织或个人不得侵占、买卖、出租或者以其他形式非法转让土地
1983 年 1 月 2 日	《当前农村经济政策的若干问题》	分户承包的家庭经营只不过是合作经济中一个经营层次，是一种新型的家庭经济；它和过去小私有的个体经济有着本质的区别，不应混同

（三）小岗村家庭联产承包责任制案例分析

虽然家庭联产承包责任制得到官方的认可并形成正式的政策文件几经曲折，实际上基层的包产到户尝试从来没有停过。在各地的包产到户运动中，安徽省凤阳县梨园公社小岗村是其中的典型代表。以小岗村村民为代表的中国普通农民，在极其贫困的条件下，实行了以家庭承包经营为目标的改革实践。1978 年 11 月，小岗村 18 户村民自发尝试实行的承包经营方式成为中国农村改革的发端。

1. 改革前的安徽省凤阳县梨园公社小岗村

20 世纪 70 年代末，中国的粮食短缺度达到新中国成立以来（除了 1959—1961 年三年国民经济严重困难时期）的顶峰。制度创新的潜在收益已经大于成本和风险，低效率的纳什均衡被打破了。安徽省是个农业大省,但在家庭联产承包责任制实施前,温饱问题长期没有解决。1977年,由于叠加自然灾害严重影响,这一年全国粮食产量28273万吨,比上年减产358万吨,国家粮食生产缺口很大。据统计,当时全国有约4000万户农民的粮食只够吃半年,还有几百万户农民,从冬到春全靠政府救济加上借粮或外出讨饭度日。改革前,凤阳县是一个生产靠贷款、吃粮靠返销、生活靠救济的"三靠县"。在凤阳县就有大批量的贫苦农民外出讨饭,据统计,1977年上海1至10月份收容安徽省外流人员1078人,其中滁州市(当时称"滁县"地区)有700多人,而其下辖的凤阳县就有600多人。小岗村与周围的村子相比,情况明显更差一些。当年的一份报告中讲道:板桥区今年减产246.5万千克,人均生产粮食只有317.5千克;其中黄湾公社83个生产队,口粮标准在150千克以下的有50个生产队,100~125千克的13个队,100千克以下的4个队;洪山公社小郑生产队人均口粮72.5千克,前余队仅69千克;梨园公社小岗生产队口粮标准最低,仅57.5千克。在这样一种生活状况下,农民自己不能吃饱,而又不允许外流乞讨谋生,生存危机迫使他们开始自己谋求生路。

安徽省凤阳县曾经实行过与包干到户较为相似的"责任田"制度,安徽省农民有承包制的历史经验、知识积累和记忆,品尝过土地承包的甜头。1949年初在中国共产党的领导下凤阳县人民得到解放并分得土地。随后7年间凤阳县的农业取得很好的发展,解决了温饱问题。但是从1957年到1959年短短三年间,凤阳县农村的发展在经历了初级社、高级社、人民公社几个阶段后,最终形成了"集中经营、集中管理、统一分配"的形式。再加上1958年发动的"大跃进"运动对凤阳县的农业发展造成了灾难性的影响,导致大量耕地无人耕种,粮食产量急剧下降。1960年,凤阳县全县粮食总产量仅为4753万千克,比1949年的4991.4万千克还下降约5%。在这种困境下,凤阳县于1961年3月开始实行"责任田"制度。当时的基本做法是:包产到户,按大小农活用工比例计算奖赔,称为"田间管理责任制加奖励",简称"责任田"。实行该制度的1961年,凤阳县粮食产量相比1960年增长33%,约为0.65亿千克。"责任田"制度带动了当时的凤阳县农村的恢复与发展,但是"责任田"制度还是在1963年初被强行终止。从此为农民带来希望的"责任田"制度就只能一直留在凤阳县人民的心里,这也为家庭联产承包责任制在安徽省凤阳县小岗村的萌芽提供了历史基础。

在地方上,当时有一个勇于开拓、团结奋进、实事求是的安徽省委领导班子。当地领导班子通过实地调查,了解到真实情况后,就开始打破一些界限,希望逐步开放农村的政策,来取得农村的发展。1977年6月,万里同志就任中共安徽省委第一书记后,开始对安徽省的农村情况进行实地考察,他深刻地认识到安徽省农村的实际情况。同年11月15日,万里同志在中共安徽省委农村工作会议中作了题为《最重要的生产力是人》的讲话中,指出当前省委农村工作会议的中心议题应是研究当前农村迫切需要解决的经济政策问题。随即在同年11月20日,向全省农村颁布《中共安徽省委关于当前农村经济政策几个问题的规定(试行草案)》,提出搞好人民公社经营管理工作,积极地、有计划地发展社会主义大农业;尊重生产队自主权;减轻生产队和社员负担;分配要兑现;粮食分配要兼顾国家、集体和个人利益;允许和鼓励社员经营正当的家庭副业,对收回的自留地,要按政策规定如数退还给社员。因全文有六条内容,被人们简称为"省委六条"。这份文件针对安徽省农村当时的实际情况拨乱反正,作出了新的规定,突破许多禁区,但是该文件依然明确规定了不许包产到组、包工到户。1978年夏秋之交，安徽省遇到了历史上罕见的特大旱灾，秋种无法进行。同年9月1日，安徽省委针对这种情况做出了"借地"的决策：凡是集体无法耕种的土地，借给社员种麦种菜，鼓励社员在不影响水土保持的前提下开荒，谁种谁收。谁知道这一借，就一发而不可收。凭着借地的缘由，包产到户就找到了复活的机会。农村改革之所以首先在安徽省取得突破，决定性的因素是安徽省委执行中央的路线、方针、政策的自觉性、坚定性，创造了一个改革的幼芽得以茁壮成长的良好气候。

小岗村位于安徽省滁州市凤阳县东部25千米处，小岗村大包干以前隶属于梨园公社，当时仅仅是一个有20户、115人的生产队，是一个"吃粮靠返销、用钱靠救济、生产靠贷款"的三靠村。改革前，小岗村多次作业分组的实践都以失败告终，农业生产经营组织进一步细化势在必行。1978年秋，种麦子前，根据上面的规定，小岗村先是分成2个作业组。麦子刚种完，各作业组内部就发生了矛盾。于是请示上级要求再分组，梨园公社书记破例同意小岗村分成4个组。谁知4个组刚分没几天，各组内部又都闹起来了。其原因是组越小，劳动中谁吃亏、谁占便宜，看得更清楚，利益冲突更直接。十多天后，队里便瞒着公社将全队分成8个作业组，作业组多为"父子组""兄弟组"。但就是这样，大家还是不能合作生产，一干活，都是讲自己吃了亏，有的相互不理睬，组内吵闹现象时有发生。

2. 安徽省小岗村家庭联产承包责任制的制度安排

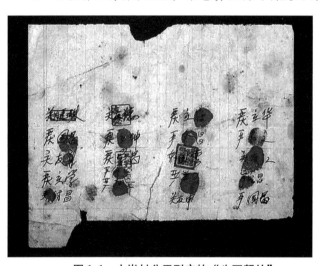

图1.1　小岗村分田到户的"生死契约"

1978年11月24日，队长严俊昌、副队长严宏昌和会计严立学三人商量好在严立华家开会，一家一个户主参加，实到18个户主（另外2位户主因为外出要饭，没有回来，后由他人代按）。大家议定，一是土地分到户，不准任何人向外透露；二是保证上交国家粮油，该给国家的给国家，该交集体的交集体；三是如果事情被捅出去，干部坐牢，大家就是讨米也给干部送牢饭，全体社员共同负责把干部的小孩抚养到18岁，决不反悔。他们写成契约，举手通过，到会的人郑重地在自己的名字上面按下指印或盖上名章，以示守信。这份材料现存于中国国家博物馆（图1.1），已成为珍贵的历史文物。这一按竟成了中国农村改革的第一份宣言，它改变了中国农村发展史，掀开了中国改革开放的序幕。自强不息的小岗人创造出了"敢于创造、敢于担当、敢于奋斗"的"小岗精神"，小岗村也由普通的小村庄一跃而成为中国农村改革第一村。

家庭联产承包责任制是指农户以家庭为单位，向集体组织承包土地等生产资料和生产任务的农业生产责任制形式，其基本特点是在保留集体经济必要的统一经营的同时，集体将土地和其他生产资料承包给农户，承包户根据承包合同规定的权限，独立做出经营决策，并在完成国家和集体任务的前提下分享经营成果。一般做法是将土地等按人口或劳动力比例根据责、权、利相结合的原则分给农户经营，承包户和集体经济组织签订承包合同。家庭联产承包责任制的具体形式包括人们通常所说的包产到户和包干到户。包产到户，是指生产队体制不变，土地等生产资料集体所有制不变，在统一计划、统一核算的前提下，将土地按人口和人口劳动力比例分到户，耕畜选户喂养、联户使用或保本保值，推行到户，实行定产量、定工分、定投资，超产归己，减产赔偿，包产部分上缴生产队，统一分配；包干到户，是在包产到户的基础上发展起来的，与包产到户的主要区别是在劳动成果的分配方法上取消了工分分配形式，承包者按照事先与集体经济组织商定的条件，除包缴一定数量的实物或现金作为集体提留，保证完成向国家交售的产品收入外，所得收入及剩余产品统归承包户所有，即通常所说的"交够国家的，留足集体的，剩下的都是自己的"。当时，小岗村采取的是包干到户的形式，这也是大部分农村选择的形式。

包干到户与包产到户虽只是一字之差，但内涵却有着重要差别。1982年中共中央一号文件《全国农村工作会议纪要》指出，包干到户这种形式，在一些生产队实行以后，经营方式起了变化，基本上变为分户经营、自负盈亏。包干大多是包交提留，取消了工分分配，方法简便，群众欢迎。用群众的话说，就是"大包干、大包干，直来直去不拐弯，交够国家的，留足集体的，剩下的都是自己的"。因此，包干到户的经营方式不仅彻底打破了以生产队为单位统一支配产品、统一经营核算、统一收入分配的"大锅饭"体制，而且使农户真正变成了农业和农村经济的经营主体。应该说，没有包干到户经营方式的普及，人民公社的经营体制是不可能被废除的。因此，可以说，包干到户的经营方式，是农村经济改革在农业经营体制方面取得的最重要的制度性成果。

家庭联产承包责任制既是一种农村土地制度，又是一种农业生产经营方式。第一，从农村土地制度的角度出发，家庭联产承包责任制是一种集体所有的农村土地制度，虽然农村土地属于集体所有，但农村土地的使用权或经营权属于私人所有；第二，从农业生产经营方式的这一层次入手，家庭联产承包责任制又是一种小农性质的农业生产的组织形式，以家庭作为最基本的生产单位。因此家庭联产承包责任制的制度安排主要体现了两个方面的制度创新，即农村土地产权制度的创新（产权再配置）和农村土地经营制度的创新（微观经营主体重构）。

（1）农村土地的产权再配置。

不同的产权结构安排决定了经济当事人不同的行为选择域，并进而影响经济绩效。考量产权结构对经济增长的影响可从产权完整性和产权完全性两个方面进行分析。产权完整性是指产权内部各权利的构成状况，产权完全性是指各权利本身的状况。

安徽省凤阳县小岗村最初推行的"分田到户"实际上就是把农村土地的使用权分给了农户，农村土地所有权当然还是归集体所有，但是相较于人民公社时期的土地制度，这种做法中一个重要的制度创新就是农村土地产权的再配置。家庭联产承包责任制改革前，农村土地的所有权、使用权和收益权都归集体所有，农村土地的转让权更是无从谈起，这是一种产权高度集中的计划经济体制。改革以后，农村土地所有权还是归集体所有，但农村土地的使用权（承包经营权）大多按照小岗村的做法，以村为界线，以家庭为单位，按家庭人口均分土地的使用权到户，农民获得了期待已久的农村土地使用权，由此形成了农村土地所有权与使用权（承包经营权）两权分离的产权格局。同时，小岗村的农民还获得了农村土地的部分收益权（剩余索取权），在扣除了上缴部分和公粮以后，农业生产的剩余部分归农民自己所有。这样的产权制度安排的一个明显特点是放权，农民拥有了更多的自主经营权，农民的生产力得到极大解放。劳动与收益直接挂钩，打破原来的平均分配方式，赋予家庭剩余索取权，自负盈亏，这样极大地调动了农民生产的积极性，促进了农业的快速增长，并为20世纪80年代中期以来开展的各项改革奠定了基础。

产权制度的配置一般还需要考虑公平与效率的关系。小岗村的包干到户的实践，是在严重的生存危机的情况下进行的，也是一种生存导向型的制度变迁，因此，它的社会保障功能优先于资源配置功能。按人口均分土地使用权的做法虽然没有改变农村土地集体所有权性质，但保证了起点公平，降低了监督成本，较好地解决了人民公社制度下普遍存在的部分成员"搭便车"问题。起到了公平分配生产资料并缩小收入不平等的积极作用。

(2) 农村土地的微观经营主体重构。

农业生产有其自身的特点，因此它对农业的经营组织也具有特殊的要求。在农业经营组织中，最理想的决策者应该是直接生产者。什么样的农业经营组织，才能保证生产的决策者，同时又是直接的生产者呢？答案无疑是家庭。虽然在规模较大的农业经营组织里决策者也可以参加一定的直接劳动，但是这种组织至少有两个困难是难以解决的：一是对劳动者的劳动效率及成果的评价问题；二是生产过程中的管理成本问题，尤其是对劳动者的管理成本问题。但这些问题如果交由家庭处理，事情就简单多了。因为家庭是建立在血缘和姻缘基础上的社会细胞，是一个最紧密的经济利益共同体，家庭成员之间的利益摩擦和目标差异最小。因此，家庭成员之间无须从纯经济的角度来计较每个人的劳动付出，家庭是最易于形成且无须另加管理成本的紧密协作体。

我国由于传统文化的影响，家庭观念根深蒂固，具有持久的稳定性。家庭生产经营的传统农业在悠久的历史过程中积累了丰富的经验，曾达到相当高水平。在实行农业合作化之前，中国农村中的家庭，一直都是一个独立的经济主体，生产、交换、积累、投资和消费，都是以家庭为单位进行的。虽然在实行土地改革之前，许多农村家庭并没有或只有较少一部分自己的土地，农业生产活动是在租佃来的耕地上进行的，但是自有土地和租佃土地的区别只是有无土地所有权，交不交地租，而是否拥有土地的所有权，并不是能否成为独立的经济主体的决定性条件。正因为如此，直到土地改革前，我国的农业一直保持着家庭生产经营的特点。而在土地改革之后到初级社建立之前的短暂时期内，我国的农业仍然保持着家庭生产经营的形式，只不过所有的农民都在属于自己的土地而不是集体的土地上生产经营罢了。但初级社建立之后，耕地由合作社统一生产经营，于是家庭生产经营的形式就此在我国农村中消失了20余年。即使在这样的高度集中统一的集体农业中，家庭生产经营的自留地作为一点小小的补充，尽管受到种种限制，还是充分显示出农民自觉的劳动态度、干劲和创造才能，与合作经济中部分社员懈怠、不负责任和消极的状态形成鲜明的对比。直到1978年改革之后，家庭生产经营才又被重新确立了其应有的地位。

实际上，以户为单位的家庭生产经营形式不仅在生产力落后的自然经济的条件下长期存在，而且在生产力发达的现代农业中仍然具有旺盛的生命力，例如，目前在发达资本主义国家中，农业生产组织形式仍然以家庭农场为主要形式。

家庭经济和社会主义可以相容，党的政策是兼顾效率与公平，防止两极分化的自发趋势。推行家庭联产承包责任制，重新确认了家庭是农业的基本生产单位，农村家庭拥有了基本的生产资料和土地使用权，取得了独立的经济利益。肯定家庭经济，既照顾了农民的要求，农民也相应地接受了土地公有制，这有利于防止非耕者对土地的垄断。家庭联产承包责任制使农民由普通的劳动力变为经营主体，这实质上意味着在高度集中统一的计划体制内创造了一个市场经济的细胞，其存在与发展，必然引起一系列后续的变化，使经济体制改革不可逆转地走向社会主义市场经济的总目标，并同时形成了一系列重要的制度性成果。

三、案例简评

（一）国家层面上家庭联产承包责任制的制度绩效

诺思和托马斯在《西方世界的兴起》中写道，有效率的经济组织是经济增长的关键。改革开放以来中国在农业领域取得的重大成就，就是从重构农村经济组织的微观基础开始的。发端于1978年的家庭联产承包责任制，将农民从人民公社体制下解放出来，并为随之进行的多领域制度改革奠定了良好的基础，从而使中国的农业生产力得到了极大释放。据林毅夫估算，1978—1984年，家庭联产承包责任制的实行对这一阶段农业增长的贡献为42.23%。尽管很多学者有不同意见，但无论如何，家庭联产承包责任制的实行，对我国农业和农村发展的影响是巨大而深远的。总之，家庭联产承包责任制的确立从制度上基本解决了农业生产中监督困难的问题，从而最大限度地提高了生产效率，为解决中国人的吃饭问题作出了重要贡献，这是中国改革开放政策实施以来取得的最主要的成就之一。

尽管当时中国的家庭联产承包责任制还不够完善，农业其他领域的改革也只是刚刚起步，但是打破传统人民公社体制的制度改革，仍极大地刺激了农民生产建设的积极性，中国的农业生产条件相较以前有了显著的改善。以农业机械总动力和化肥施用量为例，相关统计资料显示，在1978—1984年间，中国的农业机械总动力从11749.9万千瓦增加到了19497.2万千瓦；农用化肥施用折纯量由884万吨增加到了1739.8万吨，增加了将近一倍。农业生产条件的改善，加之社会化服务的推进，极大地推动了农业生产的发展。

1978年中国农林牧渔总产值为1397亿元，到1984年已经增长到3214.13亿元，短短几年时间就增加了1817.13亿元。粮食产量从1978年的3.05亿吨猛增到1984年的4.07亿吨，比1978年增长33.44%，人均粮食产量在1984年接近400千克，跨上了一个新的台阶，由此奠定了解决温饱、走向小康的重要基础。1984年我国棉花总产量达到625.84万吨，比1978年增长1.89倍；油料总产量达到1190.95万吨，比1978年增长1.28倍；1984年糖料总产量达到4780.36万吨，比1978年增长1.01倍；1984年园林水果总产量达到984.53万吨，比1978年增长了约50%；1984年猪牛羊肉总产量达到1540.61万吨，比1978年增长了约78%。1978年到1984年，我国农民人均纯收入由133.57元增加到355.33元，增长2.66倍，年均增长17.71%，其中1982年的农民人均纯收入年增长率为19.9%。农业增产有效地解决了全体中国人的温饱问题，据统计，从1978年到1985年的短短7年间，我国农村贫困人口的绝对数量从2.5亿人迅速下降到1.3亿人。在农业产出保持快速增长的同时，国家政策引导下的农业生产结构调整也取得了一定的成效，中国的农业生产结构在这一阶段得到了明显改善。更多数据可参见表1-7和表1-8。

表 1-7　1952—1987 年农业平均增长率（单位：%）

	1952—1978 年	1978—1984 年	1984—1987 年
农业（广义）	2.9	7.7	4.1
种植业	2.5	5.9	1.4
其中：粮食	2.4	4.8	-0.2
棉花	2.0	17.7	-12.9
畜牧业	4.0	10.0	8.5
渔业	19.9	12.7	18.6
林业	9.4	14.9	0
副业	11.2	19.4	18.5

资料来源：林毅夫，《制度、技术与中国农业发展》，格致出版社，2014 年，第 51 页。

表 1-8　1978—1987 年农林牧渔的产值情况（单位：亿元）

年份	农林牧渔总产值	农业	林业	牧业	渔业
1978	1397	1117.6	48.1	209.3	22.1
1979	1697.6	1325.3	60.7	285.6	26.0
1980	1922.6	1454.1	81.4	354.2	32.9
1981	2180.6	1635.9	98.9	402.2	43.7
1982	2483.3	1865.3	110.0	456.7	51.2
1983	2750	2074.5	127.2	485.1	63.2
1984	3214.1	2380.2	161.6	587.3	85.1
1985	3619.5	2506.4	188.7	798.3	126.1
1986	4013.0	2771.8	201.2	875.7	164.4
1987	4675.7	3160.5	222.0	1068.4	224.9

资料来源：孔祥智，《崛起与超越：中国农村改革的过程及机理分析》，中国人民大学出版社，2008 年，第 16 页。

（二）小岗村家庭联产承包责任制的制度绩效

小岗村家庭联产承包责任制的实践，既具有很强的理论意义，突破了当时的一些理论误区，又具有很重要的现实意义，解决了小岗村农民的温饱问题。其推广到全国以后，极大地促进了农业生产力的发展，为我国的改革之路打开了局面。

1978 年年底，梨园公社小岗生产队把农民家庭对产量的承包发展成对土地经营的承包。1979 年，实行包干到户第一年，小岗生产队成为全公社的冒尖队，全年粮食总产量 6.65 万千克，相当于该队 1966 年至 1970 年 5 年粮食产量的总和；人均产粮 600 千克；油料总产量 1.75 万千克；家庭副业也有了很大发展。生猪饲养量达 135 头，突破当时的历史记录。1979 年全年的粮食征购任务 1400 千克，过去 23 年一粒未交还年年吃供应，这年向国家交售粮食 12497.5 千克，超额完成近 8 倍。这年卖给国家花生、芝麻近 1.25 万千克，超过任务 80

多倍。1979年，小岗生产队第一次归还了国家贷款800元，还留储备粮500多千克，留公积金150多元。由此可见，小岗生产队在实行包干到户后，极大地提高了农民的生产积极性，给农业的生产带来了充足的动力，最后带来了实实在在的粮食大丰收。

生产发展同时还带来了农民收入的大大增加。据统计，1979年，小岗生产队全队农副业总收入4.7万元，人均400多元，是1978年22元的18倍。最好的农户收入可达5000~6000元，平均每人可达675元。最差的农户平均每人收入也有243元。全队20户，向国家出售农副产品2000元以上的2户，1000元以上的10户。社员严付昌家收入最高，全家8口人，2个劳力，当年共收小麦1800千克，稻谷2100千克，玉米200千克，黄豆150千克，山芋10000千克（折主粮2000千克），杂豆250千克，花生2150千克，芝麻30千克；养肥猪3头，母猪、小猪共23头，卖猪可得款1100多元，禽蛋收入100多元，8口之家共收粮食6500千克，平均每人812.5千克。农副业总收入约5400元，平均每人675元。收入最少的关友江家，全家7口人，2个劳力，收小麦1250千克，稻谷1350千克，山芋5000多千克（折主粮1000多千克），黄豆1250千克，高粱100千克，花生300千克，卖薄荷油收入50多元，1头肥猪可卖150多元，共收粮食3825千克，平均每人546千克，农副业总收入约1700元，平均每人243元。

1980年1月24日，时任安徽省委第一书记的万里同志来到凤阳县小岗村考察，他不仅批准小岗村的包干到户可以再干5年，而且同意安徽省各地可以学习小岗村的经验。当年，凤阳县生产有了进一步发展。以1981年1月31日，时任凤阳县委书记陈庭元在全县"冒尖户"会议上以《生产发家有理，劳动致富光荣》为题的讲话中所列举的数据为例，能够更加直观地看出凤阳县的农业发展，摘录部分数据如下。1980年，凤阳县全县粮食总产达25124万千克，比1979年的22000万千克增长14.2%；人均生产粮食534.5千克，比1979年的470千克增长18%；油料总产量1031.9万千克，比1979年的624.9万千克增长65%；生猪饲养量达24.97万头，比1979年的22.9万头增长9%；大牲畜发展到约51600头，比1979年增长13%；家禽饲养量超100万只，比1979年增长30%；成鱼110万千克，比1979年增长34%；社队企业总收入约1300万元，比1979年增长10%。社员生活水平普遍提高。1980年凤阳县全县农副业总收入达10310万元，比1979年的9031万元增长14%；人均收入超过180元，比1979年增长20%。1980年凤阳县全县家有5000千克粮食的农户超过一万户，占总农户的10.5%；人均生产粮食超过1000千克的有2400多户。对国家贡献也相应地增加了。1980年，全县向国家交售粮食5531.5万千克，超过2700万千克征购任务的一倍多，比1979年的4350万千克增长27.2%；交售皮棉25.2万千克，完成核减后33.5万千克任务的75.2%，比1979年增长28.4%；交售肥猪83200头，超过任务的19%，比1979年增长13.4%；农副产品收购总额5000万元，比1979年增长23%，同时还出现了一些向国家贡献5000千克粮食的农户。

四、问题探索与理论链接

（一）所有制形式由单一化向多样化转变

长期以来，由于受农业合作化的影响，我们一直认为生产组织越大越好，公有化程度越高越好，农业经营组织形式沿着"生产队—生产大队—公社"的模式逐级过渡，对家庭生产经营采取排斥、否定、取消的态度。农业合作化是我国土地制度由个体所有转向集体所有的过程，是我国农村土地所有制的一场深刻革命。它使我国农村建立起了集体所有制形式，使个体所有制的作用和范围越来越小，使农村自由市场和家庭副业受到严格的限制。家庭联产承包责任制的实施，在发展趋势上，则与其恰好相反。家庭联产承包责任制是社会主义农业集体所有制的一种表现形式，它是在土地等基本生产资料保持公有的前提下，以追求农业生产的快速发展和农民收入的迅速增加、解决农民温饱问题、调动农民生产积极性、适应农业生产力的实际水平和状况为目的的，它的表现形式可以灵活多样。家庭联产承包责任制的最根本特征是土地公有制与家庭经营的有机结合，因此，它具有形式的多样性和制度的包容性，如包产到户、包干到户等。

安徽省凤阳县小岗村包干到户的实践，引导着中国找到了实现公有制的同时还适合社会主义初级阶段中国农村生产力水平的有效形式。一方面坚持了作为农业基本生产资料的土地的公有制，另一方面实行所有权与经营权分离，使农民通过承包掌握了充分的生产经营自主权，实现了生产资料与劳动者的结合，从而可以自负盈亏，可以自行安排生产，可以自行支配劳动时间，可以对家庭成员按男女老少的特点进行适当分工，发展家庭副业，多种经营，这样大大提高了每个人的积极性和劳动生产率。家庭联产承包责任制的分配，采取凤阳人提出的"交够国家的，留足集体的，剩下的都是自己的"方式，不仅体现了"多劳多得"的原则，而且使农民有了剩余部分的处置权，突破了个人只能占有生活资料、消费资料而不能占有生产资料的"老框框"，使家庭有了积累的功能，农民有了自己的资产，有利于一部分能工巧匠、善于经营管理的能人先富起来，并推动农村商品经济的大发展。

正是以家庭联产承包责任制为起点的农村改革实践，推动着我们党逐渐明确中国经济体制改革的总目标应当是建立社会主义市场经济体制，这一目标在党的十四大中被明确提出。从人民公社到家庭联产承包责任制，这是一场从自然经济、半自然经济转向现代化市场经济改革的起点，因而这不是量的变化，而是质的变化、体制的变化、所有制实现形式的变化。人民公社是计划经济体制的组织基础，家庭联产承包责任制实质上是在这封闭的计划经济体制内创造了一个有活力的市场经济的细胞，从而突破了"一大二公三纯四平均"的思想框框，突破了僵化的单一公有制，为探索公有制新的实现形式取得了决定性的胜利，形成了一个改革的利益主体和依靠力量。家庭联产承包责任制是农村乃至全中国此后一系列变化和进步的起点，因此具有深远的理论意义。

（二）突破了"按劳分配是资本主义分配方式"的认识

从 20 世纪 50 年代中期到 70 年代末期，中国农业集体经济组织劳动计量和报酬分配的基本制度是工分制，即劳动记工分，按工分分配。最初工分是按照社员的劳动能力制定的，只是反映了一个人的潜在劳动能力，不能反映人们在农业生产过程中的实际劳动付出。后来，为了解决"出工不出力"的问题，又在制定基本工分的基础上，实行群众评议。但由于群众评议缺乏客观科学的尺度，并且人们碍于亲戚邻里关系拉不下情面，因此群众评议往往流于形式。在管理实践中，广大基层干部和社员群众创造了"定额包工"的办法，这种办法有利于减少"出工不出力"的现象，但它自身也存在执行中难以长期坚持下去或者流于形式，以及只讲速度、不顾质量等问题。这种经营体制造成了如下后果：一是无法支付存在于生产队生产中高昂的监督与计量成本，以致偷懒、"搭便车"等机会主义行为盛行；二是产权弱化导致排他性极差，从而失去对生产性努力的激励；三是人民公社对人力资源所有权的控制，使社员失去了选择经济组织的自由，社员丧失了退社的自由权利，最终造成了农业的停滞和社员生活的困苦。

家庭联产承包责任制的实践，有助于突破"按劳分配是资本主义分配方式"的认识，并使人们认为按劳分配的性质是社会主义的，不是资本主义的。邓小平同志也曾强调，不讲多劳多得，不重视物质利益，对少数先进分子可以，对广大群众不行，一段时间可以，长期不行；革命精神是非常宝贵的，没有革命精神就没有革命行动；革命是在物质利益的基础上产生的，如果只讲牺牲精神，不讲物质利益，那就是唯心论。此后，邓小平同志又针对按劳分配和其他分配形式的关系，共同富裕的实现形式等方面的问题，多次提出创造性的见解。

（三）为公私融合的混合所有制经济开创了一个成功的先例

所有制是生产关系的基础，但不能用它去说明生产关系的一切问题。长期以来，我们往往把生产关系简单地归结为所有制，而很少研究生产组织形式、经营方式等生产关系的具体形式。家庭联产承包责任制所包含的统分结合、双层经营体制具有弹性，有利于突破在公有制内部不能兼容劳动者个人经营自主权的框架，为公私混合、公私融合的混合所有制经济开创了一个成功的先例，为以公有制经济为主体、多种所有制经济共同发展的基本经济制度的形成，奠定了初步的基础。

五、问题讨论

（一）成功的制度变迁有哪些特征？
（二）家庭联产承包责任制为什么能够成功？
（三）未来中国农村土地制度改革路在何方？

参考文献

陈怀仁，夏玉润，1998. 起源：凤阳大包干实录［M］. 合肥：黄山书社.
刘守英，2014. 直面中国土地问题［M］. 北京：中国发展出版社.
诺思，托马斯，1999. 西方世界的兴起［M］. 厉以平，蔡磊，译. 2版. 北京：华夏出版社.
余国耀，吴镕，姬业成，1999. 农村改革决策纪实：中国农民命运大转折［M］. 珠海：珠海出版社.
朱巧玲，2007. 产权制度变迁的多层次分析［M］. 北京：人民出版社.

案例二

激发企业活力、盘活国有资产的马应龙药业、健民药业等国有企业改革案例

马军舰

教学目的

通过比较国有企业改革前后的绩效,讲述国有企业改革的必要性。

教学内容

介绍马应龙药业集团股份有限公司(简称"马应龙药业")和健民药业集团股份有限公司(简称"健民药业")的国有企业改革过程,介绍国有企业的改革逻辑。

重点、难点:本讲的重点是国有企业改革的必然性;本讲的难点是如何突破国有企业身份的转换。

章前思考题:国有企业改革的终极目标是什么?

一、案例概要与教学目标

从"一五"时期苏联援建的 156 个大型工业项目开始,我国已经建立起一个以公有制经济为主体的门类齐全的工业体系。但在国家建设过程中,计划经济体制与生产力发展水平之间的矛盾越来越尖锐,国有企业管理落后、机构臃肿、效率低下的问题越来越突出,国有企业的改革成为一个迫在眉睫的问题。1978 年,党的十一届三中全会的召开,标志着我国的经济体制开始从高度集中统一的指令型计划经济体制逐步过渡到以公有制经济为主体、多种所有制经济共同发展的中国特色社会主义市场经济体制。这一时期的经济转型是人类经济史上最伟大的经济转型之一,而其中的国有企业改革又是这一经济转型时期的重大事件。1978 年我国扩大国有企业自主经营权,1993 年启动国有企业现代企业制度构建,2003 年进行国有资产管理体制改革,2020 年,印发了《中共中央 国务院关于新时代加快完善社会主义市场经济体制的意见》,该意见从适应新时代我国经济高质量发展的需要出发,提出了国有企业改革的总体要求,这为国有企业进一步改革指明了方向。国有企业改革始终在路上,始终随着国民经济发展而不断前进、不断深化、不断突破。1984 年,武汉市被中共中央、国务院列为经济体制综合改革试点,武汉市在国有企业改革上率先发力,不断突破,成为国有企业改革的领头雁。其中,马应龙制药厂(现马应龙药业集团股份有限公司)和武汉健民制药厂(现健民药业集团股份有限公司)恰逢其时地启动了改革方案,发展成各自领域的龙头企业,成为当时武汉市国有企业改革的典范。

回顾我国国有企业改革的历史,以武汉的国企改革实践以及 20 世纪末马应龙制药厂和武汉健民制药厂的改制为例,深入了解这段波澜壮阔的征程。本案例凸显中国特色社会主义制度的优越性和以公有制为主体、多种所有制经济共同发展的经济体制的制度优势,引导学生从多种角度了解我国国有企业改革的历程、成就、方向及目标。

二、案例内容

自从 1978 年党的十一届三中全会中我国正式提出国有企业改革以来,我国在长期发展的过程中,国有企业改革坚定不移地以整个经济体制改革为中心。1978 年以来的国有企业改革可分为三个阶段。第一阶段(1978—1991 年)以保证国有企业的自主经营权为核心,明确政府与企业的分界线,强调市场的作用。第二阶段(1992—2002 年),强调国有企业所有权与经营权的分离,小型国有企业通过改组、联合、兼并以及出售等形式加快发展脚步,大、中型国有企业的改革重点在于组建企业集团,有效借助上市、合资等形式进行合理的股份制改造,使混合所有制经济能够更好地发展。这个时期,国有企业步入收缩战线时期,进行战略性整改。第三阶段(2003 年至今),各级政府设立国有资产监督管理部门,加强国有资产监管,完善国有企业相关法律法规,股份制逐渐成为公有制的关键实现形式,国有企业混合所有制已经成为未来国有企业改革的主要方向。

1984 年 5 月,中共中央、国务院批复武汉市成为经济体制综合改革试点,中央和湖北省将经济管理权限下放,鼓励武汉市在国有企业改革上进行先行先试。武汉市在这一时期抓住机遇,大胆尝试,为我国国有企业改革的事业贡献出宝贵的经验,起到了重要的作用。在这一时期，武汉市推行了岗位责任制、厂长负责制、承包经营制，并采取鼓励企业兼并、探索股份制改革、组建企业集团等措施，这为后期中央出台国有企业改革相关法律法规提供了重要依据。在武汉市敢闯敢拼的精神下，武汉市国有企业呈现出前所未有的活力，"汉派国资"已现雏形。在武汉市的国有企业改革过程中，马应龙制药厂和武汉健民制药厂主动面向市场，转变经营机制，激发了企业活力，在众多企业中脱颖而出，最终成长为全国性中成药龙头企业。

（一）国有企业改革历程与武汉国有企业改革实践

1. 国有企业改革历程

（1）国有企业改革第一阶段（1978—1991年），扩大国有企业自主经营权。

我国在改革开放前，国有企业本质上属于严格按照国家要求开展生产经营活动的企业，缺乏自主经营的权利，所有的物资都是由国家进行调配的，产品也都由国家进行统一的收购与销售，盈亏都属于国家，生产效率较为低下。1978年党的十一届三中全会提出，要把党和国家的工作重心放在社会主义现代化建设上，要求企业拥有更多经营自主权，精简各级经济行政机构，按经济规律办事，解决党政企不分等问题。1984年党的十二届三中全会指出，要增强企业的活力，尤其是强化全民所有制的各个大、中型企业活力，要使企业真正成为相对独立的经济实体，所有权同经营权是可以适当分开的。

（2）国有企业改革第二阶段（1992—2002年），所有权和经营权分离的产权改革。

1992年党的十四大明确提出，我国经济体制改革的目标是建立社会主义市场经济体制，以利于进一步解放和发展生产力，引导市场健康发展。《中华人民共和国宪法修正案》（1993年）将"国营企业"正式更名为"国有企业"，这体现了将企业所有权和经营权分离开来。党的十四届三中全会审议通过了《中共中央关于建立社会主义市场经济体制若干问题的决定》，提出建立社会主义市场经济体制，就是要使市场在国家宏观调控下对资源配置起基础性作用。并且认为我国需要按照市场经济发展的实际情况，将政企有效分离开来，明确产权与责权，通过科学合理的方式来对国有企业进行有效的改革。在这一时期，改革主要以构建现代企业制度为目标对国有企业进行公司制改革。1997年党的十五大报告中第一次提出，将国有企业改革与改组、改造、加强管理结合起来，要着眼于搞好整个国有经济，对国有企业实施战略性改组，通过有效的改组、联合、兼并以及出售等形式加快放开搞活国有小型企业的步伐。在这一时期我国国有企业改革逐渐步入收缩战线时期，进行战略性整改，国有大、中型企业的重点在于组建企业集团，有效借助上市、合资等形式进行合理的股份制改造，使混合所有制经济能够更好地发展。

（3）国有企业改革第三阶段（2003年至今），全面深化推进国有企业改革。

2003年党的十六届三中全会讨论并通过了《中共中央关于完善社会主义市场经济体制若干问题的决定》，其中明确指出，坚持社会主义市场经济的改革方向，进一步增强公有制经济的活力，大力发展混合所有制经济，确保投资能够得到多元化发展，股份制逐渐成为公有制的主要实现形式。自党的十六大以来，国有资产管理体制改革成为国有企业改革的关键。2003年我国正式成立了国有资产监督管理委员会（以下简称国资委），它是国务院直属特设机构，国资委代表国家履行出资人职责，并以"管人、管事、管资产"这一管理方式为主。国家对国有企业的控制主要表现在以下两个方面：第一是投资布局的战略控制；第二是资本股权控制，并为此出台了一系列制度和法律，如《关于进一步规范国有企业改制工作的实施意见》《中华人民共和国企业国有资产法》等，国有资产管理体制不断得到完善，交易行为也受到了市场的监督与管理。在这一时期主要以国有企业股份制改革为发展目标，国资委是出资人，主要负责国有企业资本运作问题，该机构能够有效提高国有企业的市场竞争力，使国有企业的资产监督管理进一步得到完善。

长期以来，市场形成了国有企业效率低、竞争力不强的刻板印象，长期存在着"国退民进"和"国进民退"的大讨论。2016年7月，习近平总书记在全国国有企业改革座谈会上强调，国有企业是壮大国家综合实力、保障人民共同利益的重要力量，必须理直气壮做强做优做大。这一时期，发布了《中共中央关于全面深化改革若干重大问题的决定》《国务院关于进一步优化企业兼并重组市场环境的意见》《中共中央、国务院关于深化国有企业改革的指导意见》等文件，明确了混合所有制改革作为今后一段时间我国国有企业改革的基本方向。党的二十大报告进一步提出，深化国资国企改革，加快国有经济布局优化和结构调整，推动国有资本和国有企业做强做优做大，提升企业核心竞争力。

2. 武汉国有企业改革实践

1978年，武汉市按照党的十一届三中全会精神积极进行城市改革的试点和探索，最开始时由于经济社会发展长期实行计划经济体制，稍微放权之后就取得了良好的效果。但是几年之后，改革所带来的红利便消失殆尽。在国有企业改革方面，武汉市扩大国有企业经营自主权，实行"利润包干、超额分成"责任制，一经推行，国有企业出现了新的活力。但是由于高度集中的计划经济体制没有进行根本性变革，政企不分，权责不明，条块分割等问题依然广泛存在，因此武汉市国有企业的发展慢了下来，进一步深化改革迫在眉睫。

为突破国有企业的发展瓶颈，进一步激发国有企业的活力，武汉市委、市政府于1983年2月向湖北省委、省政府提出《关于在武汉市进行经济体制综合改革的报告》并请湖北省委、省政府转报中共中央、国务院。报告要求一部分中央、省属在汉企业下放，由武汉市管理，并给予经济上足够的权力，能够打破"条""块"的束缚，按经济规律要求实行跨地区、跨部门、跨行业的经济协作与联合；建议中央对武汉市实行计划单列，把重要城市建设项目和产品列入国家计划，在财政体制上给武汉市以较大的自主权，使其有实力来发挥中心城市的作用。1984年5月，国务院办公厅就《关于在武汉市进行经济体制综合改革的报告》作出了批复，武汉市成为全国第一个进行经济体制综合改革试点的省会城市。为了使改革顺利进行，发挥武汉市经济改革先锋带头作用，我国决定对武汉市实行计划单列，赋予省一级的经济管理权限，中央、省属在汉企业原则上下放到武汉市管理。

在获批经济体制综合改革试点城市后，武汉市提出了简政放权，搞活企业，积极推行各种形式的经济责任制，加速企业联合改组，改革科技体制等7项具体工作。

武汉市是个传统老工业基地，国有企业比重大，技术落后，包袱较重，机制僵化，缺乏活力，因此需要改革国有企业管理体制，增强企业活力。党的十二届三中全会明确指出，增强企业活力是经济体制改革的中心环节。1986年6月，武汉市委和市政府印发了以增强企业活力为中心思想的《关于坚持改革，进一步搞活企业的若干意见》，具体举措包括五点。一是推行岗位责任制和厂长负责制，扩大企业自主经营权，明确权利与责任的界限。到

1989 年，武汉市 1922 家全民所有制企业中，有 95% 的企业实行了厂长负责制。二是全面推行承包经营责任制，集体、个人积极采取企业经营责任制、盈亏包干、上缴利润定额包干、上缴利润递增包干、利润分成、还贷包干、资产经营责任制、投入产出包干、"双包一挂"等多种形式租赁经营大、中、小型国有企业，同时还通过招标形式对中南商业大楼实行资产经营责任制。到 1988 年底，武汉市 389 家全民所有制预算内工业企业，实行承包、租赁的有 372 家，占 95.6%，其中大型企业承包率为 97.2%。在 1986 年到 1990 年第一轮承包期内取得良好的经济效益：市属预算内工业企业承包 4 年完成工业总产值 416.47 亿元，年均增长 15%；实现利税 98.12 亿元，年均增长 16.4%；上缴利税 67.18 亿元，年均增长 10.3%；企业留利 27.78 亿元，年均增长 5.3%；1987 年实现销售额、利润、上缴利税、企业留利、职工收入等五个增长。三是积极推进企业兼并。1988 年 2 月，《武汉市政府工作报告》明确提出，要把兼并作为深化企业改革的形式，紧接着武汉建立了全国第一家企业兼并市场——武汉市企业兼并市场。1984—1987 年，全市共兼并企业 44 家。1991 年 10 月，江汉区人民法院依法受理武汉羽绒服总厂破产申请，这为武汉市实施企业破产开创了先河。四是探索企业股份制改革。武汉市被确定为经济体制综合改革试点城市后，印发了《关于搞好 1989 年经济体制改革的通知》，同意并批转了《市体改委关于企业试行股份制的报告》，积极稳妥地推进国有企业股份制改革，先后选择武汉粮油食品贸易公司、惠通实业公司、东西湖花木茶公司等企业进行股份制改革试点；成立了武汉电线股份有限公司、武汉商场股份集团有限公司、交通银行武汉分行等股份制企业和金融机构；通过上市对武汉长印（集团）股份有限公司、武汉双虎涂料股份有限（集团）公司完成了股份制改造，通过引入战略投资者对武汉马应龙药业集团股份有限公司（现名"马应龙药业集团股份有限公司"）完成了股份制改造。通过股份制改造，逐步使武汉市的国有企业建立了现代企业制度，提升了企业的运营能力。五是组建企业集团。随着国有企业改革的不断深入，为实现规模经济，加强分工协作能力，进一步实现国有企业做大做强的目标，1986 年以后，武汉市先后组建了长动集团、武汉金鹿纺织集团公司、武汉建筑工程总承包（集团）公司等一大批企业集团。

（二）武汉国企改革案例之马应龙制药厂

马应龙这一品牌创始于公元 1582 年（明朝万历十年），创始人马金堂生于河北定州，青年时代就医术有成，尤以眼科见长，后潜心研习医学典籍所载眼科方剂，摸索总结出一套独特的眼药制作技艺，并以牛黄、麝香、冰片、琥珀、珍珠等八味名贵药材创制"八宝眼药"。20 世纪初，南方眼药市场大开，需求量大增。1919 年，为适应形势的发展，马金堂的后人马岐山南下武汉开拓市场，并在湖南长沙、安徽安庆、广西柳州开设分店，在南方形成了以武汉为中心，覆盖湖北、湖南、安徽、广西的马应龙眼药销售网。

中华人民共和国成立以后，武汉马应龙眼药从南方销售总部逐步发展成为生产中心。1952 年，武汉成立马应龙制药厂。1956 年，马应龙制药厂公私合营，由马岐山之子马惠民出任厂长，工厂由手工作坊转变为半机械化生产。1966 年改为武汉第三制药厂（又名"武汉马应龙药厂"）。

1993 年，由武汉第三制药厂（武汉马应龙药厂）、湖北省中药材公司、武汉第四制药厂共同发起设立武汉马应龙药业股份有限公司，虽名为股份有限公司，但生产经营还是基本遵循旧制,很快就陷入困境。1995 年,原武汉市经济体制改革委员会(简称原武汉市体改委)决定引入中国宝安集团作为战略投资者并实际控股武汉马应龙药业股份有限公司。中国宝安集团恢复"马应龙"老字号并由中国宝安集团主导推进股份制改革,同时将"武汉马应龙药业股份有限公司"更名为"武汉马应龙药业集团股份有限公司"。在中国宝安集团的统筹下,企业采取多种渠道融资,获得了大量的资金,在大量资金的加持下,通过大量的收购迅速提升了企业实力并将业务范围拓展到全国,此外还在市场、人力资源、经营机制方面进行了改造,初步建立了现代企业制度和科学的管理体系。

2004 年,武汉马应龙药业集团股份有限公司成功在上海证券交易所上市,从此走上了持续发展的"快车道"。2008 年公司更名为"马应龙药业集团股份有限公司"(以下简称"马应龙药业")。2011 年,国务院公布第三批国家级非物质文化遗产名录,具有四百多年历史的"马应龙眼药制作技艺"成功入选。截至 2022 年,马应龙药业已经成长为业务范围涵盖制药工业、连锁医疗、医药物流、大健康、移动医疗的医药巨头。

1. 马应龙药业在改革前的经营状况及改革动因

20 世纪 80 年代中期,马应龙药业遭遇到了"体制瓶颈",经营机制陈旧,与市场脱节,无法适应快速变化的市场环境;对销售环节不够重视,所售产品无法及时回款,应收账款数额巨大;负债较高,融资渠道狭窄,缺乏生产资金;生产设备陈旧,生产效率不高;产品开发力度不够,产品更新换代速度慢;人才匮乏,职工思想保守,论资排辈,缺乏工作积极性。尽管马应龙药业面临着大量的问题,但是凭借老字号的招牌和较大的产品需求,马应龙药业在 20 世纪 90 年代依然能够保持年均 200 万元的利润,与当时国有企业大面积亏损形成了强烈对比。

但是从长远来看,马应龙药业整个企业缺乏活力,发展后劲严重不足,已经呈现出落后于行业发展的态势,收入与利润长期不见增长。然而,当时同在武汉地区的红桃 K 集团、武汉健民制药厂发展迅速,医药行业的竞争加剧,马应龙药业面临从内到外前所未有的压力。

压力倒逼改革,在内忧外患的形势下,1993 年,马应龙药业启动了股份制改造,希望能够跟上国内经济快速发展的脚步,获得持久的发展动力,并更名为"武汉马应龙药业股份有限公司"。但是在股份制改造后,股东股本均没有到位,企业体制没有根本性变化,控股的是国有控股集团,其他股东均有名无实,马应龙药业实质上还是国有独资企业,资金、技术、研发、生产均没有改善,股份制改造并没有给马应龙药业带来任何实质上的改变,马应龙药业的历史文化底蕴、品牌资源正在不断地流失,可以说,这时的马应龙药业已经到了生死存亡的关键时刻。

2. 马应龙药业引入战略投资者

在马应龙药业面临生死危机的时候,中国宝安集团也认识到生物医药行业是一个前景广阔的朝阳产业。因此,中国宝安集团于 1993 年至 1996 年分别成立了深圳市宝安生物工程有限公司、安徽大安生物制品药业、上海宝安生物技术公司(这三家公司现在已更名或吊销)试图进军生物医药行业,但是由于生物医药行业壁垒较高,从零起步非常困难,中国宝安集团陆续成立的三家企业均陷入困境。到了 1995 年,中国宝安集团改变策略,急切地希望通过收购的方式进入生物医药行业。中国宝安集团最开始希望收购武汉另一家制药企业——武汉健民制药厂，但是武汉健民制药厂闻名全国，因此评估出的价值上亿元的无形资产对中国宝安集团的收购来说是极大的压力。

而当时马应龙药业最大的劣势和最为迫切的问题就是其发展资金的问题，有了资金就可以更新生产设备、引进国内外先进的技术、招揽优秀的人才、加强研发投入，再配合先进的管理经验，那么马应龙药业这盘棋就活了。而马应龙药业的劣势正是中国宝安集团的强势所在。自深圳被设为经济特区以来，就成为我国经济改革的前沿阵地，经济活力得到了空前释放，率先学习了国际先进的企业管理经验，涌现出一大批优秀企业，中国宝安集团就是其中之一。中国宝安集团作为一家实力雄厚的上市公司，不但资金实力强大、资产规模雄厚，还拥有丰富且先进的企业管理经验，而且其对从资本市场筹资的手段非常熟悉。中国宝安集团组建了新中国第一家股份制企业；发行了新中国第一张股票、第一张可转换债券、第一张中长期认股权证；成功使武汉商场股份有限公司成为深圳证券交易所第一家异地上市的公司；首次通过二级市场控股上市公司上海延中实业股份有限公司；开办新中国第一个财务顾问公司——安信财务顾问公司；协助川盐化（现名中润资源投资股份有限公司）、甘长风（现名甘肃靖远煤电股份有限公司）等20多家企业上市；1992年至1994年宝安集团连续3年跻身深圳市综合实力十强企业行列。中国宝安集团是我国优秀民营企业的代表，因此，中国宝安集团可以很专业地解决马应龙药业资金短缺的困境。马应龙药业迫切地需要引入战略投资者为生产和经营带来根本性的改变以获得资金和管理经验，而中国宝安集团则希望进军生物医药行业，双方各有所需，一拍即合。

《武汉马应龙集团股份有限公司首次公开发行股票招股说明书》公布的内容表明，1994年，经原武汉市体改委批准，马应龙药业的股东武汉国有资产经营公司于1995年6月以每股1元的价格分别受让了湖北省中药材公司、武汉第四制药厂所持的马应龙药业299.902万股股份、149.951万股股份，并将其持有的1100万股股份以每股1元的价格转让给中国宝安集团。1995年8月，马应龙药业向中国宝安集团、武汉国兴投资有限公司、深圳市宝安生物工程有限公司和内部职工增发600万股，其中中国宝安集团和深圳市宝安生物工程有限公司分别认购250万股和50万股。增资后，中国宝安集团直接和通过深圳市宝安生物工程有限公司间接持有马应龙药业的股份合计1400万股，持股比例为53.85%，马应龙药业的实际控制权由武汉国有资产经营公司变为中国宝安集团。

3. 马应龙药业的改革措施

当马应龙药业决定转让大部分股份，企业性质由国有控股企业变为国有参股企业的时候，这个消息在职工中引起轩然大波，广大职工认为自己的身份由企业的主人变为打工者，一时间无法适应身份的转变。"凭什么把我们工厂卖给别人""工厂把我们工人卖了"等议论随处可闻。但是在武汉市政府和马应龙药业的积极推动下，中国宝安集团顺利入驻并对马应龙药业进行了一系列的改革。改革给企业带来的直接变化是资金来源和经营管理机制的转变。

拓展融资渠道，加大融资规模。在中国宝安集团入驻前，马应龙药业的资金来源主要是财政拨款和自我积累，这远远无法满足发展壮大的资金需求。与此同时，财务负债过高，资金周转停滞，设备陈旧导致了马应龙药业陷入发展的困境，无法发展壮大。在中国宝安集团的主导下，马应龙药业在融资方面进行了深刻变革，成立了专业的融资部门，拓展了贷款、企业债券、增资扩股等多种融资渠道，壮大了资金实力。1995年11月，马应龙药业成立证券融资部负责融资相关工作,鉴于马应龙药业在融资方面的经验匮乏,中国宝安集团向马应龙药业委派了证券融资部部长,对融资业务进行指导。从1994年开始协商收购到1996年的两年时间里,马应龙药业通过银行贷款、企业债、增资等方式从武汉资本市场融资3300万元。在证券融资部的推动下,马应龙药业首先通过以存引贷、发行债券等方式,增募了600万元股本金;接着又利用马应龙药业的良好信誉以及中国宝安集团的影响力成功地发行了2000万元的企业债券;最后,又利用资本市场直接融资的巨大功能,按10∶3的比例向老股东配股,筹集资金780万元。马应龙药业在资本市场通过一系列的操作,不但偿还了企业债务,降低了负债率,还为研发新产品、更新生产设备储备了大量的资金。

在大量资金的加持下,通过收购加快企业发展步伐。在中国宝安集团的支持下,马应龙药业的资金问题得到了解决,随之而来的便是企业发展模式的变化。在20世纪末国有企业改革大潮中,收购成为处理亏损国有企业的一种重要方式,马应龙药业也通过收购走上了发展的"快车道"。1998年,吉林洮南安盛药厂正在招商引资和改制,而马应龙药业也希望拓展其在东北的业务,因此在中国宝安集团的引荐和洮南市政府的支持下,马应龙药业主导控股了吉林洮南安盛药厂并成立"吉林马应龙制药有限公司"。通过这次收购,马应龙药业不但拓展了在东北的业务,还获得了现成的厂房、设备和生产技术,拥有一批现成的技术熟练的员工,拥有生产批文的品种30多个、国家新药若干。而且由于吉林马应龙制药有限公司地处药用原材料产地,因此马应龙药业能够通过较低的价格获得药用原材料。就在马应龙药业向东北以"资产负债剥离后注资"的方式控股吉林洮南安盛药厂的同时,向西他们又以"合作契约"的方式,成功收购了四川新基业大通药业有限公司(现名四川厚生天佐药业有限公司)。1999年10月,马应龙药业以"增资扩股"的方式控股深圳大佛药业公司。深圳大佛药业为生产新药——盐酸关附甲素,急需原料来源和生产基地,而吉林马应龙制药有限公司由于GMP无菌制剂车间改造需要资金支持。在马应龙药业总部的支持下,深圳大佛药业向吉林马应龙制药有限公司进行增资,取得控股权,解决了双方的难题。2000年5月,马应龙药业对武汉第三制药厂医药化工分厂进行了重组并组建了中外合资的武汉马应龙制药有限公司(现名武汉天一医药开发有限公司),这为日后的国际化经营奠定了基础;2000年8月,马应龙药业参与国有企业改革,注资控股武汉市汉阳区药品公司,同期又组建了武汉马应龙大药房有限责任公司(现名武汉马应龙大药房连锁股份有限公司),开设药品零售连锁店。2002年2月,马应龙药业以增资扩股方式控股武汉青大药业股份有限公司并收购大量小药店,统一纳入马应龙药业旗下,名称定为"武汉马应龙大药房",武汉马应龙大药房成为武汉最大的药品零售商。2003年,马应龙药业由单一的生产型企业发展成为控股6个子公司、集科工贸于一体的药业集团,"东有吉马、西有新基业、南有大佛、中有武马"的商业布局使其业务向全国铺开。2004年到2005年,马应龙药业又先后控股了深圳唐人药业有限公司(现已注销)和安徽精方药业股份有限公司(后被国药集团同济堂贵州制药有限公司收购)。马应龙药业以产品为基础,以资本为手段,将产品经营与资本经营相结合,以公司本部为核心,通过控股子公司,实现了集团内生产功能、品种结构上的互补,实现了资源跨区域的合理布局和共享。通过收购,马应龙药业完善了经营功能架构,涉及药品开发、生产、分销等多个领域;拓展了生产功能,充实了产品品种结构,独家产品已增加到10多个,可供生产的国药准字号药品超过了300种;改善了基本财务状况,完善了自身的投融资体系。

坚持以市场为核心的市场营销改革。改革之前，马应龙药业是一个传统的单一的生产型企业，重生产而轻销售，市场营销意识差，销售回款难。在此背景下，马应龙药业提出了以市场为导向的全员市场观念，突出销售的重要地位，为销售配置资源，搭建全国销售网络。马应龙药业以销售为撬动企业前进的支点，全力配置经济资源。经济资源首先向销售倾斜，先销售后生产，确立了销售的龙头地位。通过改革调整，马应龙药业建立起了一个覆盖全国的销售网络。市场营销人员由原来的20多人发展到如今的1000多人，在全国设立了40多个办事处。企业的经营目标由以前的为生产而生产变为以市场为导向，以销售为龙头，面向国内外全面发展。到目前为止，马应龙药业已在全国设立了8个大的区域办事处，产品在县域终端市场的覆盖率超90%。

人力资源改革。20世纪末，国内的民营企业与国有企业在人事上的差异远比如今要大，民营企业控股国有企业，原国有企业管理层面临着管理权限的转移，普通职工普遍认为自己由企业的主人直接变成了打工者；在分配体系上，国有企业更加注重公平而忽视效率，民营企业则充满着竞争意识和效率意识。二者在人事体制上存在着重大差别，如果人事问题处理不好，将导致企业动荡不安，会影响企业的发展大局。在人事安排上，中国宝安集团只派驻了董事长、总会计师、总经理助理兼证券融资部部长、监事4名员工，其他员工全是原班人马。在人事管理上，中国宝安集团为马应龙药业带来了一套兼顾效率与公平的人力资源管理体系，强调人力资源的投入产出，具体措施包括：竞争上岗，优胜劣汰，对职工实行流动管理，引进职工的方式由以前的任人唯亲变为向社会公开招聘，并引入淘汰机制；定岗定责，实行目标管理，每个职位都制定了"说明书"，明确各个职位的权利与责任，完不成的实行淘汰机制；建立完备的薪酬体系，在收入分配上，对高级人才实行年薪制，对中级人才实行岗位结构工资，职工间的收入差距达到了10倍以上，在分配上拉开了档次，打破了以往"大锅饭"的收入分配体制；多渠道引进人才，防止任人唯亲；培训工作系统化，企业成立了培训中心，制定了专门的培训管理制度，划拨专项培训费用，培训方式逐步多样化。

经营机制改革。马应龙药业通过改革，引入了具有实际控制权的非国有股东，实现了产权主体多元化，企业的所有者有了明确的产权主体。它以产权为纽带，实现了集团内部母子公司之间的有效管理；同时逐步建立规范的企业治理结构，引入多名独立董事，包括学者、中介机构执业人员等；通过平衡各方股东的关系，创造了积极和谐的内部条件。在此基础上马应龙药业还建立了决策执行权和评价监督权相分离的职能管理体制。最具创举的是它在1996年到2000年间建立了财务、市场、质量三大总监系统，规范了财务管理体系，并将生产、销售与监督相分离，三大总监系统的建立，标志着马应龙药业各项管理工作全面走向规范化。进入21世纪，马应龙药业持续优化医药生产经营，形成产品交付系统、客服销售系统、解决方案系统的三大系统，打造了以肛肠为核心，以眼科、皮肤等为支柱的产品格局，形成了以自主生产为主，委托生产、贴牌生产为辅的生产形式，打造了"全渠道布局，分类侧重"的线上、线下销售渠道。除此之外，还加强和拓展了以肛肠诊疗为主的医疗服务业务与以医药零售和医药物流为主的医药商业业务。

除了上述改革外，在品牌经营上，马应龙药业紧紧抓住"马应龙"这个有着丰富历史底蕴和广大知名度的品牌进行经营，以"八宝眼药"（含有麝香、牛黄、琥珀、珍珠、冰片、炉甘石、硼砂、硇砂八味中药）为基础，马应龙龙珠软膏、马应龙麝香痔疮膏成为知名产品。2006年11月，马应龙药业成为商务部第一批认定的"中华老字号"企业。2011

年,"马应龙眼药制作技艺"入选"国家非物质文化遗产名录"。2019 年,我国工信部发布第四批制造业单项冠军企业(产品)通告,马应龙治痔膏药获选单项冠军产品,是国内唯一获此殊荣的中药类产品。在医疗服务领域,马应龙药业入选"2023 届社会办医·医院集团 100 强",马应龙肛肠诊疗技术研究院是唯一一家经我国民政部批准设立的肛肠诊疗技术研究院,北京马应龙长青肛肠医院为民营医院中唯一的三甲肛肠专科医院,武汉马应龙中西医结合肛肠医院联合小马医疗成为湖北省内首家民营互联网医院。在医药商业领域,马应龙大药房入选"中国连锁药店 50 强""中国药店价值榜百强企业"等。马应龙药业贯彻实施品牌经营战略,以品牌为纽带,整合社会资源,经过多年来的深耕细作,马应龙药业已成为肛肠治痔领域的优势品牌,品牌价值持续提升,连续 19 年入选"中国 500 最具价值品牌",截至 2022 年,其品牌价值达 502.58 亿元。

(三)武汉国企改革案例之武汉健民制药厂

健民药业集团股份有限公司成立于 1993 年 5 月 28 日,前身为武汉健民制药厂(又名"叶开泰制药厂"),是在具有三百多年经营历史的中国最古老的药号之一——汉口叶开泰的基础上组建的。汉口叶开泰创立于 1637 年(明崇祯十年),与北京同仁堂、广州陈李济、杭州胡庆余堂一起被誉为"中国四大药号",其中北京同仁堂专精宫廷医药,而汉口叶开泰则是大众中医药的领导者。在汉口叶开泰三百多年的历史中,研制出参桂鹿茸丸、八宝光明散、虎骨追风酒、梅花点舌丹等知名产品。同时,汉口叶开泰广泛吸收借鉴北京同仁堂、杭州胡庆余堂等药号经典配方并加以改良,形成了东西兼收、南北并蓄的独特产品集群,成为中医药界的集大成者。

1953 年 6 月,叶氏家族将经营了 316 年的汉口叶开泰生产部门更名为"健民药厂",当时由叶开泰第十代传人叶蓉斋出任厂长。1955 年公私合营,成立"武汉市公私合营健民制药厂"。1966 年,改造为国营"武汉健民制药厂"。1974 年春,为满足经营发展的需求,在汉阳厂区征地 4800 平方米,建设了现代化和规模化的生产基地。此时,企业员工已近 1000 人,原汉口叶开泰所有生产部门均集中到此,厂区面积增加十几倍,整体面貌焕然一新。

1986 年,武汉健民制药厂启动了第一轮改革,本次改革主要是从内部着手,着力解决企业的生存问题,本次改革削减了企业产品线,打造优质核心产品,坚持以市场为导向,以销售为龙头;加大科研投入,创新研发模式;着力提升产品质量等。这使武汉健民制药厂快速发展。

1993 年 3 月,武汉健民制药厂启动了第二轮改革,进行了股份制改造。经原武汉市体改委批准,企业类型由全民所有制企业变更为股份制企业,由武汉健民制药厂、中国药材公司和中国医药公司共同发起设立"武汉健民药业(集团)股份有限公司",总股本 4170 万股。

第二次改革,充分肯定了第一轮改革的成就并沿袭下来,进一步完善了现代企业制度。2004 年,该公司在上海证券交易所上市。2015 年,更名为"健民药业集团股份有限公司"(以下简称健民药业)。2018 年建设了"叶开泰中医药文化街区",2019 年申报成为国家 AAA 级旅游景区。健民药业荣获"全国中药行业优秀企业""全国五一劳动奖状""中华老字号""非物质文化遗产"等各种荣誉称号百余项。健民药业拥有"健民""龙牡""叶开泰"三大商标,其中"健民"和"龙牡"分别于 1999 年和 2007 年被国家认定为中国驰名商标,健民药业是全国为数极少的具有双驰名商标的企业。

1. 健民药业混合所有制改革的动因

20 世纪 90 年代末，健民药业既面临着国内外经济环境的压力，又在产品、技术、设备、管理方面落后，导致其陷入困境，已经到了不得不改变的时候。

首先，国内外医药行业的大环境发生了重大改变。一方面随着改革开放的深入，市场经济带来的竞争特性逐步显现，对企业来说，落后已经不是要挨打的问题而是要灭亡。同时，国家在 1985 年打破了中成药统购包销的政策壁垒，放开计划管理，中小型药厂纷纷成立，与国营药厂在药用原材料、产品等市场上同场竞技。另一方面，国外市场对我国出口的中成药规定了严格的质量检验标准，而国内中成药的生产设备、技术水平达不到其质量检验标准。在国内国外的双重压力下，健民药业仍按常规计划生产，以致药品大量积压，严重缺乏市场竞争力。1986 年健民药业出现了历史上第一次亏损，出口创汇也呈现下降趋势。

其次，在产品上多而不强。健民药业在 1987 年以前同时生产了 170 余种产品，但是这并没有给企业带来良好的经济效益，在这么多产品中，销售额突破百万元的产品只有一两种。

最后，与马应龙药业等国内多数中药企业一样，健民药业生产设备陈旧，中药生产主要依靠石磨、碾槽、大缸、坛罐等传统手工工具和 20 世纪 50 年代的蒸汽锅炉、电机等半机械化加工设备，只有一台 20 世纪 70 年代国内生产的检测仪器；技术水平低，以淬、烘、炒、煮、煎等传统工艺为主；管理上也是粗放式的，无法激活企业的发展活力。因此，当时健民药业的中药产品成本高、科技含量低、效益不高、缺乏竞争力。

2. 健民药业改革方案

在认识到面临的困境以后，健民药业对经营模式进行了思考，否定了以往按照药材公司统购包销的生产性经济模式，提出了"产品围绕市场转，企业围绕产品转"的发展思路，积极主动地将企业融入市场，以市场竞争促进企业发展。

削减产品线，以科技为产品赋能。1987 年以前，健民药业同时生产的产品有 170 余种，产品数量虽多，但多而不强，在市场上缺乏认知度高的核心产品。为集中优势资源打造"拳头产品"，健民药业从科技和销售着手，以市场为导向，结合企业产品特点进行了市场调查和研究。由于儿童用药产品生产厂家少但技术要求高，在儿童用药上供需矛盾突出，而健民药业的前身——汉口叶开泰以生产儿童用药见长，因此健民药业沿袭传统，以儿童用药产品作为经营重点。通过进一步调研发现，小儿佝偻病在我国北方的发病率高于 40%，在我国南方也有 20% 左右，健民药业为此从 170 余种产品中选定主治小儿佝偻病的龙牡壮骨颗粒作为"拳头产品"打入市场，同时在资金、人员、产能上予以重点照顾。由于市场调研充分，因此龙牡壮骨颗粒一进入市场就引起了重大反响，销量由十几万盒增加到 1000 多万盒。在龙牡壮骨颗粒大获成功的同时，健民药业先后推出了健民儿咳灵、婴儿健脾散（婴儿素）等产品，受到了市场的欢迎。

健民药业在新产品研发上寻求突破，不断研制开发新产品，形成了"生产第一代、研制第二代、设计第三代、设想第四代"的步步深入的开发局面。防治小儿佝偻病的新药——龙牡壮骨颗粒推广应用后，受到市场的欢迎，远销十几个国家和地区，但健民药业并未止步于此，后续又投资上百万元对龙牡壮骨颗粒进行二期科研，产品达到国家一流质量标准，被列为"首批国家一级中药保护品种"，并荣获"十三五中国医药科技标志性成果"

"最受药店欢迎明星单品"等奖项。龙牡壮骨颗粒二期科研完成后，健民药业又开始对它进行三期科研，并设想出其第四代系列产品。1986 年以来，健民药业共开发新产品 18 个，新增产值累计上亿元，新产品为健民药业规模化扩张提供了强大助力，这些新产品科技含量高，质量优良，保证了健民药业的市场竞争力。

以市场为核心，以宣传为手段的市场营销改革。健民药业将销售定位为企业经营活动的"龙头"，这是企业生死存亡的关键。健民药业对销售部门实行了销售承包责任制，并不断充实和完善其内容。销售承包责任制的内容概括起来，就是"二包三保四落实"（即包工资、包费用；保资金回笼、保成品资金、保销售成本；落实人员、地区、品种、计划），并把销售承包考核的重点放在资金回笼上。这样不仅彻底杜绝了"吃大锅饭"的行为，也进一步加速了企业的资金周转，从而有效避免了"三角债"对企业的困扰，促进了企业资金周转的良性循环。

销售最重要的是人，是销售队伍，因此建立一支过硬的销售队伍是实现企业销售目标的重要环节。为培养一支能攻善战的销售队伍，提高销售员的业务素质，健民药业经常对销售员进行集训，请专业教师授课，使他们在感性认识基础上增强对产品销售、市场营销的理性认识。同时还有针对性地对销售员进行法治教育，增强其法治观念。为了解除销售员的后顾之忧，健民药业还建立了销售员家庭档案，并将走访家属制度化。另外，健民药业坚决按承包合同的分配方案兑现奖励，这有效激发了销售员的工作热情。经过数年的磨砺和优化，健民药业形成了一支素质好、业务精、能吃苦、善攻坚的销售队伍，使企业每年的销售目标得以顺利实现。1992 年有两名销售员完成了 1000 万元以上的销售额，两人销售收入之和相当于 1987 年全企业销售收入的总和。

产品宣传是产品促销的一个重要手段，健民药业从广告宣传和公益活动着手，通过广告宣传扩大品牌知名度和影响力，通过公益活动提升企业形象。1995 年，健民药业以极大的魄力投入 3000 万元巨资中标中央电视台黄金广告时段，这极大地提高了企业和产品知名度。自 1990 年以来，健民药业陆续开展了为孤残儿童赠衣送药，向优秀教师赠送健民咽喉片，开展"健民杯"百名优秀护士评选等公益活动，通过这些活动使公众对健民药业有了更多了解，进一步提高了企业知名度。进入 21 世纪后，健民药业以产品为中心，强化事业部机制，新成立皮外产品事业部、新药事业部，加快专线产品的市场拓展的组织变革，不断加强人才引进和团队建设，围绕龙牡壮骨颗粒等产品加强与央视等电视台的合作，坚持品牌打造，加大学术推广，聚焦大产品，加快新产品培育，实现了销售收入的稳定增长。

加强质量管理，建立和完善企业技术监督体系。药品的竞争力，一靠疗效，二靠质量，医药产品质量不合格就是对患者的不负责任。一方面，自 1987 年以来，健民药业制定了一套严格的质量管理体系，一是从原材料、半成品、产成品入手，建立"三步把关制"；二是建立厂级、车间级、班组级的"三级质量监督检测网"；三是从科技着手，引进先进的生产检测技术和设备，在生产上加强质量管理，对于检测上查出问题的产品，坚持不合格的产品不准出厂的标准。另一方面，建立和完善企业技术监督体系。这个体系以技术标准为主体，以产品质量标准、计量标准、工作标准和管理标准等为内容，同时配备了电子计算机、计量器具和检测仪器，基本实现了现代化、标准化。以产品质量标准为例，健民药业严格按国家规定的各项标准和内控标准生产，对重点产品实行定性、定量分析，加强半成品在生产过程中的质量分析，完善了原辅材料及包装材料的质量标准。车间质检员每天向检验科汇报，检验科填写质量日报表,厂部每月召开质量分析会,当天发现问题当天处理解决,确保了产品质量。

目前,健民药业的主要经济指标已达国家二级标准。进入21世纪以来,健民药业始终重视产品品质提升,严把进口出口关,精选优质中药材并逐步优化炮制工艺,对产品生产过程进行严格管理,对质量指标进行严格控制,提高了生产过程管理的精细度,确保产品质量,实现产品品质的提升。

加大科研投入,创新研发模式,坚持自研与引进双轮驱动。企业的可持续发展,产品的质量保证与创新,归根到底要靠科技进步的创新。民族医药要有所作为,必须通过现代科技的改造,使之成为高新技术产业。基于这样的认识,健民药业不断加大科技投入,构建以科研为龙头、以生产和销售为主体的现代化企业制度。健民药业在继承和发扬中药生产的优秀传统的同时,不断强化科技力量,进行新产品研制开发,形成了"生产一代、研制一代、设计一代、设想一代"的研发体系,这为健民药业的中药生产插上了现代科技的翅膀。

一方面加大研发投入。健民药业在科技投入上一步一个脚印,落到实处,坚持每年用于科技投入的资金高于企业其他资金投入。1987年到1991年,在原材料价格上涨和资金短缺的情况下,科技总投入仍达609.33万元。1991年又决定将近两年积累的200万元资金用于科技投入,其中100万元直接用于引进国内已获国家级新药证书或已完成临床前研究的一流儿科中药新成果。十多年来,健民药业每年投入科研的资金占整个企业销售收入的3%以上,1999年达到5%以上,高出同行业2到4个百分点。2022年,健民药业的开发费用总额达到7319万元,研发费用率2.01%。

另一方面创新研发模式。健民药业将合作开发、自主研发、引进先进技术成果等多种研发相结合,推动企业产品科技水平的提高。在合作开发方面,健民药业1992年同原广州军区武汉总医院合作,将该院曾获得"全军科技成果奖"的克伤痛吸收过来,开发出了健民克伤痛搽剂。经专家验证,该产品能有效治疗急性软组织扭挫伤,其疗效明显优于其他同类产品,拥有完全可以替代同类进口产品的上佳疗效,这使健民克伤痛搽剂打开销路。

在有关部门的大力支持下,健民药业于1999年联合相关科研院所,以武汉健民中药工程有限责任公司(现名"健民集团叶开泰健康产业武汉有限公司")为名注册成立武汉市中药现代化工程技术研究中心(以下简称"中心")。中心按照现代企业制度运行,探索"官产学研"合作新模式,不仅承担了国家新药基金项目、"1035"工程项目、"863"项目等国家级项目,还承担了湖北省、武汉市重大或重点科技攻关项目。中心高效的运行模式有力提高了健民药业的产品研发水平并推出了一系列优秀研发成果。在自主研发方面,为了加快新药研制和开发的步伐,健民药业还设立了中药研究所,专门从事药品研发工作。1992年,健民药业又创新性地将所属的中药研究所改制为武汉市健民医药科技开发公司(现已注销),它是"自主经营、自负盈亏、自我发展、自我约束"的科技经济实体,并实行项目承包制,分配向有突出贡献者倾斜。短短几年间,其先后研制成功10多个国家级新药。在引进先进的科技成果方面,武汉某大医院研发出一种治疗咽喉炎的糖浆剂,疗效十分显著,并获得了"湖北省科技成果奖",但由于该医院条件有限,难以大量生产,一直得不到推广。健民药业大胆引进了这项成果并进行再开发,研制出了治疗咽喉炎的口含片制剂——健民咽喉片,并很快问世且受到了广大患者的欢迎,健民咽喉片成为其又一畅销拳头产品。

引进先进的技术设备,开展现代化大生产。从1987年开始,健民药业先后投资500多万元引进了具有国际先进水平的美国产高效液相色谱仪、日本产双波长薄层扫描仪和分光光度计,并购置了国内先进的中药提炼生产线、煮提设备、冲剂制粒及包装机等70多套新设备。健民药业引进技术不是为了单纯扩大生产能力,而是为了在高起点上创新,增强自主开发的能力。为此,他们坚持做到以下四点。一是以引进技术为辅,以加强独立的科学研究和技术开发为主,并把对引进技术的消化吸收和创新作为重要内容。比如引进船用碟式分离机后,改造成可以分离药液、药渣的设备,这大大节约了能源和人力,提高生产效率20倍以上。二是优先引进有助于提高产品质量、增加外汇收入的适用先进技术。三是在引进设备的同时引进相应的软件技术,以便尽快掌握技术诀窍。四是同制造厂家、科研单位、高等院校等一起联合开展消化、吸收和创新工作,逐步形成具有本企业特色的先进技术。

此外,健民药业还对传统产业进行全面技术改造。健民药业通过开展群众性的技术革新活动,逐步实现了设备技术的机械化、自动化,健民药业建起了现代化的制剂大楼,改造了车间、厂房。传统药酒浸泡工艺用十几口大缸一个月才能生产一两万瓶药酒,健民药业首创提取新工艺,大大缩短了浸泡周期,使产量翻了两番多。1997年,健民药业按国家GMP无菌制剂车间标准建立的小儿用药生产基地竣工投产。

截至2022年,健民药业已经拥有了较好的科研和技术开发能力,涵盖药物制剂、药物分析、药理毒理、临床医学等专业领域,还设有博士后科研工作站,并获批国家企业技术中心,是国家技术创新示范企业。健民药业组建了儿童经皮给药研究平台(含膜剂)、儿童口服液体制剂研究平台、儿童口服固体制剂研究平台、分析技术平台等4大技术平台;拥有有效专利130项,其中发明专利71项;在研项目40项,其中新药研发项目26项,二次开发项目8项,保健食品6项,为企业参与市场竞争奠定了基础。

健民药业是全国重点中药企业和小儿用药生产基地。截至2022年,健民药业及全资子公司叶开泰国药合计持有药品批文259个,其中独家品种26个,类独家(3家以内)品种22个,有86个品种在国家医保目录中。健民药业产品资源丰富,形成了以中成药为主的儿科产品线、妇科产品线、特色中药产品线,主要产品包括:龙牡壮骨颗粒、健脾生血颗粒、便通胶囊、健民咽喉片等。

建立现代企业制度和科学的管理体系。在建立现代企业制度中,企业需要处理原有的管理体制(党委会、工会、职工代表大会)与现代企业制度的管理体制(股东大会、董事会、监事会)的关系。在湖北医药行业现代企业制度试点工作会议上,健民药业与会代表认为领导体制改革是企业产值、销售收入、利税增长的重要原因。健民药业在领导体制改革上,按照《中华人民共和国公司法》等进行企业领导制度的改革,建立健全以权力机构股东大会、监事机构监事会、决策和执行机构董事会及经理层组成的领导管理体制,形成相互制衡、权责明确的企业治理机构。健民药业优化党的组织机构,提高人员素质,改进党组织在企业体制中发挥政治核心作用的形式和方法,形成企业内部大政工的环境,促进企业思想政治工作和双文明建设的开展,保证、监督党和国家方针政策得以贯彻执行。同时加强工会及其基层组织的建设,为工会保护员工的合法权益以及对开展有益于员工生产、工作和生活的各种活动提供必要的条件,调动员工的主人翁积极性和创造性。健民药业按照现代企业制度的要求,调整职工代表大会(简称"职代会")的职责权限、发挥其在民主管理方面的作用,如:对企业重大决策的参与建议权;对员工有关工资、福利、安全生产、劳动保护等切身利益问题的审议权和质询权；对企业各级行政领导任免、奖惩的建议权等；同时，职代会可选派职工的代表参与或列席企业有关会议，行使职工当家作主、民主管理企业的权利。为了使党组织和工会的领导干部更好地了解企业的生产经营管理情况，并保证国家方针政策的贯彻执行和维护职工利益，健民药业根据有关章程规定，通过股东大会选举，使党组织、工会的代表进入企业领导机构，实现党政工领导交叉任职，较好地处理了"六套马车"之间的关系。科学管理能有效地组织、协调企业的各项工作，最大限度地发挥人、财、物的效能，达到高效率。

健民药业把加强管理作为科技进步的一个重点，力求做到科学化、制度化、现代化、规范化、标准化。第一，实行决策的科学化、民主化。健民药业对于关系企业全局的战略决策和带有局部性的战术决策，力求做到科学化、民主化。第二，建立和完善企业承包经营责任制。1987年健民药业实行承包经营责任制后，为了避免短期逐利思想和行为，把科技进步作为承包经营责任制的一项重要指标和考核依据。在企业内部的配套改革上，各部门、车间分别实行灵活多样的承包经营责任制。同时，建立职代会制度和各种奖罚制度，职工代表与企业领导共同承担承包经营任务，党委予以监督和保证。干部职工权责利分明，齐心合力为企业发展贡献力量。第三，建立和完善厂长领导下的总工程师负责的科技组织管理体系。确定由厂长或一名副厂长主抓科技组织管理工作，总工程师既有责又有权，并充实加强了四个技术部门（技术科、检验科、设备科、资料室）和厂科研所。同时，在开发新产品、技术改造、引进技术和人才、干部职工培训、组织科技规划的实施等方面做了大量工作，改变了科技工作说起来有人管、实际上又都不管的局面。第四，建立和完善销售服务管理体系。这是使产品适销对路、开拓和占领市场的重要一环。健民药业的做法是：建立与销售体制相适应的承包经营责任制，巩固国内十大城市销售市场，以二级医药站为主，使产品既不饱和又不脱销。积极举办或参加各种展销会、订货会、新闻发布会，扩大广告和公共关系的宣传，开展为孤残儿童捐赠衣物和药品等多种公益活动，提高企业和产品的知名度。加强市场情报信息的收集和管理，设立服务机构，做好售前、售后服务。

培养和引进高素质的人才队伍。企业间的竞争，从根本上说是科学技术的竞争，而科技的竞争力取决于人才的数量和质量。1986年以前，健民药业只有66名技术人员，仅占职工总数的5%。在改革过程中，健民药业在人才培养方面取得了突出的成绩。为了建设一支专业齐全、结构合理、技术过硬的科技队伍，健民药业加大人才培养的投资力度，增加科技人员的数量，注重科技人员的继续教育和知识更新，在组织他们坚持学习政治理论的同时，通过在党校、高等院校、大医院学习深造，请医药专家讲课，参加专业会议，承担科技攻关项目等多种途径和方法，提高其思想理论水平和业务能力。经过人才引进与培养，人才队伍数量与质量都得到提升，人才成为健民药业科技进步的主导力量。为了提高班组长的技术素质，健民药业举办班组长脱产培训班，进行经济、技术、劳动、工艺培训。健民药业开展了"创合格班组、先进班组及红旗班组"活动，并纳入经济责任制考核内容。健民药业还以班组为单位开展全面质量管理活动，90%以上职工参加了全国全面质量管理知识统考，合格率达100%。通过制定一系列人才引进、人才培养和人才奖励政策，使企业内部形成了良好的科研环境，吸引了大批高级人才，造就了一支高素质的科研队伍。健民药业在员工培养方面建立了系统化、规范化、层次化的员工培训体系，注重培训对开拓思路、解决实际问题的作用，采取内部定期培训与外部培训相结合的方式，针对各个类别人员制定出个人成长与企业发展相结合的培训计划。截至 2022 年，健民药业本专科及以上人才 1640 人，占公司职工总数的 73.0%，技术人员 307 人，占公司职工总数的 13.7%。

三、案例简评

（一）国有企业改革成果评价

截至 2022 年，我国国有企业（不含金融企业）资产总额 339.5 万亿元、国有资本权益 94.7 万亿元；营业总收入 82.6 万亿元，利润总额 4.31 万亿元。武汉市自 1984 年成为全国经济体制综合改革试点城市以来，截至 2022 年，武汉市国有单位（企业）3887 户，资产总额 4.39 万亿元，所有者权益总额 1.33 万亿元。四十多年的改革，国有企业资产规模和效益显著提高，企业创新能力和市场竞争力不断增强，国有资产大幅增值，上缴利税显著增加，一批国有大型企业已跻身世界一流或知名企业行列。四十多年里，国有企业为推动我国经济社会发展、科技进步、国防建设、民生改善作出了重要的历史性贡献，保障了国家战略的有效实施。从全国和武汉来看，我国国有企业已经完成了由小到大、由弱到强的蜕变，国有企业规模和质量都与改革初期不可同日而语。

（二）马应龙药业改革成果评价

"宝马联姻"实现了多方共赢的局面，对于马应龙药业来说，在中国宝安集团的改造下，获得了飞速发展的契机，截至 2022 年 12 月 29 日，马应龙药业市值达到 97.16 亿元，成为我国治痔领域龙头企业；对于中国宝安集团来说，收购马应龙药业使得中国宝安集团获得了一张正式的生物医药行业的入场券，马应龙药业在上市后成为了中国宝安集团的核心资产；对于武汉国有资产经营公司来说，国有资产在转让后得到了增值。

马应龙药业步入发展的快车道，逐步成长为治痔领域龙头企业。对马应龙药业来说，"宝马联姻"调整了马应龙药业的产权结构，实现了投资主体多元化，有利于完善股份制改造、转换经营机制，由此进入了一个超常规的新时期。改革后的马应龙药业，针对旧有体制的种种弊端，审时度势、因势利导地推行了市场营销改革、资本运营改革、人力资源改革等一系列改革，坚持品牌经营创新、技术整合创新、商业模式创新、经营体系创新相结合，在改革中发展，在发展中创新。经过改革，马应龙药业在软件和硬件上都有了翻天覆地的变化：厂房从破旧变得布局合理、环境优美；设备从陈旧的手工设备变成机械化和自动化率高的机器生产线；组织架构从计划经济时期职责不明晰、专业分工不强的组织结构变成权责明晰、专业化分工、扁平化的组织结构；员工队伍从教育程度低、专业人员不足变成学历高、素质强的专业队伍；在管理体系上建立了现代企业制度；在质量保障体系上逐渐标准化。从经济指标来看，马应龙药业的改革无疑取得了巨大的成功。从中国宝安集团控股到 1998 年 11 月的 4 年时间里，马应龙药业资产总额从 6430 万元增长到 14799 万元，增长 1.3 倍，年复合增长率 23.17%；净资产由 2000 万元增长到 8999 万元，增长 3.5 倍，年复合增长率 45.64%；利润总额由 391 万元增长到 2400 万元，增长 5.14 倍，年复合增长率 57.4%。从医药行业企业的横向对比来看，全国医药企业在 1996 年出现大面积亏损，湖北省 1996 年上半年医药行业重点企业的亏损就高达 6481 万元，而马应龙药业当年上缴税收 809 万元，是 1994 年的 3 倍。进入 21 世纪，马应龙药业的发展更是引人注目，截至 2022 年，马应龙药业已发展成营业总收入 35.32 亿元，净利润 4.8 亿元，资产总额 50.58 亿元，净资产 36.19 亿元的治痔领域龙头企业。

中国宝安集团成功进入生物医药行业并站稳了脚跟。对于中国宝安集团来说，起初其用少量资金就控制了马应龙药业一个多亿的资产，并且在不到两年的时间收回了投资成本。更重要的是，以此为契机，中国宝安集团成功地进入了有着高行业壁垒的生物医药领域，为其今后发展生物医药这一产业建立了一个牢固的桥头堡。截至 2022 年，中国宝安集团持有的马应龙药业的股票市值约为 28 亿元，相较于当时的投资成本，资本的增值幅度不可谓不大。

国有资产实现了保值增值。对马应龙药业进行重组，国有资产在产权运作中实现了增值。武汉国有资产经营公司通过比较高的价格转让国有股份，使国有资产增值。马应龙药业的转让使国有股份高出账面净资产 629.67 万元，国有资产增幅达 45.95%。武汉国有资产经营公司对马应龙药业的重组，一方面使国有资产从低效益、竞争性领域退出，实现了国有资产的安全转移；另一方面通过转让收入再投资于占位好、有广阔发展前景的优势企业和关系国民经济命脉的战略领域，有力地支持了地区优势企业和主导产业的发展，优化了国有资产分布结构。此外，武汉国有资产经营公司虽然失去了对马应龙药业的控制权，但是还保留了马应龙药业的部分国有产权，稳定了企业经营局面，通过共同经营、风险共担、收益共享，有利于国有资产保值增值。通过股权转让和改制上市，武汉国有资产经营公司不再参与马应龙药业的具体运营，而是作为股东，通过董事会、监事会、股东大会参与企业的重大决策，从资本市场获取企业市值增长带来的资本增值收益。马应龙药业从面临内忧外患的制药厂发展成市值百亿元左右的治痔领域龙头企业，为股东创造了巨额财富，马应龙药业也成为国有资产保值增值的典范。

（三）健民药业改革成果评价

体制改革彻底激发了健民药业的发展活力，健民药业 1986 年的资产不足 400 万元，到 1992 年时，仅固定资产就达到 1900 万元；企业年产值从 2070 万元增长到 1.8 亿元，年均增长率达到 43.4%。1986 年到 1991 年签订承包经营合同的时间里，企业销售收入、实现利税每年分别递增 17.95%、14.87%，年人均创产值从 1.88 万元增至 4.8 万元，年人均创利税由 0.28 万元增至 0.62 万元，经济效益位居全国前列。

股份制改造进一步为健民药业成为中药上市龙头企业打下了坚实的基础，1992 年到 1999 年，企业年产值从 1.8 亿元增长到 4.8 亿元，年复合增长率 15.04%；销售收入从 1 亿元增长到 4.5 亿元，年复合增长率 23.97%；利税总额从 2400 万元增长到 6777 万元，年复合增长率 15.99%。1997 年在亚洲金融危机持续影响的情形下，国内外经济形势非常严峻，健民药业经受住了市场的考验，交出了令人满意的答卷，经济指标持续向好，高新技术产品产值占总产值的 70% 以上，高新技术产品收入占销售收入的 80% 以上，高新技术产品创造的利润占总利润的 90% 以上。截至 2022 年，健民药业已经发展成营业总收入 36.41 亿元，净利润 4.06 亿元，资产总额 34.38 亿元，净资产 18.68 亿元的大型中药企业集团。

四、问题探索与理论链接

通过对马应龙药业和健民药业在20世纪80年代和90年代改革的回顾，我们可以发现，通过建立科学的产权制度和现代企业制度，搭建有效的激励机制，充分重视人才与科技对企业发展的作用等举措使马应龙药业和健民药业在20世纪末获得了腾飞的动力。这两家企业的改革适应了我国从高度集中的计划经济体制转向社会主义市场经济体制这一时期的经济形势，它们的改革成为当时全国范围内国有企业改革的缩影。

当前，我国的国有企业通过改革已经解决了生存问题，并且国有经济已经在国民经济中扮演着重要的角色。经过多年的改革，我国建立了科学的产权制度和现代企业制度，完善了国有资产监督管理体系，重视人才与科技已经成为广大国有企业的共识。在党的领导下，我国的国有企业改革仍然在不断探索、不断深化、不断向前推进。展望未来，国有企业改革只有进行时，而没有最终时，经济在发展，社会在进步，国有企业改革必须随着经济社会发展和进步而不断变化。在取得诸多成绩的同时，我们不禁要问，经济行为少不了经济理论的支撑，国有企业改革的理论逻辑是什么？这段国有企业改革历程有什么经验与不足？国有企业改革的基本方向与目标是什么？具体如下所述。

（一）国有企业改革的理论逻辑

进入21世纪，在现代企业制度下，企业的一个重要特点就是所有权与经营权的分离，两者分离的直接结果就是产生了委托代理问题，委托人和代理人各自追求的目标可能是不同的，代理人在其追求自身利益最大化的过程中可能侵害委托人的利益，进而出现代理成本。为降低代理成本，需要对委托代理问题进行深入研究。委托代理理论是我国国有企业改革的理论基础，它主要研究在信息不对称情况下所有权和控制权分离的激励和约束问题。就国有企业而言，委托代理问题较民营企业更加严重，其原因在于国有企业的所有者缺位，委托代理的链条过长，这导致对国有资产的监管存在很大的困难。国有企业的前身是国营企业，所有者是全国人民，而全国人民是一个抽象的主体，全国人民无法行使权力对国营企业进行监督。国务院、地方人民政府分别代表国家对国营企业进行监管，但是国务院、地方人民政府并不是国营企业的所有者，地方人民政府不会像民营企业所有者那样积极行使监督权。就国有企业改革而言，正确地处理好委托代理问题所带来的代理成本就是未来国有企业改革的基本方向，对国有企业进行产权多元化改革是解决委托代理问题的一个可行的方案。通过混合所有制改革使国有企业产权多元化，把国有资本与非国有资本结合成一个整体。由于非国有资本是一个现实存在的主体，会为了自身的利益对国有企业行使监督权，强化对国有企业管理者的约束力。

（二）国有企业改革的经验与不足

改革开放四十多年来，我国国有企业改革不断深化，取得的成绩举世瞩目，国有企业为我国经济腾飞作出了重要贡献，这段改革历程所带来的扩大自主经营权、强调所有权与经营权的分离、加强国有资产监管、推进产权多元化等举措为国有企业后续改革提供了宝贵的经验。马应龙药业、健民药业的案例充分说明了国有企业要发展就需要依靠其所建立的激励与约束机制，混合所有制改革是实现这种激励与约束机制的一个重要途径。马应龙药业以引入战略投资者的方式进行混合所有制改革，依靠中国宝安集团提供的资源迅速完成了蜕变而成为治痔领域的龙头企业。健民药业先通过内部进行改革，后又引入中国药材公司和中国医药公司进行股份制改革，也实现了扭亏为盈并走上发展的"快车道"。

从目前来看，国有企业在经营过程中，行政干预的问题依然存在，导致了国有企业出现一些非市场行为，其中比较突出的一点是国有企业的直接投资，主要体现在两个方面：一是行政部门通过行政命令的方式对国有企业的投资对象进行直接干预；二是行政部门通过地方性规定限制国有企业的投资地域。这两种方式极大地限制了国有企业的自主经营权，也未能体现出所有权与经营权的分离，同时这也不属于"加强国有资产监管"的范畴。尽管我国在国有企业改革上取得了突出的成绩，但是国有企业改革依然在路上，任重而道远。

（三）国有企业改革的基本方向与目标

从国有企业改革的理论、经验与不足方面，我们能够很容易地发现，混合所有制改革将会是未来国有企业改革的基本方向。1997年中共十五大第一次明确提出"混合所有制经济"，并在1999年党的十五届四中全会上确立了发展混合所有制经济的战略。进入21世纪以后，我国已经基本完成了当前阶段国有企业混合所有制改革的顶层设计，对国有企业混合所有制改革进行了更加具体的指导和系统的推动，作出了《中共中央关于全面深化改革若干重大问题的决定》，出台了《国务院关于进一步优化企业兼并重组市场环境的意见》等指导意见，颁布了《中共中央、国务院关于深化国有企业改革的指导意见》以及相关配套文件，它们为混合所有制改革指明了方向。在具体操作上，混合所有制改革就是为国有企业引入非国有资本（包括民营资本、员工持股等），使非国有资本在国有企业中占有一定的地位，形成一定的影响力，对国有企业的经营决策形成约束力，从而转变国有企业的经营机制，进一步推动国有企业完善现代企业制度，健全法人治理结构，改善企业治理水平，发挥国有资本与非国有资本的双重优势。

国有企业改革最终是为了实现相应的目标，我们可以从两个方面进行分析：一方面，国有企业是企业的一种，具有企业的基本目标，即追求利益最大化；另一方面，国有企业又与一般的企业不同，国有企业的产权性质决定了国有企业除了有一般企业所追求的经济利益最大化的经济目标之外，还有着非经济的目标（政治责任和社会责任）。考虑到国有企业组织的特性及国有企业的产权性质，国有企业改革的最终目标是国有企业在自身所属的行业具备较高的经营效率和竞争力，同时还能承担相应的政治责任和社会责任，拥有较好的政策执行力，从而促进社会福利最大化。这样的目标不但适用于国有独资或全资企业，也适用于产权多元化的国有企业。

五、问题讨论

（一）我国国有企业未来的改革方向与目标是什么？
（二）马应龙药业和健民药业的改革为什么能够成功？
（三）国有企业是否都应进行混合所有制改革？为什么？

参考文献

曹康林，2003. 深圳宝安打造武汉马应龙 [J]. 经营管理者（8）：36-38.

陈昌胜，2000. 武汉健民药业集团依托科技促发展 [N]. 光明日报，11-27（B02）.

陈国海，2003. 实行框架管理 构筑安全平台 [N]. 中华合作时报，08-14（A01）.

陈晓红，2000. 给民族医药插上现代科技翅膀：武汉健民药业集团"科技兴业"的调查 [N]. 光明日报，12-11（B01）.

郭剑平，郑朝霞，郭伟，1997. 论企业破产及兼并 [J]. 物流技术（2）：29-30.

湖北省人民政府，1998. 湖北省人民政府关于命名第二批湖北精品名牌产品的决定 [J]. 湖北政报（6）：34-35.

黄速建，余菁，2006. 国有企业的性质、目标与社会责任 [J]. 中国工业经济（2）：68-76.

柯岩，2000. 湖北中医学院等院校与武汉健民药业集团股份有限公司共建"武汉中药现代化工程技术研究中心" [J]. 湖北中医学院学报（1）：31.

刘江涛，1999. 资产重组使百年老厂焕发青春：武汉马应龙药业集团股份有限公司印象 [J]. 学习与实践（5）：43.

李天书，严方才，1995. 健民集团探索出企业改革中组织建设新思路 [J]. 中医药管理杂志（6）：63.

李天书，谌向东，2000. 有所不为才能有所为 [N]. 中国医药报，07-20（2）.

林毅夫，李周，1997. 现代企业制度的内涵与国有企业改革方向 [J]. 经济研究（3）：3-10.

罗嗣红，1999. 资产重组的"武汉模式"：析不完全资本市场环境中的资本运营 [J]. 资本市场（4）：29-31.

罗维通，赵华，2002. 加大技术创新力度 推进中药现代化：武汉健民创建科技先导型医药大集团纪实 [J]. 科技创业月刊（11）：22-23.

闵光新，1993. 转变经营机制 发展传统中药 [J]. 中国科技论坛（3）：21-23.

闵光新，1996. 实施名牌战略 延长名品周期 求得名牌效益 [J]. 湖北经济管理（4）：27-28.

乔辉，罗维通，2003. 创新是一切成功的源动力：湖北省暨武汉市中药现代化工程技术研究中心发展纪实 [J]. 科技创业月刊（4）：49-50.

涂天向，2017. 武汉城市经济体制综合改革概述 [EB/OL].（06-27）[2023-12-18]. http：//whdsw. wuhan. gov. cn/ztyj/1196. jhtml.

王方明，1996. 论国有大中型企业改造 [J]. 管理科学（5）：8-10.

武汉市人民政府，1997. 以存量重组为突破口 整体搞好国有经济 [J]. 企业管理（8）：14.

张彬，1997. 大力推进企业兼并工作 [J]. 中国工业经济（12）：29-31.

张信东，1997. 走过兼并收购后的危险期 [J]. 经理人（4）：16-18.

郑红亮，1998. 公司治理理论与中国国有企业改革 [J]. 经济研究（10）：20-27.

周德钧, 2006. 古今"马应龙"[J]. 武汉文史资料 (10): 41-47.

周先平, 谭本艳, 2000. 继承传统经营特色 加强现代经营管理: 武汉健民药业集团持续发展的成功经验[J]. 市场营销导刊 (1): 50-51.

案例三

调动基层组织积极参与市场的苏南模式

杨剑刚

教学目的

使学生了解苏南模式的发生背景、发生机制和经验。

主要内容

介绍苏南模式的产生原因、特点和启示。

重点、难点:本讲的重点是苏南模式涉及改革开放的问题;难点是政府和市场关系的问题。

章前思考题:

1. 如何理解苏南模式?
2. 苏南模式的意义是什么?

一、案例概要与教学目标

社会主义市场经济体制是中国特色社会主义的重大理论和实践创新,是社会主义基本经济制度的重要组成部分,它们把中国特色社会主义制度与市场经济有机结合起来,为推动高质量发展、建设现代化经济体系提供重要制度保障。

苏南模式,由社会学家费孝通在20世纪80年代初率先提出,"苏南"指的是江苏省南部的苏州、无锡、常州、南通等地。苏南模式是我国在改革开放后以乡镇企业发展带动农村地区实现工业化建设从而实现农村地区繁荣稳定的一种改革发展模式,要了解我国市场经济发展的探索历程,解读我国改革开放背景下政府和市场关系的调整,可以参考苏南模式。其特点在于调动基层组织积极参与市场经济建设,能够抓住时代机遇,充分调动农村地区社会资源转化为社会资本,从而形成原始积累发展乡镇企业,并提高农村地区的经济建设水平,是中国县域经济发展的主要经济模式之一。为此,本章从苏南模式诞生的历史背景出发,梳理苏南模式的发展脉络,重点解释了苏南模式发展历程、演变机制以及经验启示,使学生更加深入了解苏南模式成功的关键,理解和掌握我国社会主义市场经济制度的本质。

二、案例内容

(一) 苏南模式的历史背景考察

苏南模式的形成离不开社会经济发展的历史基础,要探究苏南模式的形成过程就必须考察苏南模式的历史背景。苏南模式的产生得益于苏南地区优越的地理条件和厚重的人文历史以及改革开放的东风,天时地利人和皆俱,才有苏南模式的成功,因此要把苏南模式置身于当时社会历史环境中去考察,才能做到真正理解形成苏南模式的原因。

苏南地区历来是我国经济较为发达的地区,得益于拥有得天独厚的自然条件和经济基础,在清朝末年就是中国加工制造产业布局的重点,是近代中国民族工商业的发祥地。从太平天国军械所(地处苏州),到洋务运动时期的苏州洋炮局,从《马关条约》将苏州开放为通商口岸,允许外资在苏州开办工厂,到苏经丝厂和苏纶纱厂等企业创办,苏南地区工商业的兴起推动了近代中国民族工商业的发展[①]。

1949年新中国成立以后,我国面临着百废待兴的局面,苏南地区的经济建设迫在眉睫。从1949年到1967年,为了促进国民经济建设,进一步发展生产和稳定社会秩序,苏南地区原有的私营企业在政府的主导下进行社会主义改造,工业生产规模逐步恢复正常,产业门类也不断完善,并实现了高速增长。由此苏南地区在政府的扶持和主导下逐步建立起覆盖轻工业、重工业的门类齐全的工业化体系,苏南地区拥有了较为完整的工业化布局,这为苏南模式的产生奠定了坚实的基础。

改革开放后,苏南地区以农村土地制度改革为契机,进一步解放农村生产力,并通过农

---

① 王国平、张燕:《论晚清苏州工商业的发展与城市空间的拓展》,《史林》2016年第1期。

村劳动力、资金以及技术向非农产业转移,通过发展乡镇企业实现农村非农业化发展。通过经济体制改革,促进企业制度改革和市场经济发展,有利于乡镇企业发挥其经营机制灵活的优势,克服宏观经济剧烈波动环境下资金紧张和市场风险加剧等困难,推动技术创新和产业升级,走出了一条具有中国特色社会主义的农村经济社会协调发展的成功之路。下面就从农村土地制度改革、财税体制改革、国有企业产权制度改革以及宏观经济波动和经济危机这四个角度来对苏南模式的形成背景进行分析。

1. 从农村土地制度改革的角度来看

苏南模式的形成和发展是以农村土地制度改革为基础的,在这一场社会生产关系变革的历史大潮中,苏南地区的人民牢牢把握住了时代发展的机遇。土地制度改革的实施,一方面使农民获得了土地使用权和自主经营权,除了提高了农业生产效率、促进粮食自给自足外,还可以将土地资源转化为生产资本,促进农民将土地投入到非农产业的生产经营中,为乡镇企业的发展和实现农村工业化奠定了要素基础[1]。另一方面伴随着农业生产力和农民生活水平的提高,农村劳动力过剩,农村的市场经济规模也在快速增长,为乡镇企业的兴起提供了劳动力的供给和市场需求,为农村工业化提供了良好的条件。农村土地制度改革对于苏南模式的形成和发展具有显著的促进作用,具体来说有以下四个方面。

首先,农村土地制度改革为苏南模式提供了充足的土地资源。一方面土地所有权和使用权、自主经营权的分离,使得土地资源得到了更加合理和有效的配置,促进了土地整治和农田基础设施建设,提高了土地的产出能力,为乡镇企业提供了更加稳定和低廉的原材料来源。另一方面农民可以将自己的土地承包给乡镇企业进行规模化经营,从而提高了土地的利用效率,为乡镇企业的落地和发展提供了充足的土地供给,降低了乡镇企业的用地成本。同时苏南地区距离上海、南京等中心城市较近,农村土地制度改革有利于苏南地区的乡镇企业发挥邻近中心城市的地理优势,方便吸收技术和发展中低端工业,帮助乡镇企业降低运输成本并促进其进行技术创新,为乡镇企业提供了发展空间。

其次,农村土地制度改革增加了农民的财产性收入,提高了农民的资本积累能力,为乡镇企业的发展提供了资金来源,降低了乡镇企业的融资成本,也促进了农村生产要素的优化配置。一方面,农村土地制度改革使得农民可以通过土地流转、入股分红以及劳务就业等方式获得收益,拓宽了农民增收致富的渠道,提升其参与市场、参与竞争的能力,增加了自身的资本积累。这些资金缓解了乡镇企业的融资困境,特别是改革开放后的较长一段时间内,农村金融服务的短缺是制约乡镇企业发展的突出问题[2],这些资金满足了乡镇企业对资金的需求,促进乡镇企业的扩大再生产和技术创新。另一方面,乡镇企业的发展也为农民的资本积累创造了良好的条件,不但提高了他们的消费能力,扩大了市场规模,为乡镇企业提供了更多的市场机会,还为地方财政提供了税收,为农村地区的基础设施建设和社会保障提供了资金支持。

再次,农村土地制度改革解放了大量的农村劳动力,为乡镇企业提供了充足的劳动力供给,降低了乡镇企业的劳动力使用成本,也为农村剩余劳动力提供了大量的就业机会,进而促进了农村经济社会的发展。这主要表现在以下四个方面。一是农村土地制度改革使农民有

---

[1] 孙长学:《推进农村土地使用权资本化探索》,《中国经贸导刊》2008年第10期。
[2] 姜长云:《乡镇企业资金来源与融资结构的动态变化:分析与思考》,《经济研究》2000年第2期。

了更多的时间和精力去从事非农产业,使农民摆脱了对农业生产活动的依赖,为乡镇企业提供了丰富的劳动力资源。二是农村土地制度改革促进了农村劳动力的流动,使得劳动力资源得到了更加合理的配置,有利于乡镇企业提高劳动生产率和降低劳动力使用成本。三是农村土地制度改革提高了农民的收入水平,使他们有更高的积极性去从事非农产业,提高了农民的创业热情,这进一步促进了乡镇企业的发展。四是乡镇企业为农村劳动力提供就业机会,也为农村劳动力提供了接触和学习生产技术的机会,有利于农村地区人力资本的积累和生产技术的扩散,从而为乡镇企业的技术创新提供人力资本的支持,也有利于提高农业生产效率,加快农业生产技术的进步。

最后,农村土地制度改革促进了农村经济的发展,提高了农民的消费水平,扩大了农村消费的市场规模,为乡镇企业的发展提供了更为广阔的发展空间和市场前景。农村土地制度改革一方面提高了农业生产效率,提高了农业的产出水平;另一方面随着农民收入的提高,也刺激了农村消费需求的增加。同时,农村经济的发展使得农民消费水平不断提高,也带动了乡镇企业的技术进步和产业升级,提高了乡镇企业的市场竞争力和市场占有率。此外,农村土地制度改革还促进了城乡一体化发展,使得城乡市场更加融合。

综上所述,农村土地制度改革对苏南地区乡镇企业的发展起到了重要的促进作用。通过农村土地制度改革,土地资源得到了更加合理的利用,农民的资本积累能力、劳动力供给水平和生产技术水平得到了提高,农村市场规模也得到了扩大。这些因素共同促进了苏南地区乡镇企业的发展和农村经济的现代化。同时,苏南模式的成功也为我国农村土地制度改革的成功实践提供了强有力的证明和极具说服力的样本,为推动中国农村经济的发展作出了贡献。

2. 从财税体制改革的角度来看

苏南模式的成功与我国财税体制改革具有密切的关系,其中既包含了社会主义市场经济体制发展过程的必然性,也包含了有为政府和有效市场之间相互结合的协调性,苏南模式的成功也是我国改革开放后经济体制改革和经济社会全面发展的重要成果和基本经验。所谓的财税体制改革是指调整政府间的财政税收关系,主要涉及政府之间关于财政收入、预算支出、转移支付以及税收分配等几个方面的制度改革。财税体制改革使地方政府有了独立的财政、金融、外贸等宏观经济权利,地方政府可以更好地根据地方经济的现实条件和发展需求来因地制宜地制定和调整当地经济社会建设的相关政策,提高地方政府的社会治理能效和地方经济发展潜力,为完善社会主义市场经济体制创造良好的环境[①]。

自改革开放后,我国财税体制改革一直是经济体制改革的重点:1978 年开启了以"包干制"为特征的第一次财税体制改革,1983 年开启了以国营企业"利改税"为特征的第二次财税体制改革,1994 年以"分税制"为核心进行财税体制改革,2014 年进行了以"预算改革、税制调整"为主调的深化财税体制改革,2022 年现代财政制度框架基本建立。财税体制改革使地方政府有了更为宽裕的财政盈余,一方面有利于降低企业税收负担,增加企业和个人的可支配收入,鼓励企业投资和技术创新,扩大消费需求;另一方面有利于促进财税

---

① 马海涛、任强、孙成芳:《改革开放 40 年以来的财税体制改革:回顾与展望》,《财政研究》2018 年第 12 期。

合规化，降低权力的寻租空间，有利于规范市场竞争环境和塑造企业良好形象，为企业发展创造良好条件。具体而言，财税体制改革对苏南地区乡镇企业的发展的影响分为以下四个方面。

首先，财税体制改革为苏南地区乡镇企业的发展提供了有力的财政支持和良好的市场环境。第一，通过不断改革和优化财税体制，地方政府获得了财税支持，有能力为乡镇企业提供更多的财政资金和税收优惠政策，加大了对乡镇企业的扶持力度，减轻了乡镇企业的税收负担，有利于乡镇企业优化资金配置，提高乡镇企业的自我发展能力。第二，财税体制改革赋予了地方政府对财税更多的支配能力，地方政府可以根据自身的经济社会发展水平和发展需求，合理利用财政盈余，提高社会资源的配置效率。地方政府通过加强基础设施建设和提升公共服务水平，如道路、水电、通信等基础设施以及教育、医疗等公共服务，不仅改善了农村居民的生活质量，还为乡镇企业提供了更加高效、便捷的交通运输和物流环境，降低了生产和交易成本，加快了产品和服务的生产和流通。第三，地方政府对基础设施建设的投入可以带来乘数效应，带动相关产业的发展，促进市场经济主体的壮大，创造就业机会，带动消费增长，从而促进乡镇企业发展，推动产业的升级和转型，激发市场活力。

其次，财税体制改革为苏南地区的乡镇企业提供了有力的税收政策支持和税收优惠激励。地方政府可以通过制定和实施税收优惠政策，如减免税收、降低税率等措施，减轻乡镇企业的税收负担，这样降低了乡镇企业的生产成本，提高了产品服务的市场竞争力，还有利于改善乡镇企业资金的流动性，缓解乡镇企业对外部融资的依赖，优化了乡镇企业的资本结构，为乡镇企业的扩大再生产和技术创新提供了更多可能。地方政府还通过产业政策对特定产业提供税收优惠激励，鼓励乡镇企业进行技术升级和创新，促进乡镇企业的技术迭代和产品升级，引导乡镇企业进行产业转型，提高产品和服务的市场竞争力。

再次，财税体制改革为苏南地区乡镇企业的发展提供了良好的金融服务，有利于降低乡镇企业发展的融资成本。在乡镇企业的经营发展过程中，乡镇企业融资困难是制约乡镇企业发展的重要影响因素之一。相较于城市中的企业，乡镇企业的规模一般都较小，筹集资金的能力有限，抗风险能力也较差，这些原因使得乡镇企业的融资成本较高，给乡镇企业的平稳发展和转型带来了较大的资金压力。财税体制改革使得地方政府可以通过财政资金充实地方金融机构，这提高了金融服务的稳定性和安全性，增强了金融服务的供给能力和覆盖范围，为乡镇企业提供了更多的融资渠道和金融服务选择，进而为乡镇企业的融资提供便利。同时通过产业政策和税收优惠，可以大幅降低乡镇企业的税收压力，增强乡镇企业对市场风险的承受能力，促进乡镇企业融资过程的顺利完成。

最后，财税体制改革为苏南地区乡镇企业的发展创造了良好的市场环境，提高了乡镇企业的市场化水平。财税体制改革使地方政府的财税体制更加规范和透明，政府采购制度更加完善，有利于乡镇企业拓展市场空间并发展新的业务，同时更加充裕的财政税收使得地方政府有更多的财力提高政府治理能力，推进农村基层有效治理，为乡镇企业发展提供更高质量的公共服务，有利于促进地方政府和乡镇企业之间形成良好的政商关系，进一步压缩了政府权力的寻租空间，有利于净化营商环境，进而激发市场活力，降低乡镇企业的交易成本和市场不确定性风险。地方政府也通过加强对市场的监管和反垄断执法，提高政府的经济治理水平，这有力地遏制了不正当竞争，维护了市场经济秩序，促进了市场的公平竞争。

综上所述，我国财税体制改革对苏南地区乡镇企业的发展具有重要的影响，通过财政支持、金融服务、税收政策、市场环境等方面的改革措施为乡镇企业的发展提供了有力的保障和支持。同时，这些改革措施也促进了乡镇企业的转型升级和高质量发展，为苏南模式的成功实践奠定了坚实的基础。

3. 从国有企业产权制度改革的角度来看

随着改革开放的深入推进，国有企业产权制度改革作为发展社会主义市场经济的一项重大改革举措，逐步打破了计划经济体制下的单一所有制形式，推动了多种所有制经济的共同发展，这也为苏南地区乡镇企业的发展奠定了产权保障和激励手段，为苏南模式的创新和可持续发展奠定了制度基础。产权是指凭借对企业资产的所有、占有、支配和处置，给所有者和占有者带来一定收益的权利[1]。国有企业是参与中国特色社会主义市场经济体制建设的主体，是支撑整个国民经济体系的中流砥柱，对于维持社会经济平稳运行和经济增长具有重要的作用。在计划经济体制下，国有企业（当时称"国营企业"）是由中央和各级政府直接管理的，这是一种不以盈利为目标的生产经营管理机制，在我国工业化建设的过程中发挥了重要的作用。但是计划经济体制下的国有企业也面临着管理体制僵化、经济效率较低等问题，国有企业产权制度改革则是突破这一僵化体制的重要手段。在苏南地区乡镇企业的发展过程中，产权制度改革发挥了至关重要的作用。具体而言，其作用机制有以下四点。

首先，对苏南地区乡镇企业进行产权制度改革，为各类资本创造了公平竞争的市场环境。在苏南地区乡镇企业产权制度改革过程中，从集体企业制度到以个人产权为基础的公司制选择，实质上是一个产权清晰化、产权经济性质纯粹化的过程，它反映着市场经济对企业产权的基本要求。这一改革模式使得乡镇企业摆脱了计划经济体制下企业所有者和企业经营者"权责不相等"的困境，使得乡镇企业形成了符合产权主体利益的、清晰的、有活力的且能适应市场经济激烈竞争的企业制度，有助于提高乡镇企业的经营效率，有力地改善了乡镇企业的经济效益[2]。同时，在市场经济体制下，国有企业和乡镇企业都成为市场竞争的主体，使民间资本得以进入原国有垄断行业，这进一步拓宽了乡镇企业的融资渠道和投资空间。

其次，国有企业产权制度改革可以提高乡镇企业的市场化水平，更好地满足市场经济发展的要求。在我国改革开放之后的一段时间内，我国社会主义市场经济体制建设尚未完善，在法律法规不健全、市场秩序混乱、有效的资本市场和经理人市场尚未形成的情况下，乡镇企业存在着监督成本较高、企业治理效率低下并难以维护自身权益的情况，这使乡镇企业难以形成有效的市场竞争力，阻碍了乡镇企业主动参与市场竞争。通过乡镇企业的产权制度改革，建立较为明确的和纯粹的企业产权制度，更好地鼓励乡镇企业经营者发挥企业家精神，激发其积极性和创造力[3]。对于乡镇企业而言这不但是一种比较现实且有效的选择，而且还使人们意识到市场经济的竞争性和效率性，打破了传统计划经济体制下"大锅饭""铁饭碗"的思想观念，促进了人们的思想转变，使市场经济的观念深入人心，人们开始主动在市场经济的发展过程中寻找机遇。这样有利于充分发挥市场优胜劣汰的机制作用，使乡镇企

---

[1] 单虹、龚光明：《企业产权结构的演进及对绩效的影响》，《学术论坛》2015年第12期。
[2] 谭泰乾：《我国乡镇企业发展所面临的问题及对策研究》，《农业经济》2004年第4期。
[3] 高伟凯：《MBO与苏南乡镇企业产权改革》，《中国农村观察》2007年第6期。

业的发展更加符合市场经济的要求，在市场经济的竞争中不断壮大。从改制后的效果来看，越是满足市场经济对企业产权基本要求的乡镇企业，其制度就越有活力，越能适应市场经济的激烈竞争。

再次，国有企业产权制度改革可以促使乡镇企业技术进步和产业升级。在市场经济的环境下，企业的市场竞争力往往取决于其技术创新的能力。通过国有企业产权制度改革，乡镇企业获得了更大的发展空间，通过引进先进的技术和设备，实现技术进步和产业升级，这样一方面可以提高乡镇企业自身的生产效率，降低生产成本，另一方面可以提高产品和服务的质量水平，更好地满足市场需求，从而提高乡镇企业的市场竞争力。随着国有企业产权制度的改革和市场化，一些传统低效的产业逐渐退出市场，这为乡镇企业的发展提供了更多的机遇和空间，使乡镇企业可以更好地进行技术创新和产业升级。同时，国有企业技术和管理经验的溢出，也为乡镇企业提供了学习和借鉴的机会，这使乡镇企业得以快速提升自身技术和管理水平，以适应市场经济激烈的竞争环境。

最后，国有企业产权制度改革有助于促进地方经济发展，提高地方经济社会发展水平，这为乡镇企业的发展提供更好的经济基础。国有企业产权制度改革使地方政府摆脱了对国有企业的财政包袱，减轻了地方政府的财政压力，使地方政府得以有更多的财政盈余去支持地方经济社会建设。一方面，这有助于推动社会保障制度的逐步完善，为乡镇企业发展过程中解决职工福利和社保问题提供了支撑。由于乡镇企业大都是小微企业，并且其经营者普遍法治意识淡薄，因此他们对劳动保障相关的法律法规了解甚少。职工的福利待遇以及社保问题使乡镇企业在发展过程中暴露出了一系列问题，影响其可持续发展。地方政府通过国有企业产权制度改革，推动国有企业全员参保，为职工提供较为完善的社会保障，建立了相对完善的社会保障体系，为乡镇企业提供了借鉴和参考。另一方面，国有企业产权制度改革使地方政府有多余的财力投入到基础设施建设中，有助于缩小城乡建设差距，提高农村地区的经济建设水平，促进农村地区公共服务均等化，这为乡镇企业的发展提供了坚实的基础。同时乡镇企业的进一步发展，不仅提供了更多的就业机会，也为地方财政创造了税收，使地方政府有了更多的财力投入到地方经济社会的建设中。

通过上述分析，我们可以看到国有企业产权制度改革对促进苏南地区乡镇企业的发展发挥了重要作用。在投资环境改善、市场化水平提高、产业结构升级以及地方经济基础完善等方面，国有企业产权制度改革为乡镇企业发展提供了必要的支持和条件，同时乡镇企业的发展也相应促进了地方经济的繁荣和发展，从而形成了良性循环，共同推动苏南模式的发展。

4. 从宏观经济波动和经济危机的角度来看

由于我国的改革开放是一个渐进的过程，因此必然长期存在一个计划经济体制与市场经济体制"双轨制"并行的时期，也必然存在着"双轨制"并行造成的诸多问题，相关治理机制和法律制度的不成熟、不完善加剧了问题的暴露，这使我国在这一过程中不可避免地面临着国内宏观经济波动和经济危机的挑战。在这一历史背景下，苏南地区的乡镇企业也经受了一系列的冲击和挑战，并对其发展产生了深远的影响。在这一过程中，苏南地区的乡镇企业加快了自身的体制改革和技术创新，加强管理，提高产品质量，这不仅提高了企业的竞争力，也促进了整个苏南地区乡镇企业的快速发展。同时苏南地区的乡镇企业在积极融入全球化、国际化的经济大潮中，拓展海外业务，加快自身产业转型，这不仅提高了乡镇企业自身的国际化程度，也加速了整个苏南地区的国际化发展。在不断的技术创新和体制改革下，苏南地区乡镇企业的规模不断扩大，产业结构也不断优化。具体来说，宏观经济波动和经济危机对于苏南地区乡镇企业的影响有以下三点。

首先，宏观经济波动和经济危机会对苏南地区乡镇企业的市场需求造成剧烈的影响。在经济发展的繁荣期，人们的消费需求和投资需求会增加，市场规模呈现扩大的趋势，这使乡镇企业采取更为积极的市场战略，扩大生产投资和开拓市场。而经济进入下行区间时，人们的消费需求和投资需求就会收缩，这使市场上出现了供给大于需求的情况，乡镇企业的产品销售和业务发展受到了抑制，因此乡镇企业的经营状况恶化，资金周转和产品生产的风险加大。苏南地区乡镇企业在面对宏观经济波动和经济危机的时候，采取以明晰产权为主要内容的产权制度改革。地方政府也通过产权制度改革，积极吸收和引入社会资本参与乡镇企业的经营管理活动，为乡镇企业注入市场活力，促进乡镇企业创新升级，提高自身经营管理能力，更好地应对外部挑战。通过加快产权制度改革，乡镇企业打破了管理体制和治理机制的僵化，经营方式变得更加灵活和机动，对市场经济的波动更为敏感，可以采取更为积极的竞争策略，随着供求的变化而及时地进入和退出市场，从而更好地适应市场经济的波动和应对经济危机的挑战。

其次，宏观经济波动会影响苏南地区乡镇企业的生产要素供给。乡镇企业在发展初期，抗风险能力较弱，生产要素的价格波动以及供给水平的强弱对其发展具有较大的影响。乡镇企业中的员工大都是农村居民，在宏观经济波动的低谷期可以回到农村从事农业生产，而在经济复苏和繁荣期又来到乡镇企业，这使乡镇企业在面临市场波动时比较容易调整或裁减员工。同时苏南地区乡镇企业对外部资金供给的依赖性较小，可以较多地依赖自有资金或企业内部积累，具有较低的负债率，因此在经济危机中面对融资成本上升或者当政府实行货币紧缩政策时，乡镇企业一般不会受到较大的影响。乡镇企业的原材料大都是就地采购，并且受市场机制的驱动，因此其原材料来源和产品销售都有很强的自主性，可以自由地进行变换，地方政府也积极推进和加强乡镇企业与上下游企业的合作，帮助乡镇企业降低生产成本和经营风险。随着全球化进程的加快，苏南地区的乡镇企业也将目光转向了海外更为广阔的市场，其进行资源配置的范围也延伸到了国际市场。在 2002 年之后，苏南地区的乡镇企业加快了国际化的步伐，通过科技创新和产业升级，提高产品服务在国际市场上的竞争力，可以更为灵活自如地应对宏观经济波动和经济危机所带来的挑战。

最后，宏观经济波动和经济危机还会影响苏南地区乡镇企业的融资环境。在经济繁荣期，市场预期向好，融资环境更为宽松，金融机构更加倾向于向乡镇企业提供贷款，乡镇企业的融资成本也相对较低，乡镇企业可以获得更加优厚的融资条件，从而更倾向于扩大投资，扩张生产规模。而在经济衰退期，市场需求收缩，市场风险加剧，使金融机构的贷款意愿降低，乡镇企业的融资环境可能会变得更加困难，乡镇企业的资金链面临着断裂的风险。虽然乡镇企业可以通过内部融资来解决生产所需的资金问题，但是对于规模较大的乡镇企业还是不足以满足其生产经营所需的资金，因此还是会有部分乡镇企业会遭受冲击。苏南地区的地方政府为了扶持乡镇企业，采取了直接注资、贷款担保、税收优惠等方式，帮助乡镇企业克服资金困难，同时还通过建立风险共担和利益共享机制，降低金融机构的贷款风险，为乡镇企业提供更加多元化的融资渠道，进一步为乡镇企业解决资金问题①。

综上所述，宏观经济波动和经济危机虽然在一定程度上对苏南地区的乡镇企业发展造成了冲击，但是在面对挑战和解决危机的过程中，乡镇企业也在不断推动体制机制改革，提升自身的经营管理能力，以更好地应对市场经济的不确定性风险，并积极寻求创新和转型升级的机遇。同时地方政府也在积极协助乡镇企业、帮助乡镇企业化解风险，使乡镇企业保持生产的稳定和高效，帮助乡镇企业在应对和化解外部风险的过程中不断成长，最终造就苏南模式的成功。如今，苏南地区的乡镇企业已经形成了以制造业为主导的产业体系，涉及电子、机械、化工、医药等多个领域，成为推动地区经济增长的重要支撑。同时苏南地区的乡镇企业还积极拓展国际市场，通过对外投资、贸易合作等方式，不断推进国际化战略，形成了具有国际竞争力的产业集群。

（二）苏南模式形成机制和发展演变

苏南模式是在改革开放中形成的，它从一个传统的旧经济体制逐渐向着新时代经济体制转型，虽然带着面向新的发展机遇所具有的蓬勃朝气，但是长期以来鲜明的集体主义的烙印仍然存在。在分析苏南模式的形成过程中，政府和市场的作用不可忽视，从最基本的原始积累，到乡镇企业的发展、市场扩张以及政府扶持，再到反哺农村，带动农村地区社会治理的改善，最终实现脱贫致富和人民生活水平的显著提高。从整体上来看，苏南模式的形成始终离不开农村地区基层组织的支持，从兴办乡镇企业时利用农村基层组织集体生产的原始积累和利用农村基层组织劳动力，到依靠农村基层组织人力资本、物质资本以及货币资本来发展乡镇企业和进行市场扩张，再到地方政府通过大量投资拉动地方经济增长，使乡镇企业规模迅速扩张，最后乡镇企业的快速发展又反哺当地农村地区，带动农村地区共同富裕，形成良性循环。下面就从苏南地区乡镇企业的原始积累和资本构成、企业治理和收入分配、社会责任和制度改革这三个方面来分析苏南模式的形成过程。

1. 乡镇企业的原始积累和资本构成

乡镇企业的兴办需要投入原始资金来购买原材料、购买机器设备、兴建厂房以及雇用工人，这四个要素是任何一个企业在建立过程中都必须面对的问题。在城乡二元制的社会结构中，农村经济和城市经济处于割裂的状态，特别在改革开放初期由于户籍制度的限制，农村农业人口与土地高度绑定在一起，城乡之间的人口流动受到了很大的限制。苏南地区的农村由于距离上海、南京两座大城市较近，并且文化教育基础比较好，因此苏南地区的农村作为生产基地为城市工业化提供必备的农副产品，通过将零散的农户聚集在一起，形成了最初的农村集体经济组织，通过农副产品的集体经营来降低交易成本，在谈判时获得更有利的议价权进而提高收益，相比于温州模式的小农家庭经营方式更有规模特征。

由于我国在计划经济时代秉承的工业化道路是优先发展重工业，因此在工业结构上，城市经济结构中重工业的产值占比较高，而重工业对于设备、技术、人才、资金以及相关配套产业的要求较高，城市的经济结构也是为了和重工业适配而形成的，农村地区不具备发展重工业的基本要求，只能从设备、技术要求不高，启动资金较少的相关产业着手。苏南地区处

---

① 秦扬：《苏南乡镇企业发展的新特征及信贷拓展策略》，《上海金融》1995 年第 8 期。

于上海和南京之间,经济活动受到上海和南京的辐射,而上海和南京的工业基础较好,其技术扩散效应较强,苏南地区可以很好地承接城市产业的外溢,并且距离上海、南京等主要商品消费市场很近,拥有便捷的交通条件,更值得一提的是苏南地区自古就有浓厚的经商的社会氛围,教育普及程度较高,对于发展乡镇企业拥有得天独厚的条件。兴办乡镇企业最重要的就是原始积累,而苏南地区的乡镇企业主要是依靠村社内部来完成原始积累,这一过程分为三个方面来完成:资金来源,生产过程中资金投入,价值分配。

首先,兴办乡镇企业最主要的资金来源就是集体经济的积累,次要来源是银行、农村信用合作社的贷款以及劳动力和土地的转化。第一,集体经济的积累是来源于人民公社制度下农民在生产队的组织下进行生产劳动所获的积累,这一部分的资金来源是农民从个人消费资料里面积累起来的,是从农业生产资料中"抠"出来的。劳动生产率以及化肥利用率的提高,使农业产量不断增加,这在一定程度上降低了对农业生产资料的要求。这些资金转变为农村集体经济的原始积累,在改革开放之初社会整体上对于农村地区资金支持较少的情况下,这种资金来源在兴办乡镇企业的过程中发挥了巨大的作用。第二,银行、农村信用合作社的贷款。我国长期实行低利率的货币政策,这些贷款尽管获得的难度较大,但是成本较低。第三,劳动力也是生产资料,但由于户籍制度的限制以及劳动力作为商品进入市场经济的条件还不成熟,农村剩余劳动力无法有效地进行转移,农村地区出现了劳动力过剩的情况。在农村基层组织的安排下,一部分农村过剩的劳动力进入乡镇企业。第四,土地的供给成本也较低,在实行农村土地改革之后,农村土地的所有权和经营管理权分开,土地的用途和管理由集体支配或者家庭支配,乡镇企业在兴办过程中获得土地的成本较低,并且土地的潜在供给量很大。

其次,从生产过程中资金投入来看,由于乡镇企业在创办时,其土地和劳动力的成本较低,为乡镇企业节省下来大笔的资金。同时在乡镇企业生产过程中,集体经济追加的投入,仍然是较低成本的土地和相对廉价的劳动力,这部分支出成本转化为利润,成为乡镇企业的资本积累。具体说来,在投入土地要素时,农村土地从第一产业转化为第二、第三产业的增值收益,几乎无偿或低偿被乡镇企业占有,这部分土地的资本的利润被转化为乡镇企业的资本积累。劳动力在生产过程中,对技能的熟练程度也在加深,因此后续的劳动力的投入效率更高。加上乡镇企业盈利后会支付一定的工资收入,这对于农村过剩劳动力来说无疑是极具诱惑力的,更高素质以及更高水平的劳动力被吸纳进来,乡镇企业的生产过程会更加高效,盈利水平进一步提高。同时,乡镇企业还能享受到税收减免的优惠。乡镇企业还通过吸纳农户的富余资金作为股本入股,来解决乡镇企业发展过程中的融资问题,在乡镇企业盈利后再将利润中的部分来当分红分给参股的农户,这样不仅降低了融资成本,还将农户的利益与乡镇企业的利益进行绑定,使得农户更加支持乡镇企业的发展。这些条件加快了乡镇企业的资本积累速度,加快了乡镇企业的扩大再生产过程。

最后,从价值分配来看,乡镇企业在盈利后要经过剩余价值的分配,才能算完成原始资本的积累过程。在乡镇企业的发展过程中,土地和劳动力的成本较低并且边际成本也较低,乡镇企业的原始积累在一定程度上是集体经济利益的让渡,基层组织通过放弃自身对集体土地要素价格以及劳动力要素价格的索取权,来帮助乡镇企业发展。乡镇企业在盈利后,要对利润进行分割,虽然工资与城市相比较而言还是较低的,但是与农业生产相比,还是较高的。由于城乡二元化结构,农村剩余劳动力无法进行有效的转移,因此乡镇企业经营所分配的利润也无法有效转变成城市消费，造成了乡镇企业的利润在农村地区滞留。由于农村和城市之间存在信息不对称，因此农村居民无法准确有效地预测市场而只能选择跟随策略，于是这部分滞留的利润会转变为新的乡镇企业的原始资本，重新投入到生产中，这样剩余价值就在内部转化。同样由于存在规模经济，有利于降低生产成本，因此乡镇企业发展呈现了产业化趋势，形成的产业集群具有了竞争优势。

兴办乡镇企业所需要的原始积累离不开农村基层组织在人民公社制度下节衣缩食、省吃俭用所积攒的集体经济的原始积累。通过调动基层组织来参与兴办乡镇企业，用低成本的土地和劳动力为乡镇企业节省了大笔的开支，这些被节省的开支又转化为乡镇企业的资本积累。从资本积累到生产过程中资金投入和价值的分配，基层组织发挥了重要的作用，保证了乡镇企业扩大再生产的资金需求，为乡镇企业利润的内部转化提供了途径，为乡镇企业的产业化发展奠定了重要的基础。因此，在苏南模式形成过程中产生了一条最具有意义的命题，那就是在资本较为稀缺的时候，只有通过调动农村基层组织，利用农村集体化制度下组织内生的"组织租"①，来"以成规模的劳动代替稀缺资本"，才能在资本稀缺的条件下完成初步的原始积累和生产发展。这一命题反映了基层组织在农村地区实现工业化过程中具有的重大作用，苏南模式通过调动农村基层组织兴修水利，改善农业生产条件，组织劳动力来实现农业生产的规模化经营，提高生产效率以实现农业产量的提高，并满足基本的物质需求，才能在此基础上，实现一部分劳动力从农业生产中转移出来，从事工商业等活动。

苏南模式的实践表明，在经济条件较为落后的情况下，有效调动基层组织是形成工业化原始积累的关键，只有通过调动基层组织实现土地、劳动力组织化管理才能将社会资源转化为社会资本，弥补初始工业化原始积累不足的问题。这一过程中依靠农村基层组织来改进农业生产条件提高农业生产效率的"组织租"的效果明显②。

2. 乡镇企业的企业治理和收入分配

苏南地区的乡镇企业依靠基层组织资源实现原始积累，从而走上农村工业化之路，但是在其发展的过程中有一个不可避免的问题，就是乡镇企业的企业治理问题。虽然乡镇企业的建立成功踏出了苏南模式的第一步，但是乡镇企业想要健康发展，必须形成长久的、稳定的、有效的经营管理机制，这样才能保障苏南模式的可持续性和可靠性。在乡镇企业建立之初，并没有与之建立相对应的企业管理体制，这是因为乡镇企业本身就是一次尝试，是一种利用集体经济的原始积累结合农村过剩劳动力、成本较低的集体土地，以及薄弱的技术基础，为了改善生活，提高农村居民的生活水平而开办的类似副业的合作经营组织。构成乡镇企业主体的管理人员和工人都是农村居民，他们中的大部分教育水平不高，更没有接受成熟的管理学教育，他们依靠对丰富物质生活和提高生活水平的本能向往所形成的原始动力，凭借对市场敏锐的嗅觉发现商机，进而推动乡镇企业的兴办。由于乡镇企业本身是集体经济下

---

① 注："组织租"概念源自日本经济学家青木昌彦所著的《企业的合作博弈理论》（中国人民大学出版社，2005年），他认为，组织的特质性资源分布于不同的组织成员之间，单独使用其价值就会下降，只有相互联系的成员形成稳定的相互协作关系，这种特质性资源的生产力才会发挥出来，这种基于团队的协作而产生的额外收益被称为"组织租"；温铁军等人在《解读苏南》一书中介绍了"组织租"的产生并建立模型对其进行详细分析，本书在此不做赘述。

② 温铁军等：《解读苏南》，苏州大学出版社，2011，第25页。

的产业，其经济属性是集体所有制经济，因此乡镇企业的管理和收入分配模式仍然带有鲜明的集体经济的烙印，主要体现在以下三个方面：家长制的企业管理模式，风险共担的外部问题处理方式，收益公平分配的内部均衡关系。

首先，家长制的企业管理模式是苏南地区乡镇企业的特色之一。由于乡镇企业的发起人本身就担任村社的基层干部（以下简称"基层干部"），这一类基层干部普遍上都具有较高的政治素质和文化水平，在长期处理农村基层矛盾问题上拥有较丰富的经验和灵活的方法，在政府农业农村政策执行和监督的过程中培养出较高的政治领悟力并拥有较高的号召力，在基层群众中拥有较高的威信，在长期学习各种方针政策的过程中也培养出较强的学习能力，此外基层干部获取信息的机会也更多，视野格局也较广阔。因此，当基层干部以其敏锐的洞察力和发现商机的能力，号召群众支持创建乡镇企业无疑是可行的，并且在乡镇企业发展的过程中，基层干部不仅可以凝聚人心，还能以其经验丰富的管理手段和超前的眼光带领乡镇企业向前发展，可以说在乡镇企业发展的过程中，基层干部发挥了企业家精神，并且成功主导了乡镇企业的发展。这在苏南地区尤其明显，其中最典型的案例就是华西村吴仁宝书记以及长江村李良宝书记，他们带领村民兴办乡镇企业，并且成功带领村民共同致富。在乡镇企业的管理体系下，基层干部是乡镇企业的核心，在企业内部拥有绝对的权威，是乡镇企业发展战略的制定者，也是主导者。在改革开放时期，由基层干部主导的家长制的企业管理体系可以很好地凝聚力量，并在村社内部拥有较高的威信，并凭借在农业生产中拥有的权力可以调配和组织社会资源来帮助乡镇企业发展，并凭借丰富的经验为乡镇企业发展扫除障碍。这一管理体系很好地保障了乡镇企业管理的执行力和运转效率，最大程度地降低乡镇企业内部管理的阻力。

其次，在面对经营风险的问题时，苏南地区的乡镇企业秉承了集体所有制经济下风险共担的特点。由于集体所有制经济下全体农村居民共同承担乡镇企业的投资人角色，乡镇企业的投入资本和收益由全体农村居民共同负责，因此乡镇企业的经营风险也理所当然由全体农村居民共同承担。这一风险共担机制有助于分散经营风险，同时农村的集体土地可以作为承载外部风险的基础，提高了乡镇企业抵御外部风险的能力，在经济不景气的时候还可以依靠农业生产维持日常生活所需，乡镇企业的存在不是农村居民生存所必须的依靠，土地依旧是农村地区最重要的稳定器，只要有土地，农村居民就不用担心没有粮食吃。由此可见，乡镇企业的抗风险能力较强。从集体所有制角度来说，由于乡镇企业在发展过程中土地和劳动力成本较低，并且管理体制也是延续基层行政的管理体制，因此管理成本较低，这些就形成了乡镇企业发展过程中资本留存较高的情况，除了一部分用于扩大再生产的必须投入外，剩下的部分一部分作为集体经济所共有，这就进一步提高了乡镇企业抗风险能力，而且不用担心投资者为了追逐自身利益而对乡镇企业进行施压。此外财税制度改革允许地方政府将一部分财政职权让渡给乡镇企业，允许乡镇企业对支农、建农资金税前列支，这一措施极大地提升了乡镇企业的资金自由度，提高了乡镇企业的资金周转能力。在我国改革开放后，宏观经济的剧烈波动也没导致苏南地区乡镇企业的大规模破产，这一事例说明了乡镇企业在宏观经济波动时可以灵活地调控产量来响应市场的波动。在不开工的时候，这些工人就变身为农民回归土地，而不用担心生存问题，并且在农村地区，生活成本较低，乡镇企业破产的概率也较小，原因主要是固定资产规模小、灵活兴办。此外如果乡镇企业需要，乡镇企业管理者或基层干部，可以凭借其在农村居民中的威信，以较低的成本轻松募集到所需资金，以帮助乡镇企业渡过难关。

最后就是乡镇企业内部收益公平分配的内部均衡关系。乡镇企业的所有制形式最终反映到收益分配的形式上，而乡镇企业所构建的收益公平分配机制是保障乡镇企业可以长期、稳定、良性发展的关键，也是集体所有制经济生产关系的重要体现。乡镇企业为了保证务工农村居民的积极性，其支付的工资水平一般高于务农所得，同时就业机会有限，这就造成了少数获得就业机会的农村居民收入水平较高。为了平衡这种收入差距，苏南地区乡镇企业所采取的收益公平分配体制主要分为两个方面：一是收益的公平分配，二是就业机会的公平分配。一方面，在苏南模式下，实现收益公平分配的方式有两种，其一是采用工资按户统筹的方法，乡镇企业直接把务工农村居民的工资打到生产队，再由生产队根据全队的总体收入情况决定务工农村居民的报酬，务工农村居民实际到手的工资和乡镇企业付给生产队的工资之间的差额成为集体所有，这样就平衡了个别务工农村居民和务农农村居民之间收入差别过大的问题，毕竟乡镇企业提供的就业机会有限，不可能满足每户都想进入乡镇企业就业的需求。其二是生产队利用集体积累的资金对只进行农业生产的农村居民进行补贴，以缩小务工农村居民和务农农村居民之间的收入差距，这种调节方法简单有效，当然生产队的集体经济的积累程度必须足够高才行，否则无法持续下去。另一方面，就业机会的公平分配是实现收入公平的关键。苏南地区的乡镇企业采取两种方式来解决就业机会公平问题。第一种是抓阄，如昆山市淀山湖镇晟泰村的乡镇企业，在企业开办之初是挑选那些体质弱不能从事繁重农业生产活动又心灵手巧的女孩子进厂工作，这样的安置，农村居民普遍接受，后来随着规模扩大，为了实现就业机会的公平分配，就在不同家庭之间采用抓阄的方式来进行分配。在程序上和过程上的公平，使这一方法得到了农村居民的广泛认可。第二种就是乡镇企业会优先照顾有一定劳动能力的残疾人，为残疾人提供轻松的工作，避免贫困的代际传递，也为有就业意愿又有收入困难的家庭优先提供就业安置机会，增加其家庭收入。

苏南地区乡镇企业的发展并没有造成农村居民之间贫富差距过大的问题，收益分配的公平和就业机会的公平都起到了很好的作用，在人情关系较为密切的村社中，这种公平分配的均衡机制很大程度上可以凝聚人心，凝聚农村居民的力量，可以调动更多人的积极性，保障每个人都能享受到乡镇企业发展的红利，可以更好地调动基层组织参与到市场经济的发展之中，为乡镇企业提供了较好的发展环境。

3. 乡镇企业的社会责任和制度改革

乡镇企业的发展具有明显的正外部性，一方面工业化的生产为农村地区提供了工业就业的机会，增加农村居民的收入，改善农村居民的生活水平，另一方面乡镇企业的收益也为地方政府增加了税收，特别是在财政包干之后，乡镇企业很好地弥补了地方政府财政收入不足的问题，进而帮助地方政府增加农村建设资金的投入，改善农村地区的基础设施建设和农业生产条件，并且随着乡镇企业的发展，乡镇企业也越来越成为地方政府税收的主要来源。乡镇企业发展过程中的集体积累被广泛用于农村地区的公益性事业、社会福利和社会保障，弥补了地方政府在农村地区投入不足的问题。如无锡市惠山区的洛社镇，1991 年共有 282 个乡镇企业，税前利润 1.57 亿元，镇政府在 1987 年到 1991 年间累计支出 4000 万元，在镇里面修建了医院、电影院和桥梁，所属的 22 个村全部办起了自己的幼儿园、小学和卫生院站，所有的建设设施的资金投入基本上来源于乡镇企业所提供的集体积累①。从全国来看，原农牧渔业部 1984 年起草的《关于开创社队企业新局面的报告》里面提到"1979 年到 1981 年，社队企业利润共计 335.7 亿元，纳税 82.6 亿元，用于自身扩大再生产 129.4 亿元。用于农田基本建设、购置农业机械 66.1 亿元，相当于同期国家对农业投资 111.4 亿元的 59.3%；据不完全统计，1979 年到 1981 年，社队企业利润用于集体福利事业达 18.8 亿元，许多地方的民办教师、计划生育等补贴，修建路桥以及修建校舍、影院等公共建筑的开支，都是社队企业利润支付的；1981 年，社队企业支付工资总额 130.6 亿元，加上利润返还生产队参加社员分配 20.1 亿元，共计 150.7 亿元。"② 乡镇企业的利润所得主要流向三个方面：一是农业基础设施建设，二是集体福利事业，三是提高农户的收入水平，这些资金的投入在地方政府财政收入有限的条件下为农村地区的建设提供了巨大的帮助，是工业反哺农业的开始，也是乡镇企业社会责任的体现。

在 20 世纪 90 年代初，宏观经济的过热拉动了地方政府的投资热情，1992—1994 年乡镇企业年平均投资额 60.32 亿元，年递增速度达 39.46%，分别高于 1980—1983 年，1984—1988 年，1989—1991 年这三个阶段的乡镇企业年平均投资额 1.9 亿元，11.75 亿元，16.94 亿元和年递增速度 21.96%，37.69%，20.54%。在这一时期，乡镇企业投资规模快速增长，其主要来源已经不再是内部土地资本化或者劳动力的低成本转移了，借债成为乡镇企业进行资本扩张筹集所需资金的主要方式，取代了原来的集体积累。1984 年，苏州乡镇企业借入资金增长速度高达 83.52%，比自有资金增长速度 24.64% 高了近 60 个百分点，使得当年全市乡镇企业的资产负债率高达 51%，负债总额首次超过自有资金③。这些有息负债产生的压力必然摊薄乡镇企业的利润所得，特别是在经济过热的情况下，借债成本也会增加，乡镇企业融资成本过高，乡镇企业普遍出现了负债经营的情况。为了应对由宏观经济波动造成的经济萧条而引发的债务危机，乡镇企业启动了改制。在苏南地区，由于苏南社队工业和乡镇企业起步时集体化的资本积累路径与集体经济较高的资本有机构成在改制中难以完全私有化，从而为农村保留了吃租（厂房租、设备租、土地租）余地，弱化了制度变迁的社会成本④。苏南地区的乡镇企业由于集体经济占比较高，在企业改制过程中，集体所有制下乡镇企业并没有沦为少数人的饕餮盛宴，因此避免了集体资本的流失。同时，集体经济的发达也为乡镇企业改制提供了有力的支撑，帮助乡镇企业渡过难关，这些保存在乡镇企业中的集体资本为苏南地区农村经济发展提供了资金支持。

三、案例简评

（一）苏南模式的意义

苏南模式是指我国改革开放后在江苏南部的苏州、无锡、常州、南通等地通过培育和发展

---

① 温铁军等：《解读苏南》，苏州大学出版社，2011，第 71 页。
② 1984 年 3 月 1 日，中共中央、国务院转发农牧渔业部《关于开创队社企业新局面的报告》。
③ 徐志明，张建良：《乡镇企业资金的高速增长及效益下滑：江苏省苏州市乡镇企业的实证分析》，《中国农村经济》1997 年第 3 期。
④ 温铁军等：《解读苏南》，苏州大学出版社，2011，第 101 页。

乡镇企业，从而实现农村工业化，带动农村经济社会的全面繁荣的农村改革经验。这一模式最早是由费孝通教授在其1983年所著的《小城镇·再探索》中提出的，是对我国农村地区在改革开放初期进行工业化探索的一次经验模式的总结，在我国农村地区进行工业化转型的历程中具有重要的作用。目前我国已经在2020年圆满完成了第一个"两个一百年"奋斗目标，即全面建成小康社会，这一目标的实现标志着我国已经消除了绝对贫困，农村的经济发展水平得到了很大的提高，精准扶贫基本方略得到了成功的实践和证明，但是在实现第二个"两个一百年"奋斗目标的道路上，这远远不是终点，需要在此基础上继续拼搏努力，奋发图强。

（二）苏南模式的当下价值

当前正值构建以国内大循环为主体、国内国际双循环相互促进的新发展格局的关键期，也是"十四五"规划和2035年远景目标的起步期，面对国内国际错综复杂的经济形势和不确定性风险，只有紧紧依靠国内大循环，积极参与国际大循环，才能确保我国经济社会发展行稳致远。构建国内大循环的关键就是要着力解决内生动力不足以及经济结构不合理的问题，而促进农村经济发展是扩大内需市场、构建消费拉动型经济增长的重点任务，也是推动乡村振兴战略的重要实施路径。苏南模式的重要内容就是发动基层组织积极参与市场经济建设，通过兴办乡镇企业，构建以市场经济为主导地位的社会主义市场经济体制，激发群众的创造力和市场经济的内在活力，推动农村地区工业化和城镇化，实现农村地区经济社会发展的全面繁荣，为我国农村经济发展提供了宝贵的经验。苏南模式的发展路径和改革思路在当今我国实施乡村振兴战略和推动农业农村现代化的背景下仍然具有积极的借鉴意义。本讲通过对苏南模式发展历程的梳理和剖析，力图从中提炼出具有中国特色的农村经济发展之路，站在"十四五"规划和全面建成社会主义现代化强国的路口上，为乡村振兴和农业农村现代化发展提供一条具有典型意义的中国式协调发展道路。

（三）苏南模式的未来展望

进入21世纪后，我国经济社会发展的外部环境发生了变化，跟随着经济全球化的脚步，苏南模式也升级为新苏南模式。新苏南模式的特点有以下四点。一是伴随着产权制度改革的进一步深化，原先的股份合作制企业、租股租售结合企业和集体参股、控股企业中的相当部分转化为私营企业，这种改革加大了集体资产的个人比重，最终形成了包含集体经济、个体私营经济、外资等多种所有制形式的产权结构，有力地促进市场经济体制的完善和发展。二是面对我国对外开放程度的不断加深，苏南地区的乡镇企业不断创新发展模式，加快技术研发和产品升级，更加注重品牌建设和市场开拓，提高产品的市场竞争力。三是新苏南模式更加注重政府引导与市场运作相结合，地方政府为乡镇企业的发展提供政策支持和优质服务，以建设服务型政府为目标，通过简政放权，深化改革，不断提高政府治理能力，同时充分发挥市场在资源配置中的决定性作用，不断巩固社会主义市场经济的主导地位。四是新苏南模式通过产业集群的方式，推动相关产业在区域内的集聚和升级，形成了具有较强竞争力的产业体系。

总之，新苏南模式是在借鉴和继承原苏南模式的基础上，通过大胆改革创新而形成的一种新的经济发展模式，它具有多种优势和特点，能够适应当前经济形势和未来发展趋势，为我国乡镇企业的发展提供了重要的参考和借鉴。

四、问题探索与理论链接

纵观苏南模式的发展过程，可以清晰地看到基层组织在其中发挥的巨大作用，从为乡镇企业提供原始积累，到最后帮助乡镇企业度过宏观经济波动，基层组织通过集体经济凝聚了农村居民的力量，将乡镇企业发展的收益进行内部化积累，加速了乡镇企业的资本积累，实现了农村地区的产业化发展。同时集体所有制也提高了乡镇企业的抗风险能力，在宏观经济陷入萧条的时候，丰厚的集体资本为乡镇企业渡过难关提供了有力的保障。在苏南模式成功的过程中，基层组织发挥了哪些具体的作用呢？从以下三个方面开展论述。

（一）基层组织是市场经济的起步器

基层组织将集体经济在农业生产中所形成的原始积累作为兴办乡镇企业的初始资本，以较低成本的集体土地和剩余劳动力作为生产要素投入乡镇企业的生产中，以"组织租"弥补乡镇企业货币资本的不足，完成了几乎不可能完成的事情，这为农村地区实现工业化提供了理论基础和实践经验。中国特色社会主义市场经济的形成离不开基层组织为乡镇企业提供的原始积累，在改革开放之初乡镇企业依靠基层组织提供的原始积累、集体土地和劳动力起步，在基层组织的大力支持下不断向前发展，不断充实和壮大基层组织提供的原始积累，为农村地区的建设提供了大量的资金，并带动农村地区实现了工业化的发展。在这一过程中，只有充分调动基层组织积极参与市场才能形成"组织租"，要实现农村地区的工业化，前提条件就是建立强有力的基层组织，在此基础上形成共识，进而可以调动基层组织积极参与市场，凝聚力量，为市场经济的建设添砖加瓦。因此基层组织作为市场经济的参与者，也是市场经济发展的建设者，市场经济的发展离不开千千万万的基层组织，没有基层组织的积极参与就不会有市场经济的快速发展，基层组织的积极参与对于提升中国特色社会主义市场经济的发展动力和巩固中国特色社会主义市场经济的主导地位来讲至关重要。

（二）基层组织是市场经济的加速器

乡镇企业在发展的过程中，较低的土地成本和劳动力成本使乡镇企业可以拥有较快的资本积累的速度，同时较低的工资增长率维持了较低的工资支出水平，不会对企业经营产生较大的财务负担。最重要的一点就是乡镇企业积累的资本绝大部分都留存在农村内部，由于城乡二元制的结构，农村居民手中的工资收入也没有全部转化为城市消费，其中一部分转化为乡镇企业扩大再生产的资本投入，进入资本扩张的下一循环中，不断加快乡镇企业的扩大再生产，迅速扩充乡镇企业规模，进一步降低生产成本，促进乡镇企业快速发展。通过调动基层组织积极参与市场经济，为乡镇企业的发展提供必要的资本支撑，保障乡镇企业发展所需要的土地、劳动力等生产要素的投入，为乡镇企业提供较好的发展环境，也有利于市场经济的繁荣和发展。同时从基层组织与乡镇企业之间的关系来看，基层组织在乡镇企业发展过程中，由于农村的社会关系和企业管理体系存在交叉，即乡镇企业管理者同时也可能在农村内部扮演着管理者的角色，农村内部的社会结构"参与"了乡镇企业的经营，而乡镇企业也参与了真正意义上的农村内部的"治理"，因此一方面保障了乡镇企业经营所需的社会资源可以优先得到供应，另一方面乡镇企业经营的收益也能回馈到农村之中，从而形成正向的循环。基层组织在市场经济发展的过程中扮演着加速器的角色，通过农村与乡镇企业之间的社会关系的相互交叉将社会资源转化为社会资本，支持乡镇企业的发展，农村内部的封闭性形成了较高的资本留存，加速了乡镇企业的资本扩张，同时乡镇企业发展的收益提高了农村居民的收入水平，带动了消费需求，促进市场经济的发展和繁荣。

（三）基层组织是市场经济的稳定器

宏观经济波动造成的市场风险是乡镇企业发展过程中面临的问题，也是我国改革开放过程中所经历的阵痛，中国特色社会主义市场经济的形成必然是一个艰辛的过程。苏南地区的乡镇企业在应对宏观经济波动时，基层组织发挥了重要的作用，首先，乡镇企业的所有制结构可以分散经营风险，每个农村居民既是投资者也是风险承担者；其次，由于乡镇企业管理者同时也可能是基层干部，在农村居民中拥有一定的威望，因此一旦乡镇企业发生经营风险，乡镇企业管理者就可以立即通过农村居民进行募资，并且地方政府通过让渡一部分的财税职能使乡镇企业获得更高的资金自由度，乡镇企业管理者可以动用农村的资源来为乡镇企业提供担保，保障乡镇企业的正常运行；最后，农村居民本身的抗风险能力较强，农村居民自己就承包土地，乡镇企业的收入并不是农村居民收入的唯一来源，因此农村居民对乡镇企业的经营风险的容忍度也更高。调动基层组织可以很好地化解乡镇企业发展过程的风险，将乡镇企业经营风险分散，减少乡镇企业的经营压力，此外基层组织可以有效调动资源为乡镇企业的发展提供一定的保障，提高乡镇企业的抗风险能力，在面对宏观经济剧烈波动的时候，为满足乡镇企业的资金周转需求提供更多融资方式，避免资金链断裂引发乡镇企业倒闭，从而缓解市场经济波动。综上所述，基层组织在市场经济剧烈波动的时候，充当稳定器的作用，帮助乡镇企业缓释风险，并且保障乡镇企业正常运转，抵消市场经济波动的冲击，营造一个良好的发展环境。

五、问题讨论

（一）苏南模式中政府和市场关系的角色转换有何特点？

（二）苏南模式中除了政府和乡镇企业发挥了重要作用外，还有哪些其他因素也发挥了重要作用？

（三）苏南模式对于当下我国实现共同富裕有何借鉴意义？

参考文献

蔡昉，1995. 乡镇企业产权制度改革的逻辑与成功的条件：兼与国有企业改革比较 [J]. 经济研究（10）：35-40.

杜威漩，2009. 论中国农地产权制度的变迁：以农地家庭联产承包责任制的建立和变迁为例 [J]. 商业研究（2）：211-216.

马海涛，任强，孙成芳，2018. 改革开放40年以来的财税体制改革：回顾与展望 [J]. 财政研究（12）：2-9.

魏杰，董进，2006. 改革开放后中国经济波动背后的政府因素分析［J］. 中央财经大学学报（6）：52-57.

温铁军等，2011. 解读苏南［M］. 苏州：苏州大学出版社.

辛逸，2001. 农村人民公社所有制述论［J］. 山东师范大学学报（人文社会科学版）（1）：84-90.

杨瑞龙，2018. 国有企业改革逻辑与实践的演变及反思［J］. 中国人民大学学报，32（5）：44-56.

周飞舟，2013. 回归乡土与现实：乡镇企业研究路径的反思［J］. 社会，33（3）：39-50.

赵全厚，2018. 我国财税体制改革演进轨迹及其阶段性特征［J］. 改革（4）：29-38.

案例四

以自雇起家的义乌小商品市场案例研究

杨剑刚

教学目的

使学生掌握自雇的基本概念,了解义乌小商品市场的发生背景,以及自雇的意义和作用。

教学内容

介绍义乌小商品市场的背景以及自雇发挥的作用。

重点、难点:本讲的重点是义乌小商品市场的历史脉络;难点是自雇的作用。

章前思考题:

1. 如何理解义乌小商品市场?
2. 义乌小商品市场的成功因素有哪些?

一、案例概要与教学目标

以自雇起家的义乌小商品市场已经是世界著名的小商品集散地,也是我国市场经济发展取得显著成就的一个缩影,见证了我国市场经济体制由改革开放时期的探索,到现在的逐步完善,见证了我国经济规模跃居世界第二,人民生活水平显著改善,社会经济繁荣稳定。义乌小商品市场的成功检验了中国特色社会主义市场经济体制的有效性,也为继续巩固和发展中国特色社会主义事业提供了成功经验,展现了光明前景。

以自雇起家的义乌小商品市场是我国改革开放后诞生的具有地方特色的市场经济发展模式,它以小商品为交易对象,因地制宜,充分发挥自身特色,为义乌地区经济和社会的发展贡献了巨大的力量。自雇这一就业方式在义乌地区具有悠久的历史,从"鸡毛换糖"到义乌小商品市场,个体经营者串联了这一切背后的经济联系和社会网络。在深入了解义乌小商品市场发展的背景和历史的基础上,发掘自雇背后的作用机制,并寻找其中的启示,使学生能够对"义乌模式"有更深入的认知,增强学生对我国市场经济体制形成机制的理解。

二、案例内容

(一) 自雇的概念以及行为逻辑

自雇是有别于工资雇佣(就业)和失业的第三种就业方式,它简单、灵活。自雇这一就业方式在我国,尤其是义乌地区具有悠久的历史传统,从最早的家庭作坊出售自己的劳动产品,到"货郎担"沿街叫卖,自雇广泛存在于农村和城市当中。本讲就自雇的概念以及特征展开论述,有助于厘清自雇概念的历史沿革以及其内在的时代特征,为后面分析"义乌模式"奠定基础。

1. 自雇的概念

自雇,从字面意义上理解就是自己是自己的雇主。根据劳动者的就业方式来划分,一共有三种,分别是工资雇佣、失业、自我雇佣(自雇)。[①] 工资雇佣是指劳动者把自己的劳动力作为商品出卖给雇主来获取劳动报酬,失业是指劳动者没有获得工作机会,而自雇是指劳动者自己为自己赚取工资,劳动的剩余价值由劳动者自己来支配。

自雇是一种带有创业性质的个体经营决策的就业方式,依仗个人的人力资本以及所掌握的个人财富,在市场经济中进行具有自担风险、自负盈亏、利润独享等特色的经济活动。自雇这一就业方式在我国改革开放时期尤为明显,农村地区由于农村土地制度改革后产生了大量的剩余劳动力,这些劳动力向有更多就业机会的城镇聚集,特别是在浙江地区,以温州、义乌等地区为代表,自雇这一就业方式成为这些从农村转移过来的劳动力的最普遍的选择。究其原因,首先,自雇的门槛较低,成本较小;其次,手续简便,不需要去工商部门进行注

---

① 陈立兵:《弱势群体的自雇就业权利与提升城市治理水平——基于城市流动商贩治理问题的分析》,《中国行政管理》2009 年第 12 期。

册登记,不需要缴纳税费,没有额外的手续;最后,自雇的工作领域大都是以利润较为微薄的产业为主,制作工艺要求低,并且产品售价也不高,便于推广。义乌地区有经商的历史传统,以"鸡毛换糖"为代表的小商贩是最初的自雇者,"义乌模式"的形成也是以自雇起家的。

2. 自雇的行为逻辑

农村劳动力的转移是世界各国工业化发展过程中的必然现象,是生产力发展的必经之路。伴随着劳动生产率的提高,农业生产中的人口必然出现过剩,这部分过剩的人口必将向着经济活动密度更高以及就业机会更多的城市进行转移。农村剩余劳动力的转移有两方面的益处:一方面大量农村劳动力的转移为国家的工业化提供大量的劳动力,大量劳动密集型产业快速发展,并产生"人口红利",带来国家经济的快速发展;另一方面农村劳动力的大量转移为城市创造了更多的需求,推动了第二产业、第三产业的发展,加快了城镇化的进程。

我国大规模的农村劳动力转移的现象始于改革开放,由于农村劳动力流动限制逐步取消以及乡镇企业的兴起,城市工业化和农村工业化同步发展,因此越来越多的农村劳动力转向农村集镇务工、经商。1984年中央一号文件指出"一九八四年,各省、自治区、直辖市可选若干集镇进行试点,允许务工、经商、办服务业的农民自理口粮到集镇落户",这为农民进城务工提供了政策依据,也促进了农村的劳动力转移。1986年中央又陆续出台了《国营企业实行劳动合同制暂行规定》和《国营企业招用工人暂行规定》,进一步要求国营企业必须要保障农民工的合法权益,在劳动报酬、保险福利方面作了明确的规定,改善了农民工的待遇。这一时期,农民工数量从改革开放初期不到200万人迅速增加到1989年的3000万人,年均增长50%左右。到了20世纪90年代,随着我国社会主义市场经济体制目标的确立,对农村劳动力转移的限制逐步放开,鼓励农村劳动力向城市以及二、三产业转移。根据《中国农民工调研报告》的资料显示,1993年中国农民工数量达到6200万人,比1989年增加一倍多。1995年,《中央社会治安综合治理委员会关于加强流动人口管理工作的意见》中提出允许农民进城务工、经商以及在小城镇落户,这为农村劳动力转移从个人迁移到举家落户提供了政策依据,极大地提高了农村劳动力转移的积极性,从20世纪90年代初期到中期,农民工数量年均增长15%左右,到了2000年,中国农民工数量达7849万人。这一时期,农村劳动力的转移为义乌小商品经济提供了充足的劳动力和广阔的市场前景,促进了义乌小商品经济的快速发展。进入21世纪后,中共中央多次颁布各种条例和政策关注农民增收和农民工的合法权益问题。2001年12月11日,中国正式成为WTO成员,国内市场迅速放开,国际市场持续扩张,为纺织、服装、玩具、皮革、家具等劳动密集型产业创造了新的就业机会,加速了农村劳动力向城市以及二、三产业部门转移,农民工数量从2001年的8400万增加到2012年的2.63亿。2013年之后,伴随着户籍制度全面深化改革以及新型城镇化的推进,保障农村劳动力转移的各项制度逐步完善,农村劳动力转移也出现了新的特点。20世纪80年代及以后出生的新生代农民工逐渐成为城市新生劳动力的主力军,农民工的学历也大幅提升,农民工的就业行业从传统的制造业、建筑业逐步转变为第三产业,农民工数量的增速也逐渐趋缓,最为明显的变化就是农民工数量从2012年的2.63亿人增加到2021年的2.93亿人,年平均增速明显低于进入21世纪的前10年。

在我国改革开放之初,大规模的农村劳动力转移促进了城镇化的发展,并且城镇化也成为我国社会发展的主要趋势，特别是在东部沿海地区，由于拥有较为悠久的商业传统，农村劳动力向城镇聚集，因此催生了城市消费需求，也为自雇夯实了发展的良好基础。同时1995年我国宏观经济发生剧烈波动，科技迅猛发展，国有企业开始了体制改革，大量的工人失业，这些失业的工人对社会造成了巨大的风险隐患：第一，失业造成巨额的人力资本的浪费，大量的技能娴熟的工人处于闲置状态，不能为社会创造价值，不能为自己赚取工资；第二，失业导致国家的社会保障支出增大，给财政造成巨大的压力；第三，大量的失业工人还造成社会不稳定的因素增多，失业还对工人造成心理创伤，失业工人普遍有孤独感并诱发出自卑心理，这集中在一些年龄偏大的中年以及接近老年的失业工人身上。

进城农民和失业工人往往成为社会中的弱势群体，他们具有经济生活较为贫困、社会地位不高、抗风险能力较差以及文化教育水平不高等特征，这导致他们在再就业的过程中容易碰壁，对社会的稳定产生更大的不确定性因素。为了帮助他们再就业，改善他们的社会境遇，稳定社会秩序，促进经济增长，从中央政府到地方政府，先后出台了一系列政策措施，如就业培训、组织再就业市场、医疗保障、最低生活保障等。这些措施使一部分人再次进入了就业市场并且得到就业机会，参与到社会生产活动或提供服务的经济活动中，使得他们可以为社会创造价值，还能改善自己的生活，减轻国家财政负担，有利于社会稳定。但是还有一部分人，既没有进入就业市场再次受雇，也没有回家待业，而是依靠自己的能力和聪明才智，抓住了时代的机遇，开始自雇。

以进城农民和失业工人为代表的弱势群体具有最为明显的自雇倾向。对于进城农民来说，自雇是合适且理性的选择。第一，在我国各个城镇中早已具有自雇的历史传统，如有固定摊位的小商贩、"货郎担"以及走街串巷的剃头匠、补锅匠、焗瓷匠，还有一些杂耍卖艺的街头班子，都是我国早期的自雇形式，具有门槛低、成本低、风险小，以及流动性大、灵活性强等特点，对于弱势群体的就业具有很好的相容性。第二，对于进城农民来说，首先面临的就是就业歧视。由于城乡二元体制的长期存在，农村地区和城市之间长期处于较为分割的状态，农民的文化教育程度以及思想意识还处于相对保守和传统的状态，部分城市市民对于农民可能存在刻板的偏见，因此进城农民在择业就业的过程中处于劣势，只能从事一些偏向体力劳动且对于文化程度要求较低、成本低、风险小的工作岗位，自雇可以很好地满足进城农民的择业就业需求，如地摊、小商贩等。第三，进城农民倾向于赚钱速度快、风险小的工作，这与进城农民寻求致富赚钱、改善自己生活的诉求相关。进城农民往往要付出很大的机会成本，如果一个地方赚不到钱，那么第二年就会考虑转移到其他的地方，对于他们来讲利润的大小是其次，不要求一次能赚很多钱，但是要赚钱快、稳定性较强。例如小商贩，以薄利多销为主，一次性进货，付出进货成本，除此之外的都是自己的利润，卖完一批就接着进货，生意不好就换一批，或者换个地方，十分便利。进城农民吃苦耐劳，而且比较善于节省、勤俭，可以靠自雇一点一点积累，实现摆脱贫困的目标。

对于失业工人来说，自雇是他们最为普遍且符合现实的选择。首先，自雇对于年龄要求较宽泛，只要能正常行动、正常思考就行，自由度较高。其次，失业工人长期在体制内生活，谋生手段较为单一，技能和手艺较为固定，对于学习新的知识技能比较吃力，自雇很好地解决了这些问题，其门槛较低，对于手艺技能的要求不高，这对于失业工人具有较好的适用性。最后，自雇对初始资金量要求不高，失业工人本身的家庭情况普遍不好，很多都是社会的弱势群体，失业后面临收入来源中断的问题，初始资金不足，因此适合以自雇的方式谋生。

综上所述，进城农民和失业工人是自雇中最具代表性的弱势群体。根据劳动力市场分割理论，按劳动力市场参与者身份或能力划分，城市劳动力市场可以分为两种：第一种是技能劳动者市场，该市场工资较高，劳动条件较好，工作岗位较有保障并具有美好的职业前景；第二种是收入相对较低的非技能劳动者市场，该市场工作条件差，工作具有不稳定性。以进城农民和失业工人为代表的弱势群体在城市的就业市场中是很难进入第一种市场的，他们大多进入第二种市场。在我国改革开放初期，由于市场经济刚刚开始形成，人们的物质生活还很贫乏，再加上物流、运输以及广告传播等问题，商品经济还不发达，因此以小商贩为代表的自雇的就业方式成为城市弱势群体的首要选择。自雇很好地满足这些弱势群体的择业要求和就业条件，一方面自雇对于个人的年龄、技能、知识水平以及入行门槛的要求都不高，投入的成本和风险也小，主要靠个人的经验以及对商机的敏锐嗅觉，考验的是人寻找机会的能力；另一方面是我国当时处于改革开放初期，很多管理体制和社会信息传播还不完善，从计划经济到市场经济的过渡中存在很多的商业机会，如利用信息差、价差进行商品的买卖，赚取差价，这也为自雇提供了条件。自雇也可以降低社会治安的成本，增加城市的就业机会，还可以丰富城市居民的物质生活。在浙江地区，由于历来就有经商的历史传统，进城农民和失业工人对于自雇或经商早有接触，因此改革开放后，进城农民和失业工人可以很好地接受这一就业方式，并创造了"温州模式"和"义乌模式"，为浙江地区的自雇经济发展创造了很好的条件。

（二）以自雇起家的义乌小商品市场的时代背景和发展历程

义乌小商品市场的兴起离不开改革开放的时代背景，农村土地制度改革和国有企业制度改革为社会提供了大量的劳动力，再加上义乌地区由来已久的"鸡毛换糖"经商传统，二者一拍即合，以"鸡毛换糖"和"货郎担"为代表的自雇这一就业方式在义乌地区迅速发展起来。伴随着资本的积累和营业范围的扩大，以小商品经济为代表的自雇经济成为了义乌地区经济发展的特色，小商品也逐步成为了主要交易对象之一。随着经济的发展，小商品经济中出现了分工合作，提高了经济效率，加快了资本积累，初步形成了小商品市场，政府也响应经济发展的趋势，规范了小商品市场，这为义乌小商品市场的发展奠定了基础并迅速使其成为全国小商品交易的中心，"义乌模式"也由此诞生。

1. 农村土地制度改革

义乌小商品市场的兴起和发展，其背后有着深刻的农村土地制度改革的历史背景。义乌小商品市场发展的核心在于引导和鼓励农民创新创业，以自雇开展小商品的加工贸易，从而形成具有当地特色的生产和销售网络，促进了农业、手工业以及服务业的相互融合，进而带动当地经济发展。在这一模式中，农村土地制度改革提高了农业生产效率，为农民创新创业提供了重要保障，一方面使得农民可以更加灵活地利用手中的土地资源，另一方面也使得农村过剩的劳动力可以向其他产业转移，这为义乌小商品市场的发展提供了起始条件和要素基础。具体而言，有以下三个方面。

首先，农村土地制度改革促进了土地的集约化利用，提高了土地的利用效率，使得部分农村劳动力摆脱了土地的束缚，向城市以及二、三产业转移，这为义乌小商品市场的形成和发展开辟了空间。义乌地区山多地少，人多地少，人均耕地不到半亩，因此义乌地区有着悠久的亲商经商的传统，农民通过土地流转制度，将分散的土地集中起来，提高了土地资源的利用效率，实现了规模经济，提高了产出水平，降低了生产成本，从而获得更高的收益。同时这种土地利用方式也使得农民可以获得更多的租金收入，增加了他们的财产性收入。农民也可以将所拥有的土地资源投入到二、三产业中，通过发展小商品经济或者从事服务业，来获取更多的收入，除了改善生活条件，也为以自雇为基础的创新创业积累了初始资本并提供了更多可能。

其次，农村土地制度改革也赋予了地方政府探索适合自己实际情况的农村土地改革之路，国家逐渐放开了对土地的管控，允许一部分地区通过土地制度的改革来适应经济社会发展的需求。这一改革极大地推动了地方政府进行城市化建设，地方政府不再受到农村土地制度的约束，可以低价征用集体土地进行城市化建设，满足城市快速发展对土地的需求，同时被征地的农民和集体可以从政府的补助、土地返还以及城市经济发展和社会保障中获得补偿，同时他们也从城市化的经济发展中获得了收益，并享受到了城市化带来的更优质的教育、医疗等公共资源，他们提高了生活水平和生活质量，还通过土地和物业的升值分享到了城市化的发展红利[1]。

最后，农村土地制度改革促进了农村基础设施建设，有利于提高农村生产力，提高农民的收入，改善农民的生活，为义乌小商品市场的发展提供了更广阔的空间。由于水利设施的大规模建设，化肥产量的提高，以及各种农业技术的广泛运用，粮食产量持续攀升，单位产量不断增高，由此基本上解决了广大群众吃不饱饭的问题，缓解了人口增速过快导致的粮食安全问题。农村地区不仅实现了粮食的增产增收，农业技术的升级还大大降低了农业生产的劳动强度，提高了农业生产的效率，除去上缴粮食和满足基本的粮食需要，还能有多余的粮食来换钱，进而购买生活物资来改善生活，这促进了农村消费需求的扩张，推动了义乌小商品市场的形成和发展。粮食产量的大幅上升以及劳动效率的提高使得农村地区出现了过剩的劳动力，这也是农村劳动力向城市转移的根本原因。

综上所述，农村土地制度改革对于义乌小商品市场的发展起到了重要的推动作用，这一方面体现在提供更加灵活的土地利用方式、推动当地产业的发展以及提高农民的收入和生活水平等；另一方面也体现在为地方政府征收土地进行城镇化建设提供了政策支持，促进了城乡一体化建设，为义乌小商品市场的成功提供了有力的保障。同时农村土地制度改革也有利于促进农村基础设施建设，促进了农村经济发展，扩大了农村消费需求，这为义乌小商品市场开辟了发展空间。

2. 国有企业制度改革

国有企业制度改革作为我国经济体制改革的中心环节，也是透视中国特色社会主义经济制度和经济增长的微观基础，对于理解义乌小商品市场的形成和发展具有重要作用。党的十四届三中全会提出了国有企业制度改革的目标，即建立产权明晰、权责明确、政企分开、管理科学的现代企业制度。在这一目标的驱动下，我国当时出现了大规模的工人下岗潮。虽然国有企业制度改革在一定程度上促进了国有企业的市场化改造，提高了国有企业的生产效率和市场竞争力，但是同时也产生了大量的失业工人，这不仅造成了大量的劳动力资源闲置，

---

[1] 陆立军：《从"义乌模式"看中国的改革开放》，《中共中央党校学报》2008 年第 3 期。

还增加了社会的不稳定性，使得财税收入减少，贫富差距加大。国有企业制度改革为义乌小商品市场的发展提供了必要的条件，一方面为以自雇为特点的小商品经济提供了宽松的市场环境，也为构建现代化的企业制度提供了制度保障；另一方面大量的失业工人为小商品市场的发展提供了劳动力资源和技术支持，促进了产业升级和技术创新。同时以自雇起家的义乌小商品市场，不仅吸收了社会上的闲散劳动力，促进了社会生产和经济增长，还创造了大量的就业机会，为政府增加了赋税来源，促进了经济社会的繁荣稳定。具体来说，可以分为以下三个方面。

首先，国有企业制度改革使得部分国有企业逐步转化为民营企业，为个体经济和私营经济创造了较为宽松的市场环境，使得企业成为了真正的市场主体，为农村劳动力向城市以及二、三产业转移提供了政策支持，为义乌小商品市场的发展提供了必要条件。义乌地区悠久的亲商经商传统和以小商品经济为主体的自雇经济为市场经济的发展提供了良好的条件。国有企业制度改革使得自雇逐步转向市场经济体制，为个体经济和私营经济的发展提供了政策支持，这不仅有利于激发城市居民和农民创新创业的市场活力，引导义乌地区的商业模式从自雇这一就业方式转向现代企业制度，提高了其经营水平和生产效率，创造更多的就业机会和税收，还有利于提高义乌地区农村经济的市场化水平，推动其城镇化建设，从而进一步促进义乌小商品市场的持续壮大。

其次，国有企业制度改革使得国有企业中的冗余劳动力被释放出来，这为义乌小商品市场的形成提供了充足的劳动力资源，其中一些具有技术水平的劳动力被吸纳进了小商品经济中，为义乌小商品市场的发展提供了劳动力以及技术支持。在国有企业制度改革之前，我国国有企业普遍存在人员冗余、经营效率低下、缺乏市场竞争力等问题。据 1992 年我国原劳动部对 1500 个国有企业的调查，其冗余人员的比例为 12%，如果按当时全国国有企业职工 8000 万人计算，冗余人员接近 1000 万人[①]。通过对国有企业进行制度改革，不仅可以促进冗余劳动力的再就业，进而促进经济发展，还有助于提高市场经济的活力，提高资源配置效率。

最后，国有企业制度改革引入了市场竞争，促进了现代企业制度的建立，推动了企业的科学管理和现代化发展，这为义乌小商品市场的发展构建了保障机制。国有企业制度改革使得国有企业和民营企业站在同一个起跑线上，强化了义乌小商品市场的内部竞争，进而有利于将零散贸易整合成规模经济，提升其产业化水平，也提高了国有企业的市场化水平，提升其经营效率。通过建立现代企业制度，义乌小商品市场开始重视科学管理和现代化发展，不断优化其经营模式和运营体系。这些变革为义乌小商品市场的发展提供了坚实的保障机制。

3. 义乌模式的形成和发展

与温州的自雇经济发展相类似，义乌小商品经济也是从自雇经济中逐步发展起来的。义乌地区在传统农业社会中就因地制宜进行"鸡毛换糖"，这一传统的经商模式是"义乌模式"的起点。"鸡毛换糖"是对盛行于义乌地区东北部的一种小生意的简称。由于义乌地区山地较多，粮食产量有限，但是气候较为湿热，比较适宜种植糖梗，当地农民因地制宜，利

---

① 王彦田：《一千万富余人员哪里去？——劳动部负责人就〈国有企业富余职工安置规定〉答记者问》，《人民日报》1993 年 5 月 1 日。

用山间的坡地和旱地来种植糖梗，榨取红糖卖钱，补贴家用。农民通过土法炼制，将红糖熬成一种圆饼状的皮糖，将这种皮糖出售给走乡串户的商贩，因为往往熬制完成的时候，糖是很大一块的，取用时用刀敲开，所以这种商贩被称为"敲糖佬"（敲糖商人），这一类商贩统称为"敲糖帮"。"敲糖帮"会把收购而来的糖，加上其他的一些小商品，放在箩筐里面，然后在江浙一带的山村乡镇，走乡串户，换取农民家的头发、鸡毛、鸡内金①等一些物料，将这些物料运回义乌当地，再卖给收购的人，换取现金。因为这些物料中主要是以鸡毛为主要换购对象，所以这样的商业活动就有了一个特定的称谓，叫"鸡毛换糖"。这就是义乌地区在传统农业时代最具特色的商业活动，是义乌小商品经济的早期萌芽。

这一商业活动具有以下两个特点。第一，利润低，交易周期长。"鸡毛换糖"需要在农村地区进行，往往涉及浙江、江西、湖南、安徽等地区，整个过程往往耗时半年之久，甚至更长。同时交易对象又都是一些小商品，虽然交易量较大，种类繁多，但是扣除交易成本，例如沿途的吃穿住行，利润微薄，还要面对疾病以及不确定的风险。利润虽然微薄，但是相对于义乌地区农业收入还是较高的，都是一些没有商业资本的农民，才愿意从事如此不显眼的微利商业。第二，义乌小商贩的另一种形式是"货郎担"，就是小商贩挑着扁担，扁担上挂着两个箩筐，里面装一些小商品走乡串户地售卖，这种"货郎担"如同一个流动的摊位，投入的成本很小，而且自由度很高，可以去能买卖商品的任何地方，特别是交通不方便的地方，为这些地方带来一些新奇的小商品，丰富当地的物质生活，而且也不需要去工商部门进行注册登记。长期的走街串巷为他们积累了丰富的市场经验，他们了解哪里物资短缺，哪里有什么特产，因而可以从商品富余的地区向商品短缺的地区调集商品，并从中赚取差价，这恰恰决定了日后小商品经营者在商品集散和流通中的地位。

"鸡毛换糖"是推动义乌模式产生和形成的历史传统，也是义乌地区自雇经济发展的开端，为以自雇起家的义乌小商品市场的发展奠定了社会文化基础和经商环境。伴随着"鸡毛换糖"这一商业活动的发展，义乌地区的农民也形成了"农时耕作，农闲熬糖，换取鸡毛"的生产作息方式，一方面可以充分利用农闲时间，通过走乡串巷以糖换取鸡毛再售卖获利，可以很好地弥补农业生产收入不足的问题，改善自己的生活；另一方面，这一商业活动也推动了农村地区半农半商的专业化发展，以糖和鸡毛为交易对象，形成特定的商业群体，以亲朋好友为纽带结合在一起，增强抗风险能力，同时也有利于形成专业市场，加快利润的积累和规模的扩大。最后以"鸡毛换糖"为基础，经营范围不断扩大，形成以小商品为主要经营种类的小商品市场，形成规模经济，降低交易成本，提高单位利润率。

中华人民共和国成立以后，通过进行多次的社会主义改造，我国建立起了高度集中的计划经济体制，义乌地区的"鸡毛换糖"逐渐式微，半农半商性质的商业活动遭受了打击，城乡二元制以及人民公社制度将农民牢牢固定在土地上，敲糖商人组建的"敲糖帮"被解散。虽然生产资料被国有化，敲糖商人的私有产权遭受到了冲击，但是"鸡毛换糖"没有被彻底消灭，这是因为"鸡毛换糖"实施了一套保护私人产权的机制②。"鸡毛换糖"化整为零生存了下来，由单个的农民来延续这一种商业活动，农民分头出击，目标分散，交易的商品也还是鸡毛等农村地区的特色农产品，用一些糖饼或者一些小商品作为交换对象进行交

---

① 鸡内金是指鸡的干燥砂囊内壁，可以作为一味中药。
② 陆立军，白小虎：《从"鸡毛换糖"到企业集群——再论"义乌模式"》，《财贸经济》2000 年第 11 期。

易。这些交易大多是以私下进行、以物换物的形式进行交易，不仅隐蔽而且交换双方都是为了满足彼此需要的目的而进行交易，几乎不会被发现。"鸡毛换糖"没有和计划经济产生直接的冲突，更不会危及社会主义商业和集体农业，因此没有成为经济管制的重点对象。农民外出"鸡毛换糖"还得到了生产队的支持和公社的默许。这些农民在交易中获得的鸡毛余料可以为生产队提供肥料，用卖鸡毛所得的资金上交一部分给生产队，并且按照比例折算成集体农业劳动的工分，生产队为从事"鸡毛换糖"的农民开具证明，允许农民在计划经济的体制内进行相关的交易，这样就取得了合法性。"鸡毛换糖"还有助于提高生产队的物质生活水平。这些进行"鸡毛换糖"的农民在得到生产队的背书后，与生产队之间形成合作关系，在计划经济体制内形成一定范围的专业市场，私人的产权和市场交易得到确认和保护，为这一商业活动的存在提供了体制性的保护，并且这一商业活动是由农民自发形成的，具有高度的自组织性。这一商业活动在义乌地区得到推广，生产队之间的交易更加频繁，范围也不断扩大，交易的形式也不断丰富，种类也不断增多，最终成为义乌地区集体经济制度下最具特色的经济模式。

十一届三中全会后，改革开放的大幕正式拉开，首先便是农村土地制度改革，这重新确定了农民和土地之间的关系，赋予了农民土地承包经营权，调动了农民的劳动积极性，极大地解放了农村的生产力。再加上化肥的广泛使用和农业技术的进步，劳动生产率提高，粮食问题基本得到了解决，义乌地区缺地少粮的问题得到了缓解，农民的温饱问题基本上解决了，农村地区产生了剩余劳动力。这些剩余的劳动力为了进一步改善自己的生活，纷纷加入非农领域的劳动市场中。

改革开放后，计划经济体制逐步向市场经济体制过渡，农村集贸市场重新开始出现，农村剩余劳动力开始自雇，充分利用"鸡毛换糖"的优势，不断壮大农村地区的自雇经济。政府对于集贸市场的管制也逐步放松，允许个人参与市场交易，这一方面促进了城乡物资的交换，满足了城市对于农产品的巨大需求，降低了城市市民的消费成本，丰富了物质生活；另一方面农民通过农贸市场出售自己的农产品换取货币，还可以购买生活消费品或者农业生产资料，提高自己的生活水平，改善自己的生活品质。政府对于个体经济活动尤其是商业活动逐步放松，加快了计划经济的解体和市场经济的形成，商品经济逐渐繁荣，走街串巷的"货郎担"又开始逐渐出现，特别是在义乌这种交通不方便的地区，"货郎担"可以从城市采购小商品，凭借生产队（基层政府）开具的证明材料，到各个农民家收购农产品，再出售给生产队或者在集贸市场与特定的企业进行交易。获得收入后，他们再购买一些农村地区缺少的小商品，如日用品、五金工具等，挑到交通不方便的农村地区售卖，并从中赚取利润。

随着社会主义市场经济主导地位的不断巩固，"鸡毛换糖"的传统逐渐恢复，"货郎担"的队伍也不断扩大，吸收了大量的农村剩余劳动力，以"鸡毛换糖"和"货郎担"为代表的自雇经济逐渐发展起来，并且其范围也不断扩大，资本积累不断增加，形成了以小商品为核心的商业活动。这些自雇者依托农村集贸市场，从义乌周边地区以及江苏、上海等地的社队企业组织购进实用的日用品，再运输到义乌本地进行商业活动。为了进一步提高经济效率，在自雇经济的内部形成了劳动分工，有一部分人专门负责采购义乌地区短缺的物资，联系供货商组织货源，以及把控货物的品质；有一部分人专门负责运输配送物流，增加运输的频次，将不同数量的货物组合在一起，统一发货，降低运输成本，增加卖方收益；还有一部分人专门负责售卖，把小商品拿到农村集贸市场上出售或出售给"货郎担"，将这些当地较为短缺的商品贩卖到交通不方便的地区，丰富该地区人民的物质生活。同时随着国有企业的改革以及宏观经济的剧烈波动，一大批失业工人也加入这种小商品经济活动中。以小商品经济为主要代表，逐渐形成了城市当中的自雇经济，再加上分工协作的经济模式，极大地提高了自雇经济的效率，扩大了经济规模和营业范围。

为了进行更好的组织和管理，面对数以万计而且相互独立的小商贩，没有形成统一的组织管理和固定的交易场所无疑让交易成本上升，不利于市场规范和交易秩序的形成，因此在一些小商贩经常聚集的地方就形成了固定的小商品市场，其原因主要有以下三个方面。一是可以强化资源配置，降低交易成本，提升交易成功率。由于"货郎担"流动性较强，人员的成分较为复杂，单次进货量较少，并且进货的时间比较零散，这就导致了资金回笼时间较长，不利于资金的周转，容易造成货物的积压。小商品市场的形成可以很好地将大量的散商集合起来，加快货物的周转，另外通过增加交易的频率，可以提高交易成功的次数，同时大量的小商贩聚集在一起，可以帮助买方找到更适合自己需要的商品，通过比较可以更好地利用手里的资金，购买到更加物美价廉的商品。二是有利于规范市场秩序。市场聚集了大量的小商贩，通过固定的摊位将行商变成坐商，形成市场竞争，淘汰掉没有市场竞争力的商品。同时工商管理部门可以更好地加强监督，对于违反市场秩序的小商贩可以进行处罚，增加小商贩的违约成本，促进合理竞争，公平交易。三是小商品市场可以缓解信息不对称。大量的小商贩聚集在一起，大量的信息在市场上交汇，商品的价格波动和市场预期的变动可以帮助卖方和买方双方更好地安排进货量和采购量，促进了双方的信息对称。

随着城市化进程的加快，自雇经济的规模逐渐壮大，小商贩之间的组织性不断提高，为了进一步规范小商品市场的经济活动以及争取政府的扶持和优惠政策，从事批发零售的进城农民和失业工人，以及包括上级管理部门和行业商会，都开始积极推动小商品市场转为正式的市场制度。对从事批发零售的进城农民和失业工人来讲，市场制度的建立可以获得政府对私有产权和经济利益的保护，可以更好地降低市场中的交易风险，规范市场行为，促进市场的发展。对上级管理部门来讲，建立市场制度可以更好地对小商贩进行管理，维护社会经济秩序，还可以更方便地征税，增加地方政府的税收，增强当地财政的实力。对行业商会来讲，小商品市场制度的确立可以更好地发挥该商会的影响力，保护小商贩的权益。

1982年9月，义乌县委、县政府回应群众发展小商品经济的强烈要求，做出了开放小商品市场的决策，到1984年底，义乌"兴商建县"（后改为"兴商建市"）发展战略正式确立。这一政策的实施顺应了义乌小商品市场的发展需要，在政府的扶持下，义乌小商品市场逐渐成为全国性的小商品交易中心。总结义乌小商品市场的特色，一共有"小、廉、全、新、快"等五大特色："小"是指小商品，义乌小商品市场是以小商品作为主营商品，具有专业性的特点；"廉"是指廉价，小商品价格便宜；"全"是指种类齐全；"新"是指小商品的种类更新快，品类新；"快"是指信息传播快。这些特点为义乌小商品市场构筑了自己的核心竞争力，确立了义乌小商品市场在全国商品贸易中的地位。截至2022年，义乌小商品市场的经营面积已达640余万平方米，商铺7.5万个，汇集了26个大类，210多万种商品，商品远销233个国家和地区，带动了全国20多个产业集群、210万家中小微企业，关联

3200多万名工人就业①。随着义乌小商品市场的发展，自雇经济的发展带动了一大批社会基层群众脱贫致富，并且以家族亲属为纽带建立起初级的现代企业管理制度，并逐渐成为了浙江民营经济发展的主力军，成为推动"义乌模式"兴起的关键。

三、案例简评

义乌小商品市场的发展离不开自雇的兴起，自雇在义乌小商品市场发展的过程中起到了三个方面的作用：一是促进了社会主义市场经济主导地位的确立；二是促进形成专业化市场的竞争优势；三是促进了产权制度的改革。

（一）自雇促进社会主义市场经济主导地位的确立

自雇吸纳了大量的进城农民和失业工人，一方面解决了这些人的择业就业问题，稳定了社会经济发展的秩序，另一方面对于从计划经济体制向市场经济体制转轨的进程具有明显的推动作用，加快了社会主义市场经济主体的确立。下面分别从市场经济主体，市场经济运行规则，以及市场监管三个方面来论述。

首先，自雇影响市场经济的主体，将大量的进城农民和失业工人转化为市场经济中的经营者，扩大了市场经济主体的范围和规模。更多的经济主体催生了更多的经济活动，促进了商品经济的发展和繁荣，不仅创造了更多的商品消费需求，还促进了商品经济和人们生活的密切结合，推动社会经济从计划经济中走出来，为市场经济的发展和巩固创造了有利条件。更多的市场经济主体还活跃了商品交易，扩大商品交易的规模和范围，使得商品的供需从计划经济的行政指令方式走向市场经济的自主开放方式，将商品从富余的地区转移到短缺的地区，提高商品流通的效率并改善人民的生活，还能赚取差价，降低两地的交易成本，增加社会福利，这样有助于提高市场要素的配置效率。

其次，义乌地区拥有悠久的经商传统，从"敲糖帮"的商会形式到市场制度的确立，都有一套行之有效的约束机制，成为当地内在的市场经济运行规则。在"敲糖帮"时期，以内部组织的软性制度进行约束，各个小商贩为了增加抗风险性，抱团取暖，互相监督约束，他们的联合，在一定程度上可以保障他们在经济环境低迷时期的商业利益和人身安全。改革开放后，自雇的个体组织在一起共享商业情报，降低经营风险，成为具有一定自组织性的行业商会，在采购物资、运输配送和批发零售等各个环节紧密合作，提高经营效率。在小商贩、行业商会以及监管机构的共同呼吁下，政府批准了小商品市场的成立，这为小商品经济的运行确定了市场规范和行业准则，形成了制度化的硬性约束，为小商品经济的健康发展营造了好的环境。由此可见，自雇的自组织性起到了关键作用，推动了市场运行规则的树立和完善。

最后，义乌小商品市场的健康发展离不开对经济秩序的维护，仅仅依靠行业商会的自律是不够的，还需要制度化的市场监管。缺乏制度化的监管措施以及硬性的要求，会导致一些乱象发生，严重影响小商品市场的正常经营。政府顺应时代发展的要求，在"以商兴市"

---

① 夏丹、何贤君、吴峰宇：《商贸城要再创新辉煌——习近平总书记在义乌国际商贸城考察回访记》，《浙江日报》2023年9月26日。

的经济建设思路下，响应了小商贩和监管部门的需求，推出了"四个允许"的政策：允许农民进城经商、允许开放城乡市场、允许农民经销工业品、允许长途贩运。这为以后的经济发展奠定了基础，为义乌小商品市场的发展提供了制度化的保障，为市场经济的发展营造了良好的环境，义乌小商品市场进入飞速发展的时期。

（二）自雇促进形成专业化市场的竞争优势

从历史渊源来看以自雇起家的义乌小商品市场的形成，就是一条专业化的商业活动的发展之路，其中自雇是这一专业化市场发展的基础，形成了义乌地区小商品市场的竞争优势，这主要体现在以下两个方面：一是小商品市场的形成是义乌地区的特色经济发展的结果，二是小商品市场的形成是与义乌地区自然禀赋相伴生的结果。

第一，从义乌地区特色经济发展的角度来看，义乌小商品市场起源于义乌地区"鸡毛换糖"的传统，这种商业活动一方面可以很好地利用农闲时期的时间，利用本地的特产外出换购一些在别人眼里价值不大的东西，专注于一些细分的市场，从而避免激烈的竞争，有利于形成差异性；另一方面，收集零散的小商品的成本较高，利润微薄，要盈利只能靠薄利多销，而义乌地区"鸡毛换糖"的传统，使得义乌地区的小商贩具有吃苦耐劳、勤俭节约、开拓创新的时代精神，在计划经济的缝隙里寻找到商品利润的微光，通过积少成多，一步一步积累起来，从而实现资本积累。在改革开放后，小商贩沿袭了传统，以"鸡毛换糖"和"货郎担"为代表，从小物件开始一步一步积累，不断拓展经营范围和经营规模。从开始的鸡毛、糖等农业社会的物件，逐步向小商品发展，它们都有廉价、体积小、微利以及存在价差等特点，从商品经济发达地区采购紧缺的小商品，再运输到义乌当地以及周边进行售卖，赚取微薄的利润，并在发展的过程中，为了进一步提高效率开始分工合作，加快了资本的积累，有利于扩大经营，最后逐步形成义乌小商品市场。这种薄利多销、专业分工的自雇的就业方式，深深印刻在义乌地区的经商文化中，并在改革开放后逐步开始发展起来，推动了以小商品市场为特色的专业化市场的建设。

第二，从自然禀赋角度看，义乌地区的自然禀赋相对较差，交通环境不佳，山多地少，一旦粮食减产就会导致农民吃不饱，这就使义乌地区的农民具有冒险的精神。他们为了维持基本的生活以及对抗自然灾害，通过"鸡毛换糖"的方式来挣取微薄的利润，以补贴家用，改善自己的生活。但是由于农村地区经济条件相对落后，可选择的商业活动较少，因此只能因地制宜，发展地方特色的商业经济，自雇可以充分调动农民的积极性，吸引农民加入进来，成本投入较低，对知识文化的要求也不高。改革开放后，义乌地区靠近经济发达地区，农业经济发展受限，只能进行经济结构调整，而义乌地区的以自雇起家的小商品市场在改革开放中逐步发展起来，义乌地方政府对此进行及时的保护和扶持，义乌小商品经济成为了义乌经济发展的支柱。义乌小商品市场的发展源自充分利用地方的特色，摆脱地方自然禀赋的约束，在市场经济中寻找到新的出路，为义乌经济发展开辟了一条新路。

（三）自雇促进产权制度的改革

义乌小商品市场的发展也是私有产权确认和保护的过程。在计划经济时期，所有的经济活动都是受到政府直接控制的，生产资料都归国家和集体所有，劳动产品的分配也是国家进行分配，没有私有产权的存在。改革开放包含了对产权制度的改革，从农村土地制度改革，到国有企业产权制度改革，最后到私有产权制度改革，这一过程也是民营经济逐渐成为社会经济发展的重要力量的过程。在以自雇起家的义乌小商品经济中，私有产权是其基本的元素，没有私有产权的保障，就没有义乌小商品经济的蓬勃发展。只有私有产权得到制度的保障，才能激发小商贩的积极性，保护市场经济发展的成果，促进市场经济主体地位的确立，这为义乌小商品经济走向全国奠定了制度基础。私有产权得到确认和保护，反过来进一步巩固了市场经济地位，促进了市场经济的发展，保障了小商贩的财产和权利，激发了市场经济主体的积极性。

四、问题探索与理论链接

以自雇起家的义乌小商品市场是我国改革开放过程中进行制度探索的一个缩影，也是地方特色经济发展模式在改革开放后获得进一步发展的成功范例。义乌小商品市场的发展历程对于当下我国经济发展有何启示呢？

下面就从三点来说明，一是做好因地制宜发展特色经济，二是做好制度保障和制度创新，三是做好政府和市场之间的平衡。

（一）做好因地制宜发展特色经济

以自雇起家的义乌小商品市场的发展历程是义乌地区根据本地方的历史传统和自然禀赋而自然形成的经济发展模式，具有内生性、群众性和根植性，该模式合理利用自身的历史文化传统，通过吸纳基层群众参与到经济发展的生态中来，根据自身的天然禀赋和自然条件，依靠发动基层群众进行商业经济的发展。这样一方面可以降低经济发展模式的试错成本，依靠成熟的商业模式和经商传统避免市场风险，快速获得竞争优势；另一方面可以充分调动本地的资源，形成专业市场，巩固自身的优势，形成核心竞争力。因此地方政府要实现本地经济社会的快速发展，要优先考虑本地的自然条件和社会商业传统，从中挖掘有效信息，培养本地的商业经济模式，才能扬长避短，因地制宜，并合理利用本身的资源，发动基层群众的积极性，促进产业集聚和产业链的形成，加快内部分工和专业化，产生合理的分工结构，从而形成规模经济，形成竞争优势，进而推动经济社会的全面发展。

（二）做好制度保障和制度创新

以自雇起家的义乌小商品市场的发展离不开制度保障和制度创新。在改革开放之初，面对以小商贩为主要群体的小商品经济，地方政府一开始并没有进行严厉打击，而是采取"睁一只眼闭一只眼"的策略。这种包容性的策略促进了小商品经济的发展，并且凭借专业化特色的小商品市场，在改革开放的过程中，成为了市场经济发展中与"温州模式"齐名的"义乌模式"。同时，政府顺应时代的发展进行了私有产权的保护，并且当小商品经济发展面临瓶颈以及宏观经济波动时，需要政府的介入帮助小商品经济规范发展，这时政府通过产业扶持以及各种优惠政策，稳定小商品经济的市场秩序，整治不良的经营行为，帮助小商品经济做大做强。任何一种新兴经济的初始状态都是不明确的，不稳定的，政府需要提供宽松的制度环境，在维护社会稳定的前提下使新兴经济自由发展。还需注意的是，当新兴经济发展到一定程度后，进入相对平稳的发展状态，这时候可能会出现瓶颈期，如出现行业乱象、市场风险增大等，为了保障其健康发展，这个时候需要政府介入规范其发展，推进市场的硬件完善、功能扩展和业态提升，促进经济健康发展。

（三）做好政府和市场之间的平衡

"义乌模式"之所以能够保持长期、健康、稳定、快速的发展，在很大程度上受益于做好了政府和市场之间的平衡，妥善处理好发展、改革与稳定的关系。义乌小商品市场的发展推动了义乌经济社会的进步，义乌的地方政府也响应经济发展的需要，大力扶持小商品经济发展，并且不断推进各个领域的改革，不断完善自身制度建设和政府治理理念，以适应小商品经济的快速发展，并同时注重保持社会的和谐稳定，为发展和改革创造良好的外部环境。如建设小商品市场，并通过一系列的优惠措施吸引客商，还可以使用减免租金、优惠税收等方式，以服务型政府的理念，为经济发展提供好的营商环境。在改革开放初期，为了妥善安置失业工人和进城农民，通过结合地区的特色，义乌地区发展小商品经济吸纳失业工人和进城农民，稳定社会经济。在维护劳动者合法权益、促进劳动关系协调和谐方面，通过党委领导的牵头组织，创造了"工会维权的义乌模式"①，受到了国家的表彰，通过改革创新，维护了社会的经济发展和繁荣稳定。政府的管理应跟随经济社会的发展，并不断通过改革来适应新的经济发展模式，以稳定全局为前提，这样才能实现地区经济的发展，才能充分保障经济社会健康、稳定、持续地运行。

五、问题讨论

（一）自雇在市场经济形成的过程中发挥了什么作用？
（二）义乌小商品市场的发展对于当下我国经济高质量发展具有哪些重要意义？
（三）义乌小商品市场成功体现了我国经济发展过程中政府扮演的哪些角色？

参考文献

包伟民，王一胜，2002. 义乌模式：从市镇经济到市场经济的历史考察 [J]. 浙江社会科学（5）：149 - 153.

鲍洪俊，2008. 义乌模式：已有研究和新的解释框架 [J]. 浙江学刊（5）：189 - 193.

陈立兵，2017. 失业、自雇与城市权利 [J]. 学习与探索（8）：141 - 146.

陈立兵，2018. 弱势群体自雇的必然性：原因与特征 [J]. 贵州社会科学（1）：118 - 123.

杜威漩，2009. 论中国农地产权制度的变迁：以农地家庭联产承包责任制的建立和变迁为例 [J]. 商业研究（2）：211 - 216.

董志勇，高雅，2018. 社会融合与农民工自我雇佣选择 [J]. 经济与管理研究，39（1）：33 - 45.

冯杨，周呈奇，2005. 市场秩序与政府干预：哈耶克的解读及其对新古典的批判 [J]. 南开经济研究（5）：7 - 13.

---

① 陆立军：《从"义乌模式"看中国的改革开放》，《中共中央党校学报》2008 年第 3 期。

关帼瑛, 2010. 我国农村剩余劳动力人口转移现状分析[J]. 人口与经济 (S1): 25-26.

何泷泉, 1994. 农民商人与义乌小商品市场: 从经营主体角度看义乌小商品市场的形成、特征与发展[J]. 浙江社会科学 (2): 101-104.

黄茂兴, 唐杰, 2019. 改革开放40年我国国有企业改革的回顾与展望[J]. 当代经济研究 (3): 21-31.

卡尔·马克思, 2018. 资本论 (纪念版): 第1卷[M]. 中共中央马克思恩格斯列宁斯大林著作编译局, 编译. 北京: 人民出版社.

卡尔·马克思, 弗里德里希·恩格斯, 1972. 马克思恩格斯全集: 第23卷[M]. 中共中央马克思恩格斯列宁斯大林著作编译局, 译. 北京: 人民出版社.

刘天祥, 2007. 专业市场形成与发展的制度求解[J]. 商业研究 (3): 187-189.

陆立军, 1997. 中国小商品城与农村经济发展的义乌模式[J]. 商业经济与管理 (6): 5-10.

陆立军, 白小虎, 2000. 从"鸡毛换糖"到企业集群: 再论"义乌模式"[J]. 财贸经济 (11): 64-70.

陆立军, 白小虎, 王祖强, 2003. 市场义乌: 从鸡毛换糖到国际商贸[M]. 杭州: 浙江人民出版社.

陆立军, 王祖强, 2008. 专业市场: 地方型市场的演进[M]. 上海: 格致出版社.

林赛燕, 2014. 产品内分工、价值链定位与"义乌模式"的发展[J]. 江西财经大学学报 (3): 5-10.

石丹淅, 赖德胜, 2013. 自我雇佣问题研究进展[J]. 经济学动态 (10): 143-151.

史晋川, 2005. 制度变迁与经济发展: "浙江模式"研究[J]. 浙江社会科学 (5): 17-22.

吴大新, 2013. 市场边界、国家治理能力与社会秩序: 对亚当·斯密经济自由思想的再解读[J]. 经济学动态 (12): 132-140.

吴意云, 朱希伟, 2008. 制度变迁中的商业传统: 关于义乌小商品市场兴起的一种解释[J]. 浙江学刊 (2): 32-39.

筱梦, 1995. 180万失业工人的"饭碗"在哪里?: 一个带给"国有企业改革年"的难题[J]. 调研世界 (2): 78-80.

郑勇军, 金祥荣, 1995. 农村制度变迁中的专业市场[J]. 经济学家 (1): 88-92.

袁志刚, 1997. 失业经济学[M]. 上海: 上海人民出版社.

BLANCHFLOWER D G, 2000. Self-employment in OECD countries[J]. Labour economics, 7 (5): 471-505.

HATFIELD I, 2015. Self-employment in Europe[R]. London: Institute for Public Policy Research.

KANANURAK P, SIRISANKANAN A, 2020. Financial development and self-employment[J]. International journal of development issues, 19 (3): 339-357.

案例五

"绿水青山就是金山银山"的绿色发展理念
——以浙江省安吉县白茶和翠竹为例

骆月丽

教学目的

使学生树立绿色发展理念,深刻了解发展经济不能以环境污染为代价,必须追求高质量的发展。

教学内容

介绍浙江省安吉县发展绿色产业的经济案例。

重点、难点:本讲的重点也是难点,即当产业发展到什么阶段才能践行绿色发展理念。

章前思考题:谈谈你对发展经济的同时不能牺牲生态环境的理解。

案例五 "绿水青山就是金山银山"的绿色发展理念——以浙江省安吉县白茶和翠竹为例

一、案例概要与教学目标

中国经济长期持续高速增长,但更多的是以资源和环境为代价的粗放型增长。靠山吃山是"竭泽而渔",困守青山是"缘木求鱼",粗放型增长模式难以为继,转变经济发展方式,把绿水青山转化为金山银山,是摆在新时代政府面前的一项长期而艰巨的任务。2005年8月15日,时任浙江省委书记的习近平同志在浙江省安吉县余村首次提出"绿水青山就是金山银山"的重要理念(简称"两山"理念)。十几年来,安吉县政府在"两山"理念的指引下,大力支持构建绿色发展管护、转化、共享的三大"绿色机制",全面推进美丽环境、美丽经济、美好生活的"三美融合",安吉县是充分践行了"绿水青山就是金山银山"的成功典范。

本案例从习近平同志"绿水青山就是金山银山"理念诞生地、中国美丽乡村发源地和绿色发展先行地——浙江省安吉县出发,介绍党和政府的绿色发展理念,解读"绿水青山就是金山银山"的辩证统一的科学内涵,剖析习近平同志提出的"绿水青山就是金山银山"所蕴含的生态文明思想,使学生深刻了解发展经济不能以环境污染为代价,坚定不移走好高质量发展之路。

二、案例内容

浙江省多山,安吉县尤甚。安吉县是浙江省西北部的一个山区县,除了山,还是山——人均耕地不足7分。在"以粮为纲"的年代,没有地,就没有一切。长期以来,安吉县一直戴着"穷帽子"。改革开放后,急于丢掉"穷帽子"的安吉县,把目光转向了工业,一时间,"村村点火、户户冒烟"。短时间内,石灰窑、砖厂、水泥厂等一大批企业纷纷建立,这期间安吉县的财政收入确实上去了。安吉县地区生产总值从1980年的1.72亿元,增加到1995年的29.81亿元,再到2000年的48.05亿元,1995年到2000年,5年年均增长率10.1%,略低于湖州市的10.7%。虽然经济总量有了显著提高,但生态环境却遭到了严重破坏,且代价是沉重的,青山被毁,河流被污染,矿区烟尘漫天,空气、水和耕地遭到严重污染。1998年,国务院对安吉县发出黄牌警告,并将其列为太湖水污染治理重点区域。

安吉县在党和政府的引领下,痛定思痛,转变经济发展方式,放弃粗放型发展模式,逐步探索"生态立县"的绿色发展新战略。安吉县委、县政府用壮士断腕的决心,全面整顿,毅然关闭了33家污染企业,包括占全县1/3税源的孝丰造纸厂。果断放弃"石头经济",关闭矿山企业,使243家矿山企业只剩下达标的17家。同时还实行严苛的企业落户政策,不符合绿色发展规定的企业一律不准落户。例如,印度尼西亚金光集团计划投资一个近50亿元的造纸项目,但因为环保问题被果断淘汰。

安吉县历届党委、县政府坚持贯彻将"生态立县"一张蓝图绘到底的绿色发展战略。从2003年开始,在治污的同时,安吉县全面推进"美丽乡村"建设——因地制宜开展村庄环境综合整治,全县首创的"五整治一提高"工程成为浙江省"美丽乡村"建设的模本。安吉县的努力,得到时任浙江省委书记习近平同志的重视,2005年8月15日,习近平同志冒着酷暑来到安吉县余村调研,走村串户掌握了第一手资料后,高兴地说,下决心停掉一些矿山，这是高明之举，鱼和熊掌不可兼得的时候，要知道放弃，一定不要再去迷恋过去那种发展模式，其实绿水青山就是金山银山。绿色转型初期，安吉县地区生产总值快速增长，从 2000 年的 48.05 亿元增长到了 2005 年的 88.96 亿元，并保持着年均 12.37% 的惊人增长速度，且人均地区生产总值也从 2000 年的 10741 元提高到了 2005 年的 19752 元，短短 5 年时间几乎增长了一倍。

以绿色发展理念为引领，坚定不移实施"生态立县、开放兴县、产业强县"的绿色发展战略。近年来，安吉县依托良好的生态资源禀赋，不断优化产业结构和区域布局，突出抓好农业主导产业进行培育，全县基本形成了翠竹、白茶、蔬菜、畜禽、水产、蚕桑等六大特色优势产业。从"牺牲环境换取增长"转变到"保护环境优化增长"。如今，安吉县已经发展成为了浙江省西北部一个极具发展特色的生态县，矿山被绿色环绕，呈现出一幅原生态的美景，素有"中国第一竹乡"之称的美誉。安吉县走出了以白茶和翠竹等为代表的发展绿色产业之路。

产业富民，擦亮白茶名片。从 20 世纪 80 年代中期开始，安吉县溪龙乡推广种植的"白叶一号"，在近 40 年中，经历了品种繁育、种植扩面、品牌推广和产业转型的深刻变革，从一株千年"白茶祖"发展成为规模茶园，截至 2021 年，安吉县白茶种植面积超 133 平方千米，年产量 2008 吨，总产值约 31.13 亿元，为全县农民人均增收约 8600 元，是首屈一指的富民产业。安吉县已成为商品茶原产地之一，目前已建成国家级安吉白茶产业示范园。在"生态立县"的新发展格局下，安吉县委、县政府坚持绿色转型发展，做大做强安吉白茶。安吉白茶从无到有，从"区域金牌""全国名牌"走向"世界品牌"。从 2003 年到 2021 年，安吉白茶的面积、产量、产值分别增长了 7.02 倍、14.39 倍和 19.75 倍。安吉白茶有一套从茶园到加工、到销售、到品牌、到溯源的高效绿色发展模式。为加强原产地管理和质量监管，创新实施了"安吉白茶金溯卡"质量安全管理机制，对现存所有安吉白茶协会成员单位统一编码、统一印制防伪标识，实现了安吉白茶的全程跟踪与质量溯源。

放弃粗放发展，一张蓝图绘到底。安吉白茶的成功，不仅依靠独特的资源优势，还在于党和政府放弃"灰色"发展，选择"绿色"发展，树立了把"绿水青山"转化为"金山银山"的绿色发展理念。安吉白茶可持续快速发展的趋势，得益于安吉白茶的品牌建设，而其品牌建设的核心就是在全国首创了"母子商标"品牌模式，即安吉白茶认证商标加企业商标，形成"母商标"加"子商标"的管理模式，以"母商标"树立区域品牌形象，以"子商标"明确生产权责。安吉白茶首创的"母子商标"管理模式，成为全国唯一取得"中国驰名商标"和"中国名牌农产品"的区域公用品牌。2018 年，安吉白茶在获得"中国地理标志证明商标""地理标志产品保护"的基础上，再次通过了我国农业农村部"农产品地理标志"认证，这标志着安吉白茶从产地、产品到品牌得到全方位、全领域、全覆盖的知识产权保护。2019 年 11 月 14 日，在第十七届中国国际农产品交易会的全国农业品牌专场上，安吉白茶作为浙江省唯一代表登台亮相，展现在全国舞台上。随后，安吉白茶这张名片可谓名声大噪，2020 年 7 月 20 日，安吉白茶入选"全国首批中欧地理标志协定保护名录"；2022 年 11 月 29 日，"中国传统制茶技艺及其相关习俗（安吉白茶）"成功入选联合国教科文组织人类非物质文化遗产代表作名录；2023 年 3 月 9 日，安吉白茶在浙江大学中国农村发展研究院中国农业品牌研究中心发布的《2022 中国地理标志农产品品牌声誉评价报告》中被授牌"品牌声誉十强"称号，在茶叶类地标品牌中荣获第二名；2023 年 4 月 12 日，安吉白茶还在"2022 年中国茶叶区域公用品牌价值评估"中位列"最具品牌传播力的三大品牌"之一。

除了白茶,安吉县还是以"竹"闻名的"中国竹乡"。翠竹已是安吉县绿色发展的另一张响亮的名片。在守住"绿水青山"的前提下,安吉县进一步夯实经济基础,大力发展翠竹产业,从卖竹扫把到做种类繁多的竹科技产品,安吉翠竹的"身价"已经从以前每百斤不足6元上升到每百斤60多元。全县已形成了竹结构材料、竹装饰材料、竹日用品、竹纤维制品、竹化学加工材料、竹木加工机械、竹工艺品、竹笋食品等八大系列产品格局。全县现有竹产品企业2000余家,约13万人从事与翠竹相关的产业,安吉翠竹产品高达3000多个品种。安吉翠竹产品小到"竹名片",大到"竹家具",涵盖生活中的方方面面。比如,餐厅中的啤酒杯是翠竹做的,宾馆盥洗的毛巾、内衣是翠竹做的,在安吉县,U盘的外壳也是用翠竹做的。此外,安吉县以翠竹为原料的椅业年产量3000万把,占据国内市场份额1/3以上,出口量占全国1/2,素有"中国椅业之乡"之名。竹地板产量占世界产量的50%以上,安吉县也有"中国竹地板之都"的美誉。并且,安吉县竹工机械制造业占据了80%的国内市场并出口多个国家和地区,年销售收入亿元以上的企业就有11家。

此外,安吉县还是全国面积最大、散生竹和混生茎竹种最多的县城,拥有众多"竹海"景观,还有极具当地特色的"百笋宴",可谓是"竹山竹海竹世界"。由于强力打造竹文化,每逢周末,安吉县的山水间到处可以看到嬉戏、漫步的外地游客的身影。安吉县目前已建成"中国美丽乡村"精品村177个,15个乡镇实现全覆盖,总覆盖面达到100%,呈现出"一村一品、一村一韵、一村一景"的大格局。经过将绿色产业与旅游发展相融合,安吉县成为了发展绿色旅游的典范。这期间,来安吉县旅游的游客从2010年的648万人次迅速提高到了2019年的2807.4万人次。受疫情影响,2020年旅游人次有所下降,但仍保持在2221.69万人次的高位水平,2022年达2721万人次。安吉县的旅游年收入也呈逐年递增的趋势,从2010年的35.18亿元,到2014年的127.53亿元,再到2019年的388.2亿元,增长了11倍左右,2022年旅游收入达393.3亿元,创历史新高(图5.1)。与此同时,绿色产业与绿色旅游的发展,促使安吉县财政收入显著提升。安吉县财政总收入由2010年的23.5亿元增加到2020年的100.1亿元,高出全省平均水平。此外,由表5-1可知,安吉县农村居民人均可支配收入从2010年的12840元增加到2022年的42062元,同期人均可支配收入增长率高于城市居民。

表5-1 2010—2022年安吉县城乡居民收入水平

年份	城镇		农村	
	人均可支配收入(元)	同比增长(%)	人均可支配收入(元)	同比增长(%)
2022	68446	4.1	42062	6.5
2021	65750	10.5	39495	10.6
2020	59518	4.5	35699	6.6
2019	56945	8.2	33488	9.6
2018	52617	9.1	30541	9.5
2010	25205	—	12840	—

数据来源:安吉县历年《国民经济和社会发展统计公报》和《浙江统计年鉴》,经作者整理获得。

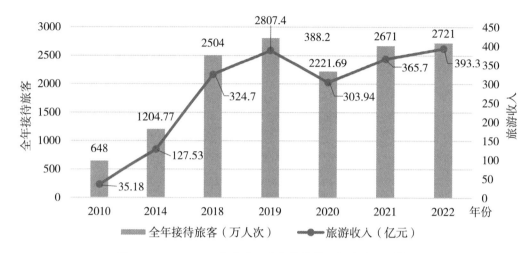

图 5.1　2010—2022 年安吉县全年接待游客与旅游收入情况

数据来源：安吉县历年《国民经济和社会发展统计公报》和《浙江统计年鉴》，经作者整理获得。

注："—"表示数据缺失。

安吉县选择了绿水青山，但是如何让绿色常驻，碧水长流？如何在守住"绿水青山"的前提下，保持经济的可持续发展？安吉播绿，不仅在白茶和翠竹，还把"绿"植根于每个人的心田。"十年树木，百年树人"，小树成材需要十年，而要使大地葱茏，十年远远不够。安吉县的孩子，上学第一课就学水土保护。当地教育部门将《生态文明地方课程》作为必修课，共 10 个课时。"生态县、人人建、爱环境、洁家园……"——48 字的《生态安吉县民守则》，像三字经一样朗朗上口，孩子们熟记于心。每月一次生态日，每月一次环境综合整治，都已成为安吉县全县居民的惯例。

为了护"绿"，安吉县在制度化建设方面狠下功夫，实现了山水治理从"环境保护"跃升到"生态文明"的新高度，使居民真切感受到了拥有"绿水青山"的幸福感。为了实现"生态文明"，安吉县除了在生产中严禁对生态造成破坏，还进行了一系列"美丽乡村"规范化探索，全力改变居民生活中"房屋散乱搭，道路拧麻花，污水靠蒸发，垃圾靠风刮"现象，全面实施城乡垃圾分类制度，截至 2022 年，95% 的行政村实现"垃圾不落地"。安吉县在浙江省全省率先实现全县行政村农村生活污水处理覆盖率达 100% 的标准，高标准推进"五水共治"，率先落实"河长制"，全面剿灭劣 V 类水。2013 年，安吉县又发出"禁药令"，草甘膦等高毒、高残留农药，不准进入安吉县销售使用，安吉县竭力实现农产品无害化，又走到了全国前列。此外，安吉县全力建立健全"千村示范、万村整治"工程长效推进机制，实行"财政补一点、镇里配一点、村里凑一点"三级资金筹措模式，设立 5000 万元财政引导资金，有效推动以改路、改房、改水、改厕、改线及环境美化为主要内容的村庄环境整治。安吉县政府还支持打赢蓝天保卫战，协调安排专项资金用于秸秆综合利用工作，这进一步提高了全县秸秆利用率，全县秸秆利用率提高至 94.79%。

安吉县全面践行习近平生态文明思想和"两山"理念，安吉县还有什么新变化？

第一，积极探索多元化生态保护补偿机制。自 2012 年起，设立每年 2500 万元的水源地保护专项资金，用于重大水源地的水质保护、封山育林补贴及水库库面保洁等方面。2018

案例五 "绿水青山就是金山银山"的绿色发展理念——以浙江省安吉县白茶和翠竹为例 | 83

年将专项资金提高至 4500 万元，探索创新生态补偿机制，以绿色发展"转化"机制发展绿色经济。

第二，大力支持构建绿色发展管护、转化、共享三大"绿色机制"，全面推进美丽环境、美丽经济、美好生活"三美融合"。以绿色发展"管护"机制守护美丽环境，推行全链条生态治理和生态保护制度，探索构建以绿色地区生产总值为主导的考核体系，生态文明建设权重占乡镇党政实绩考核 40% 以上，对以生态保护为主的乡镇，不再考核财政收入、招商引资等指标。实施乡镇党政领导干部自然资源资产离任审计，建立健全 5 大类、56 项审计指标体系。探索推行企业环境污染责任险制度，将企业环境污染损害风险纳入保险机制。

第三，高效推进要素市场化配置，打好高质量发展改革组合拳。实施企业亩均效益综合评价与资源要素差别化配置，推动资源要素向优质高效领域集中，引导社会资本投向现代绿色农业，促进安吉白茶产业全面发展。并且借助翠竹产业发展，大力发展生态旅游，助力探索"全域旅游"模式，大力推进休闲农场、森林康养、田园综合体等旅游新业态发展，以绿色发展"共享"机制创造美好生活。

第四，创新基层社会治理模式，构建基层社会治理新格局。全面推进"民主法治村"建设，探索建立"支部带村、发展强村、民主管村、依法治村、道德润村、生态美村、平安护村、清廉正村"的乡村治理新模式。建立健全"众人事情众人商量""群众说事室""两山议事会"等基层协商议事机制，引导居民有序参与、依法自治。

第五，建立并完善生态惠民机制，共创共享绿色发展成果。依托美丽生态优势，探索打造生态惠民的"一带一路"（美丽乡村精品观光带、四好农村路），深化农村产权制度改革，撬动社会资本进入绿色生态产业领域，其中鲁家村以 3 亿元的财政配套资金撬动几十亿元社会资本参与田园综合体项目建设，用一辆"小火车"串起村庄"大景区"。大力发展绿色普惠金融，创新成立浙江省"两山农林合作社联合社"，通过"财政资金+配套资金"的模式形成风险资金池，为绿色农业产业主体信贷提供保证，积极探索林地、耕地保护补偿（奖励）机制，大力推动经济林变成生态公益林，每亩补贴从 7 元增加到 30 多元，让生态涵养区居民享受到实惠。

综上所述，安吉县完美展现了"两山"理念的魅力，打开了"绿水青山"转化为"金山银山"的通道，助力安吉县实现了从"一域美"到"全域美"，"形态美"到"发展美"，"外在美"到"内涵美"的转变。可见，有了绿色发展理念的指引，同样是"靠山吃山"，内涵却有了本质的区别。安吉县以前的"靠山吃山"，是以牺牲环境来换取经济增长。现在"靠山吃山"，是通过保护环境来优化经济增长。自 1998 年安吉县被国务院黄牌警告且将其列为太湖水污染治理重点区域开始，安吉县逐步踏上了绿色发展道路。绿色发展并未导致安吉县经济的滑坡，反而建立了长期可持续发展的"生态立县"道路。由表 5-2 可以看出，在绿色转型前与过渡时期，即 1980—2000 年期间，安吉县地区生产总值不超过 50 亿元，且地区生产总值增长率大多低于所在市的平均水平，占整个湖州市地区生产总值的 13% 左右。通过产业的转型升级，安吉县地区生产总值从 2005 年的 88.96 亿元，快速提升到了 2021 年的 566.33 亿元，年均增长率高达 10.46%，且年均增长率高于全市平均 9.75% 的水平。

可见，安吉县走出了人与自然和谐，生态文明与经济建设和谐的绿色发展之路，在经济高速增长、人均收入水平大幅提升过程中，实现了"山峦青翠、河流清澈、空气清新，经济结构合理、社会和谐稳定、人居环境优美"的"生态安吉，美丽乡村"，实现了经济发展与生态环境保护的双赢发展格局。安吉县斩获"联合国人居奖""国家级生态县""美丽中国最美城镇"等美誉,成为贯彻绿色发展理念的成功典范。

表 5-2　湖州市与安吉县的相关统计数据

年份	湖州市				安吉县			
	地区生产总值（亿元）	地区生产总值增长率（%）	人均地区生产总值（元）	人均地区生产总值增长率（%）	地区生产总值（亿元）	地区生产总值增长率（%）	人均地区生产总值（元）	人均地区生产总值增长率（%）
1980	12.23	8.4	548	6.4	1.72	6.2	434	—
1985	24.81	20.1	1072	19.0	3.24	15.9	786	15.1
1990	54.99	5.4	2247	4.5	6.06	1.0	1398	13.2
1995	215.76	10.0	8569	9.3	29.81	17.0	6706	16.5
2000	325.23	9.6	12733	9.4	48.05	10.2	10741	10.1
2005	642.89	13.6	24977	13.5	88.96	13.0	19752	12.4
2010	1385.48	12.2	53375	11.8	197.02	11.5	43075	11.2
2011	1579.40	10.7	60627	10.4	226.35	10.8	49347	10.5
2012	1748.11	9.8	66922	9.5	253.80	10.2	55224	10.0
2013	1930.78	9.0	73712	8.7	281.93	11.0	61201	10.2
2014	2083.95	8.4	79196	7.9	293.34	8.0	63381	7.5
2015	2223.06	8.3	84287	8.0	324.17	8.9	69868	8.6
2016	2391.14	7.6	90478	7.4	348.75	9.1	74982	8.8
2017	2607.86	8.5	98227	8.0	390.37	9.9	83530	9.4
2018	2881.21	8.2	108072	7.7	433.25	8.3	92258	7.8
2019	3122.43	7.9	116807	7.6	469.59	7.8	99612	7.3
2020	3201.40	3.4	119632	3.1	487.06	4.3	103841	4.0
2021	3644.87	9.5	135862	9.3	566.33	10.8	119533	10.6

数据来源：湖州市统计局，经作者整理获得。
注："—"表示数据缺失。

三、案例简评

（一）安吉县践行"两山"理念，以绿色产业升级经济结构

安吉之美，在乎山水；绿水青山，在乎可持续发展。2005年，时任浙江省委书记的习近平同志在安吉县余村，首次提出了"两山"理念。正是在"两山"理念的指引下，安吉白茶和翠竹产业始终保持高速增长的发展态势。

"咬定青山"才有"金山银山"。安吉白茶已成为富民产业的典型代表，目前已基本形

成种植生态化、加工规模化、包装特色化、经营品牌化和茶产业、茶经济、茶文化协调发展的现代产业体系，可谓"一片叶子成就了一个产业"。安吉白茶产业的发展有力地带动了当地农业增效、农民增收。安吉县依托生态茶园的特色资源，融合采摘体验、文体休闲、旅游观光、影视拍摄等，建成白茶祖圣境、宋茗茶博园等景区，建成了一批集采茶、制茶、品茶、购茶及观茶艺、学茶道为一体，以白茶特色为主基调的休闲设施，实现了绿色产业的结构升级，打造了"一片叶子富了一方百姓"的绿色发展道路。

安吉县的翠竹产业，同样也是经济生态化和循环经济的成功案例。从根到叶、从物理利用到生化利用，安吉县已形成翠竹产业配套完整的产业链，打造了竹结构材料、竹装饰材料、竹日用品、竹纤维制品、竹化学加工材料、竹木加工机械、竹工艺品、竹笋食品等多元化绿色发展的产业格局，创建了以低消耗、低排放、高效益为基本特征的经济生态化发展模式。此外，"中国竹乡安吉白茶飘香二日游"被评为浙江省休闲农业与乡村旅游精品线路，这进一步提升了安吉白茶和翠竹的产业价值，实现了茶园和竹海向景区的转变，助推绿色发展与经济结构转型升级协调并进，最终将"绿水青山"变成"金山银山"。

（二）安吉县践行"两山"理念，推动绿色高质量发展

绿色的理念、绿色的生态、绿色的产业、绿色的方式、绿色的发展，是安吉县生态文明之魂。安吉县形成了有活力的"绿色生态体系"，这是国家可持续发展实验区建设的重要成果。安吉县还探索了循环经济发展模式，通过"腾笼换鸟"淘汰高能耗、高污染产业，推进新兴产业发展：实施生态农业高端化战略，建立现代农业体系；实施生态工业高新化战略，建立现代工业体系；实施休闲产业高端化战略，建立现代服务业体系。

自党的十八大以来，安吉县坚持把农业绿色发展作为推动乡村振兴、践行"两山"理念的重要抓手，从夯实绿色发展根基、提升绿色生产优势、强化绿色品牌打造等方面着手，探索出一条生态优先、绿色兴农的新道路。第一，在生态工业上，依托安吉白茶和翠竹的高效绿色发展模式，着力打造"2+多元化"绿色发展体系，形成"安吉白茶+"和"安吉翠竹+"绿色产业组合拳，大力发展与中国美丽乡村相适应的特色休闲农业，不断赋予绿色发展新内涵，积极探索生态型循环经济发展新道路。第二，在生产全链条上，抓好农业面源污染治理，夯实绿色发展根基。致力于源头减量、末端利用，加快产业转型升级。一方面，建立农资信息化系统，实行化肥、农药实名制购买和定额制施用，全面推广有机肥替代化肥、水肥一体化等节地节水节肥技术。另一方面，大力推广秸秆肥料化、饲料化、基料化、原料化和燃料化"五化"利用模式，将农业产业打造成为生态高效、产品安全、资源集约、环境友好的新型现代农业产业。第三，推进标准化建设，强化绿色品牌打造，提升绿色生产优势。首先，重点围绕茶叶、翠竹、粮食等主导产业，实施农业标准化"入企进社进场"工程，全面推进标准化体系建设。其次，全力推进农产品区域公用品牌建设，不断深化"生产、加工、销售、融合"的全产业链布局，实现从卖原料到初加工，再到深加工的多层次跨越。最后，结合特色旅游资源，发展休闲农业和乡村旅游等个性化、体验式农村电子商务，推进本地农产品实施优质优价、线上线下联动的销售模式，有效推动产业绿色高质量发展。

(三) 安吉县践行"两山"理念，推进人与自然和谐共生

"两山"理念是习近平同志对可持续发展战略、科学发展观的深刻解读，是对绿色生活和生产方式的形象表达，是对经济发展和生态环境保护辩证关系的高度概括。2020 年是全面建成小康社会和"十三五"规划收官之年，是"两山"理念发表十五周年。安吉县始终践行绿色发展理念，开放水平不断提高，产业结构更趋优化，绿色经济助推绿色农业高效发展，生态示范区建设步伐加快。安吉县在产业转型过程中，以安吉白茶和翠竹为主导产业，充分利用当地的"绿水青山"资源，实现了资源的合理配置和优化升级。安吉县绿色发展的成功，用实践回答了我们需要什么样的发展观，点明了人与自然和谐发展的方向和路径，诠释了"两山"理念的真谛。环境就是民生，青山就是美丽，蓝天也是幸福。安吉县不仅践行"两山"理念的发展观，而且充分践行促进人与自然和谐共生的生态观。

安吉县的发展，提供了破解我国当前"绿水青山"资源有限情况下，如何实现绿色发展和资源环境保护问题的途径，指明了未来经济发展和努力的方向，即把生态文明建设摆在经济发展过程中的突出位置。生态环境保护与经济发展并不矛盾，只要认真贯彻绿色发展理念，实现经济发展方式转变与环境污染综合治理、生态保护修复、资源集约利用相结合，推动生态文明制度建设和人与自然的和谐共生，绿水青山就是金山银山。

四、问题探索与理论链接

"两山"理念蕴含了丰富的科学内涵，深刻揭示了马克思主义生态哲学观，生动诠释了绿色发展理念，充分体现了经济增长与环境保护和谐统一的可持续发展观。安吉县绿色发展道路的案例是充分贯彻"两山"理念的成功典范，阐释了通过绿色发展模式、生产方式以及生活方式，把生态环境与资源优势转化为现代经济发展优势，进而实现了地区经济的高质量发展。安吉县绿色转型的发展模式说明，现实中可以实现经济增长与生态环境保护齐头并进。同时，在实现绿色经济持续发展过程中，还需结合不同地区资源特征，同步推进地区空间布局优化、改善生态环境质量与完善生态治理体系，进而实现社会进步、人与自然的和谐相处。

(一) 马克思主义生态哲学观及其中国化

马克思主义生态哲学观认为，生态系统是人类与自然环境所构成的一个相互依存、相互影响的有机整体（赵建军和杨博，2015）。人类的发展过程，是人与自然和谐相处的发展过程。人与自然关系的思想，是马克思主义生态哲学观的重要内容。马克思认为，自然是人类存在和发展的基础，人是自然界的一部分，人不能脱离自然而存在[①]。"两山"理念坚持马克思主义本体论、认识论、实践论和价值论立场，是用马克思主义生态哲学观指导中国生态文明建设的重要理论成果，也是马克思主义生态哲学观中国化的具体呈现。"绿水青山"与"金山银山"之间的关系，本质上反映了人与自然的关系，只有在守护好"绿水青山"基础

[①] 马克斯、恩格斯：《马克思恩格斯文集》（第一卷），中共中央马克思恩格斯列宁斯大林著作编译局编译，人民出版社，2009，第 602 页。

上改造和利用自然资源,这样创造的经济财富才能反过来回馈自然,促进人类发展,实现良性的人与自然的和谐发展,实现经济和社会的和谐发展。

马克思主义生态哲学观认为自然规律体现了事物发展的客观性,人在经济活动中发挥着主观能动性,人与自然的主客观相统一,共同实现了社会发展的辩证统一。"绿水青山"与"金山银山"是经济发展中的矛盾双方,体现了生态环境保护与经济发展之间的对立与统一。其中,"绿水青山"是人类在社会生产生活中对良好生态资源的追求,而"金山银山"是人们对物质财富和美好生活的向往。马克思主义生态哲学观认为,"绿水青山"与"金山银山"之间并不是非此即彼的对立关系,也不是鱼和熊掌不可兼得的取舍,而是能够实现和谐共存的辩证统一体。

此外,"两山"理念体现了马克思主义生态哲学观客观性与主观性的统一。一方面,客观性是指人与生态环境之间的自然规律、社会规律和生态规律,强调了现实规律发展的重要性。"两山"理念中的"绿水青山"体现了人与生态环境之间的客观规律性,也反映了生态资源自身固有的价值。另一方面,主观性是指人类可以主动选择经济发展方式,创新社会发展的路径与方式。"两山"理念就是在遵循自然规律、人类自身发展规律和社会发展规律的基础上,获得物质财富,实现精神需求,是客观性与主观性的辩证统一。这样能够最大限度地使生态环境得到保护与发展,从而提升生态文明建设水平。

矛盾是事物发展的动力和源泉。马克思主义生态哲学观认为,"绿水青山"和"金山银山"虽然是经济发展中的矛盾双方,但二者也在辩证统一中推动着社会发展。当社会发展到一定程度时,量变引起质变,矛盾双方在一定条件下相互转化。实践表明,经济增长就是财富"量"的不断积累与发展,当社会财富积累到一定程度后,会导致人们对经济增长方式和生活方式认知的转变。向着追求更好人类文明方向发展,认知的高级化又反过来促进社会发展,形成良性循环。习近平同志提出的"两山"理念,深刻揭示了生态环境保护与经济发展的辩证统一关系,这正是马克思主义生态哲学观的具体呈现,也是马克思主义生态哲学观的中国化实践。由此可见"两山"理念不仅强调了"绿水青山"与"金山银山"的双重目标的重要性,而且强调了不能顾此失彼,需要保持一种与时俱进的思想和眼光来认识二者,从而实现二者之间更高层次的平衡与发展,最终实现经济发展与环境保护的和谐统一。

马克思认为:"劳动不是一切财富的源泉。""自然界同劳动一样也是使用价值(而物质财富就是由使用价值构成的!)的源泉"[①]。恩格斯也同样认为:"劳动和自然界在一起才是一切财富的源泉,自然界为劳动提供材料,劳动把材料转变为财富"[②]。"两山"理念中的"绿水青山"是自然生产力,"金山银山"是社会生产力,"两山"理念体现了自然生产力与社会生产力的有机融合。生产力是社会发展的最终决定力量,自然生产力和社会生产力共同推动社会发展。

由此可见,"两山"理念从保护生态环境与提高生产力发展的高度,全面阐述了生态文明建设与生产力发展之间的关系。这意味着,保护生态环境就是保护生产力,改善生态环境就是

[①] 马克思:《哥达纲领批判》,中共中央马克思恩格斯列宁斯大林著作编译局编译,人民出版社,2018,第8页。

[②] 马克思、恩格斯:《马克思恩格斯文集》第九卷,中共中央马克思恩格斯列宁斯大林著作编译局编译,人民出版社,2009,第550页。

发展生产力。"两山"理念符合中国经济发展的现实规律，极大地丰富了马克思主义生态哲学观，发展了马克思主义生产力理论，是马克思主义中国化的原创性贡献。它确立了生态环境发展与提高生产力的新理念、新思想，更加符合当前中国经济转型升级发展的现实需求。

（二）"两山"理念的科学内涵

"两山"理念解释了我国生态环境保护与经济社会发展之间辩证统一的关系，是马克思主义生态哲学观中国化的最新成果，也是习近平生态文明思想的核心内容与最终落脚点（李杨，2021；周向军和童成，2023）。"绿水青山"有狭义和广义之分。狭义上的"绿水青山"，是指人类赖以生存的自然资源、良好的生态环境，包括山、水、林、地等自然环境和资源，还包括人类可以直接消耗的自然资源。广义上的"绿水青山"涉及生态系统的结构、功能的完备性以及良好的生态循环系统，还包括人类精神层面间接消费的生态产品与服务。"绿水青山"为人类提供了丰富的生存生产资料，同时兼具了保水固土、净化环境和调节气候等生态功能，也蕴含了改善人类生活质量与精神文化的内涵。"金山银山"指物质财富和经济收入，也意味着能够满足人民美好物质生活和精神文化生活的财富。"两山"理念是习近平同志长期对生态环境保护和经济发展实践的理论升华，也是马克思主义生态哲学观中国化的重大理论创新，阐述了"以人民为中心"的绿色发展理念，是生态文明建设实践中的重要理论指引。

一方面，"绿水青山"是"金山银山"的必要条件，没有生态资源，就不能获得经济和社会财富，生态资源是社会经济可持续发展的基本前提。我们应当推动生产方式转变，实现由消耗生态资源增长方式向绿色生态发展方式转变，并加快粗放型经济向集约型经济转变的步伐。生态资源的总量是有限的，资源是稀缺的，不可能无条件、无限制地满足人类发展的需求。过去中国粗放型的经济增长方式已经造成了严重的环境污染，消耗了大量生态环境资源，发达国家"先污染后治理""先浪费后节约"的工业化发展模式不适合中国的国情。当前，中国正处于社会发展与物质资料需求旺盛的阶段，这要求我们正视经济发展与生态环境保护的关系，正确处理人与自然的关系，保护好生态环境。因此，我们应推动生产方式转变，实现在有限资源基础上的高质量发展。

另一方面，"绿水青山"不是"金山银山"的充分条件，即生态环境好并不意味着经济发展也好。大部分自然资源丰裕的地区经济发展欠佳，这表明拥有"绿水青山"并不必然意味着可以实现"金山银山"。"绿水青山"是宝贵的自然资源，但"绿水青山"不会自动变成经济和社会财富，要让"绿水青山"成为"金山银山"，需要通过人类科学合理地利用自然资源。在"绿水青山"与"金山银山"的统一与转化过程中，涉及资本、劳动、技术和制度等要素的影响，这要求充分实现要素间的优化与协调，从而转变经济发展方式，如此才能将生态环境优势转化为经济社会发展优势，实现"绿水青山"向"金山银山"的转化，实现绿色发展。转变经济发展方式，需要依托"绿水青山"的自然资源优势，将当地自然资源产业化、产业生态化，大力发展生态农业、生态工业、生态旅游业，倡导发展绿色经济、循环经济和低碳经济，推动经济高质量发展。

（三）"两山"理念所蕴含的习近平生态文明思想

"两山"理念是可持续发展理念的延伸，是新时代绿色发展理念的高度浓缩，是循环经济的精髓所在，是生态文明建设的指导思想，且已上升为治国理政的基本方略和重要国策。习近平同志自2005年首次在安吉县余村提出"两山"理念以来，多次强调了经济发展中需重视"两山"理念。"两山"理念发源于安吉县，实践于全国，从提出到完善，从理论创新到实践探索，"两山"理念不断形成、发展与深入，成为推动我国生态文明建设的重要理论指南和根本实践遵循。"两山"理念来源于实践探索，又反过来推动实践探索，有着深厚的哲学根基。在我国，"两山"理念生动形象地揭示了经济社会发展方式转变的科学路径，深刻阐明了生态环境保护的重要性，同时全面解答了经济社会发展和生态环境保护的关系。"两山"理念认为，要保护生态环境但不能放弃发展，要发展但不能对资源和生态环境造成破坏，要实现"在发展中保护、在保护中发展"的和谐统一，实现人与自然的良性共生。

"两山"理念同时也纠正了传统观念中对经济发展与环境保护关系的片面观点。传统观念认为，保护生态环境就会降低生产效率，甚至阻碍生产力发展，或者发展生产力就得以牺牲生态环境为代价。"两山"理念纠正了这种片面思想，认为生态环境不仅是生产力的最基本要素，而且还会促进生产方式与生产力结合，提高生产力的发展水平。生产力发展水平提高后，会创造更多的经济和社会财富，这又反过来通过积累的社会财富进一步促进生态环境的改善，且成为保护生态环境的资本与可持续力量。

习近平同志提出的"两山"理念，充分体现了经济发展与生态环境保护相统一的理念。党的二十大报告指出，大自然是人类赖以生存发展的基本条件。尊重自然、顺应自然、保护自然，是全面建设社会主义现代化国家的内在要求。必须牢固树立和践行绿水青山就是金山银山的理念，站在人与自然和谐共生的高度谋划发展。人类从自然环境中获得财富的同时，需要保护自然环境，保护自然环境就是保护人类，建设生态文明就是造福人类。这便是习近平新时代中国特色社会主义思想中蕴含的生态观。习近平同志提出的"两山"理念中蕴含的生态智慧，有别于西方学者提出的生态危机理论，二者虽在内涵上有部分交叠，但有着本质的区别。西方学者提出的生态危机理论，在继承和发展了经典马克思主义的资本主义危机理论后，力图探索和阐释人与自然之间矛盾的化解之道。这些西方学者认为生态危机的形成原因复杂，既有思想观念的原因，也有社会制度的原因。且他们的研究对象是资本主义制度，他们深入剖析了资本主义矛盾和资本主义生产方式，重点对资本主义制度的生态批判进行分析。而"两山"理念基于中国的绿色发展理念，有其自身的特殊性和阶段性，是对马克思主义生态哲学观的中国化，对人民正确、深入地认识生态文明发展有着重要的指导意义。"两山"理念是中国绿色发展理念的通俗表达，回答了什么是绿色发展，怎样绿色发展的问题，强调了以人民为中心的生态文明建设内涵。

"两山"理念有着丰富的内涵，要真正理解"两山"理念的内涵，需要将经济发展与保护生态环境二者的关系划分为三个层次来认识。第一层次，在社会经济发展水平还比较低的时候，国家或地区主要以经济增长为先导，生态环境处于相对次要位置。为了快速积累财富，国家或地区会投入大量生产要素，追求粗放型的经济增长。这时期，一味追求高速的经济增长，用"绿水青山"换取了短暂的"金山银山"，实现了阶段性的财富积累，但造成了大量的污染，导致生态环境遭受破坏，这造成了发展的不可持续。第二层次，"既要绿水青山，又要金山银山"。生态环境和自然资源成为经济发展的瓶颈时，人们会认识到生态环境的重要性，从而强调经济发展过程中对生态环境的保护。然而，既要经济增长，又要保护生态环境是非常困难的，经济增长与环境恶化、资源匮乏之间的矛盾会越来越明显。在追求经济增长的过程中，生态环境会受到破坏，注重保护生态环境，经济发展又会受到资源的约束。为此，面对"既要绿水青山，又要金山银山"的冲突和矛盾，"两山"理念强调了选择不以破坏生态环境为代价的经济发展道路，抓住了问题的主要矛盾，从深层次的生态文明建设角度，引领人们走向了更高的第三层次："宁要绿水青山，不要金山银山"。

"宁要绿水青山，不要金山银山"体现了保护生态环境的重要地位，在面临经济发展与保护生态环境的冲突与矛盾时，必须把保护生态环境放在首位，既不能采取以牺牲环境来换取经济财富的发展方式，也不能重蹈覆辙选择"先污染后治理"的老路，其中隐藏了短期经济增长与长期经济发展之间的矛盾。第三层次的认识强调了如果没有"绿水青山"，就不可能有"金山银山"，把"绿水青山"本身视为可以转化成"金山银山"的生产力和生产要素。"绿水青山"作为生产力和生产要素可以创造"金山银山"，"绿水青山就是金山银山"。这是对经济发展与保护生态环境认识的再升级。从"二元论"转变到"重点论"再发展到"统一论"，是对马克思主义生态哲学观的中国化，是绿色发展理念的辩证转变。因此，"两山"理念包含了政治、经济、生态、社会和文化五大维度，是对第一层次与第二层次认识的升华。生态文明建设需立足绿色发展理念，我们应把生态文明建设融入经济、政治、文化和社会建设的全过程，做到"两山"相融。

"绿水青山"的结果是"金山银山"。打造"绿水青山"的商业模式，同时与新型城镇化、特色小镇、乡村振兴、大健康等战略相融合，是我国经济可持续发展的基础。此外，中国的发展必须走出一条实现绿色发展与生态文明建设和谐发展的现代化新路。绿色发展理念是一种区别于传统高耗能、高污染、高浪费和低产出的经济增长理念，体现了坚持人民主体地位和实现以人民为中心的发展思想，根本目标是保障人民生态环境权益，并最终实现全面而自由的高质量发展。绿色发展与生态文明建设和谐发展的道路，是一种尽可能地少排放对人和环境有害的污染物质的发展道路，应努力践行低碳生活，使人们生活富裕的同时，大家能从"绿水青山"中欣赏到美丽的自然景观，并从中得到精神愉悦。可见，践行"绿水青山"就会有"金山银山"的回报，这就是"绿水青山"的经济学。

综上所述，"两山"理念内涵丰富，思想深刻，生动形象，意境深远。"两山"理念不仅是对马克思主义生态哲学观的中国化，而且是对中国传统生态智慧的现代表达，深刻地阐述了经济发展与保护生态环境的辩证统一、和谐共生，是对经济发展与保护生态环境二者关系认识层次的辩证思考与升华，是对"两山"理念"二元论"和"重点论"的继承、发展与创新。"两山"理念的思想内涵层次清晰，破解了经济增长与保护生态环境的矛盾与对立难题，从生态文明发展实践中得出了经典论述，贯穿着否定之否定这一基本的哲学规律。它根植于实践，源于实践，是习近平同志在长期实践探索中的思想凝练。"两山"理念还可以指导实践，引领实践，是对"先污染后治理"生态发展观的扬弃，是自然史观与历史观的结合。它在总结当前中国经济发展实践探索的基础上，对理论和实践相统一的马克思主义生态哲学观进行创新发展，体现了新时代中国绿色发展理念和经济发展方式的深刻变革。

五、问题讨论

（一）推动地方经济绿色高质量发展的路径有哪些？

（二）习近平同志提出的"两山"理念是如何将马克思主义生态哲学观中国化的？

（三）如何理解"既要绿水青山，又要金山银山""宁要绿水青山，不要金山银山"和"绿水青山就是金山银山"三句话的思想内涵，以及三者的关系？

（四）谈谈你对发展经济不能牺牲环境的理解？

参考文献

李杨，2021. "两山"理念的理论贡献与实践路径研究[J]. 理论研究（1）：27-32.

周向军，童成帅，2023. 论习近平生态文明思想的哲学基础及其逻辑[J]. 山东大学学报（哲学社会科学版）（5）：14-24.

赵建军，杨博，2015. "绿水青山就是金山银山"的哲学意蕴与时代价值[J]. 自然辩证法研究，31（12）：104-109.

案例六
关怀社会底层群众发展的精准扶贫模式

张 昆

教学目的

使学生了解为实现新时代中国特色社会主义经济发展的目标必须关注社会最底层群众。

教学内容

介绍习近平总书记第一次提出"精准扶贫"指示的湖南省湘西土家族苗族自治州花垣县十八洞村的精准扶贫案例和中南财经政法大学精准扶贫责任单位——湖北省咸宁市红石村的精准扶贫与乡村振兴案例,使学生了解我国政府实施精准扶贫的目的以及精准扶贫的具体做法。

重点、难点:本讲的重点和难点是用政治经济学理论分析我国的精准扶贫模式,了解精准扶贫的意义。

章前思考题:精准扶贫模式符合什么政治经济学理论?

一、案例概要与教学目标

发展为了人民是马克思主义政治经济学的根本立场,"共同富裕"是人类孜孜以求的理想社会状态。马克思认为,人类终将进入共产主义社会,共产主义社会是在物质和精神层面都极度丰裕的社会,是自由人的联合体。我国是社会主义国家,消除贫困、改善民生、逐步实现共同富裕,是社会主义的本质要求,是中国共产党的重要使命。中国共产党自成立以来,始终坚持以人民为中心,一直把解决中国贫困人口的温饱问题作为自己的重要任务,并努力使经济社会发展成果更多更公平地惠及全体人民,最终实现全体人民共同富裕,满足人民对美好生活的向往。邓小平同志曾经强调,社会主义要消灭贫穷,贫穷不是社会主义,更不是共产主义。改革开放40多年以来,中国的扶贫事业取得了重大成就,7亿多农村人口摆脱贫困,在人类反贫困史上留下了浓墨重彩的一笔。2013年11月,习近平总书记在湖南省湘西土家族苗族自治州花垣县十八洞村(以下简称十八洞村)考察时首次提出"精准扶贫"基本方略,中国扶贫事业进入了新的历史阶段。当前,我国已经历史性地解决了绝对贫困问题,如期全面建成小康社会,但相对贫困依旧存在,全面建设社会主义现代化国家,最艰巨、最繁重的任务仍然在农村。党的二十大报告指出,发展乡村特色产业,拓宽农民增收致富渠道,巩固拓展脱贫攻坚成果,增强脱贫地区和脱贫群众内生发展动力。

本讲首先对改革开放以来我国的扶贫实践进行简要回顾;其次,对十八洞村精准扶贫案例进行分析;再次,对中南财经政法大学精准扶贫责任单位湖北省咸宁市红石村的精准扶贫与乡村振兴案例进行分析;最后总结我国精准扶贫基本方略的内涵、形成及发展,并分析精准扶贫的意义。这样,使学生了解为实现新时代中国特色社会主义经济发展的目标必须关注社会最底层群众,中国式现代化的重要特征之一是实现全体人民共同富裕。

二、案例内容

(一) 改革开放以来中国的扶贫实践

按照贫困的程度不同,可以将贫困分为绝对贫困和相对贫困。绝对贫困,是指个人或家庭缺乏起码的资源以维持最低的生活需求,甚至难以生存;相对贫困,是指个人或家庭所拥有的生产资料,可以满足一般的生活需要,但是达不到社会的平均生活水平。马克思主义政治经济学认为,分配取决于生产,又反作用于生产,而最能促进生产的是能使一切社会成员尽可能全面地发展、保持和施展自己能力的那种分配方式。对于一个国家来说,如果没有实现共同富裕,那么全体人民的幸福安宁就无法实现;放眼全球来看,如果没有各国的共同发展,那么整个世界的和平、稳定也难以持久。中国一直是世界减贫事业的积极倡导者和推动者,为世界减贫事业作出了巨大的贡献。值得强调的是,中国创造的脱贫奇迹,是在不断提高贫困户、贫困人口脱贫标准的情况下实现的,是在不断增加对其他国家和地区发展援助的情况下实现的,更是在从未对外发动侵略、殖民以及大规模移民的情况下实现的。自改革开放以来,我国扶贫事业大致可以分为以下4个阶段。

1. 体制改革推动扶贫阶段（1978—1985 年）

中华人民共和国成立之初，国家一穷二白，百废待兴。据统计，中国 1949 年的人均国民收入仅为 27 美元，远低于当时亚洲国家人均国民收入的平均水平。中华人民共和国成立后，经过中国人民近 30 年的艰苦奋斗，在改革开放前，我国的工业体系基本成型，经济发展取得了一定的成就，并在一定程度上缓解了全国性极度贫困的情况。然而，由于中国人口规模巨大、发展水平参差不齐以及高度计划经济体制的低效率，我国广大人民群众特别是农村居民的生活水平普遍低下。截至 1978 年，中国农村仍然有约 2.5 亿人口没有解决温饱问题。

1978 年 12 月召开的党的十一届三中全会做出了将全党工作重点转移到社会主义现代化建设上来，实行改革开放的历史性决策。以家庭联产承包责任制、农产品价格改革、逐步实现农业现代化等为主要内容的农村经济体制的深刻变革，促使农村经济取得了超常规增长，最终实现贫困人口的减少。为促进特殊地区的经济发展，1980 年我国政府开始在部分老革命根据地、少数民族地区、边远地区等特殊地区设立多种专项扶贫资金。1982 年国务院在甘肃省定西地区、河西地区和宁夏"西海固"地区开展了"三西"农业建设扶贫工程；1984 年我国开始实施以工代赈以支持贫困地区基础设施的建设；1984 年发布《中共中央、国务院关于帮助贫困地区尽快改变面貌的通知》，该通知在我国扶贫开发史上具有里程碑意义，标志着在全国范围内开展有组织、有计划、大规模开发式扶贫的大幕正式拉开。这些政策的实施使得特殊地区得到了一定的发展，缓解了特殊地区经济不发达的状况，对整个社会而言，不至于造成发展两极化。

统计资料显示，1978—1985 年，我国农村生产总值从 2038 亿元猛增到 6340 亿元，年增长率达 15.3%；农村居民人均纯收入从 1978 年的 133.6 元提高到 1985 年的 397.6 元，年均增长 14.7%。农村居民人均占有粮食、肉类、粮油和油料的增长速度也十分迅速。按照中国的国家贫困标准（1978 年标准）计算，1978—1985 年中国农村贫困人口数量从 2.5 亿人下降到 1.25 亿人，农村贫困发生率从 30.7% 下降到 14.8%。这一时期成为了我国历史上减贫成效最为显著的时期之一。但在这一时期，对贫困地区的扶持主要是以"撒胡椒面"式的"输血"——实物救济为主，救济形式单一、分散、力度较弱，很难集中解决一些制约区域发展的重要问题。

2. 区域开发式扶贫阶段（1986—2012 年）

随着中国经济的发展，人民群众的生活质量水平、收入水平相较于前一阶段都有较大的提高，但地区与地区之间的发展差距在拉大，贫困人口的分布呈现明显的地域性特征。这主要表现为东西部发展差距加大、平原地区和山区发展差距加大，还有大规模的人口依旧处于温饱线以下。为了解决这些问题，逐步实现共同富裕，1986 年起我国开始进入了有组织、有计划、大规模的区域开发式扶贫阶段。

1986 年，国务院成立贫困地区经济开发领导小组，安排专项扶贫资金，制定有利于贫困地区和贫困人口的优惠政策，确定了开发式扶贫方针。经过 8 年的不懈努力，到 1993 年底，我国农村贫困人口由 1.25 亿人减少到 8000 万人，占农村总人口的比重从 14.8% 下降到 8.7%。但这一时期贫困人口的下降速度明显低于上一阶段。1994 年，国务院印发了《国家八七扶贫攻坚计划》，力争用 7 年左右的时间，基本解决当时全国农村 8000 万贫困人口的温饱问题。

进入 21 世纪以后，中国政府继续实施大规模扶贫开发计划。2001 年，《中国农村扶贫开发纲要（2001—2010）》明确提出，坚持开发式扶贫方针，尽快解决少数贫困人口温饱问题，巩固扶贫成果,为达到小康水平创造条件。2007年,最低生活保障制度在全国农村实施,兜底性制度安排开始覆盖全国。2008年,党的十七届三中全会通过的《中共中央关于推进农村改革发展若干重大问题的决定》明确指出要在农村实行新的扶贫标准,对农村低收入人口全面实施扶贫政策。2011年,《中国农村扶贫开发纲要(2011—2020)》提出了脱贫重要的"两不愁三保障"标准:稳定实现扶贫对象不愁吃、不愁穿,保障其义务教育、基本医疗和住房。

在区域开发式扶贫阶段,我国大量贫困人口基本解决了温饱问题,中国减贫工作取得了举世瞩目的成就。按照世界银行每人每天1.9美元的国际贫困标准衡量,中国的极端贫困发生率由1981年的88.3%大幅下降至2013年的1.9%,超过8.5亿中国人摆脱了极端贫困,减贫人口规模占同时期全球减贫总规模的70%以上,由此创造了世界减贫史上的中国奇迹。2004年全球扶贫大会在上海召开标志着中国的扶贫成绩被国际社会广泛认可和推崇,中国以区域开发式扶贫为主的扶贫模式得到国际社会肯定。这一阶段探索出了一条具有中国特色的扶贫道路。中国农村贫困人口的生存和温饱问题得到了基本解决,人民群众收入大幅度提高,生产生活条件有了明显改善,贫困地区基础设施不断完善,社会事业不断进步。

3. 精准扶贫、脱贫攻坚阶段(2013—2020年)

我国脱贫事业在上述两个阶段取得了很大的成就,但脱贫事业也进入了最艰难的攻坚冲刺期。一方面,经过我国多年扶贫的努力,能够脱贫的人口已经基本脱贫,剩下的贫困人口大多贫困程度深、自身发展能力弱,需要更多的投入以实现脱贫目标。2011—2013年,我国减贫幅度分别为26.1%、19.1%和16.7%。从以上数据可以看到,虽然我国经济社会各方面都在不断发展,但是减贫幅度却在下降,减贫政策的效应在相应递减。另一方面,随着经济新常态的到来,我国经济发展速度放缓,减贫脱贫的路径和方式亟须转变。

2013年习近平总书记在十八洞村首次提出"精准扶贫"的重要论述,这体现了开发式扶贫方面的重大理论创新,开创了脱贫攻坚新局面。2015年6月习近平总书记在贵州考察时提出,开发式扶贫工作要坚持"六个精准":扶持对象精准、项目安排精准、资金使用精准、措施到户精准、因村派人精准、脱贫成效精准。2015年10月16日,习近平总书记在减贫与发展高层论坛上强调,中国扶贫攻坚工作实施精准扶贫基本方略。2015年出台的《中共中央 国务院关于打赢脱贫攻坚战的决定》,对"十三五"期间我国的脱贫攻坚工作进行了重要部署,在当时的标准下,到2020年我国农村贫困人口实现脱贫,贫困县全部摘帽,以解决区域性整体贫困问题为目标,坚持实施精准扶贫、精准脱贫基本方略。2016年12月,国务院印发《"十三五"脱贫攻坚规划》,提出要按照党中央、国务院决策部署,坚持精准扶贫、精准脱贫基本方略,坚持精准帮扶与区域整体开发有机结合,大力推进实施一批脱贫攻坚工程。2017年6月23日,习近平总书记在深度贫困地区脱贫攻坚座谈会上强调,扶贫工作应以解决突出制约问题为重点,强化支撑体系,加大政策倾斜,聚焦精准发力,攻克坚中之坚。综上所述,中央及有关部门先后出台了大量政策文件。精准扶贫正式成为中国共产党在这一阶段对于贫困治理工作的基本方略,对中国打赢脱贫攻坚战起到了决定性作用。

截至目前,我国是全世界减贫人数最多的国家。根据外交部与联合国驻华机构2015年合著的《中国实施千年发展目标报告》,不管是按照我国政府的扶贫标准还是国际的扶贫标准,我国都是世界上首个完成联合国千年发展目标的国家,加速了全球减贫的进程。2010—2019年我国的贫困标准及贫困发生率见表6-1。有关资料显示,自改革开放以来,通过实施各项扶贫开发措施，7亿多农村人口成功脱贫。2021年2月25日，习近平总书记庄严宣告我国脱贫攻坚战取得了全面胜利，现行标准下9899万农村贫困人口全部脱贫，832个贫困县全部摘帽，12.8万个贫困村全部出列，区域性整体贫困得到解决，完成了消除绝对贫困的艰巨任务，提前10年实现联合国2030年可持续发展议程的减贫目标。同样在这一天，国家乡村振兴局正式挂牌，这既是我国脱贫攻坚战取得全面胜利的一个标志，也是全面实施乡村振兴、奔向新生活、开始新奋斗的起点。

表6-1 2010—2019年我国的贫困标准及贫困发生率

年份	贫困标准（元）	农村贫困人口（万人）	全国贫困发生率（%）
2010	2300	16567	17.2
2011	2536	12238	12.7
2012	2625	9899	10.2
2013	2736	8249	8.5
2014	2800	7017	7.2
2015	2855	5575	5.7
2016	2952	4335	4.5
2017	2952	3046	3.1
2018	2995	1660	1.7
2019	3218	551	0.6

注：本表格贫困标准数据来源于国家统计局网站；2010—2017年贫困人口及贫困发生率数据来源于汪三贵和曾小溪的《从区域扶贫开发到精准扶贫——改革开放40年中国扶贫政策的演进及脱贫攻坚的难点和对策》，刊载在《农业经济问题》2018年第8期；2018年、2019年的贫困人口及贫困发生率数据来自《中华人民共和国2019年国民经济和社会发展统计公报》。

4. 巩固脱贫攻坚成果，支持全面乡村振兴阶段（2021年至今）

脱贫攻坚取得决定性成就并不意味着扶贫工作的结束。一方面，绝对贫困问题得到解决以后还存在着相对贫困问题，另一方面，部分地区、部分群众可能出现返贫现象。为此，《中共中央 国务院关于实现巩固拓展脱贫攻坚成果同乡村振兴有效衔接的意见》指出，脱贫摘帽不是终点，而是奔向新生活、开始新奋斗的起点。打赢脱贫攻坚战、全面建成小康社会后，要在巩固拓展脱贫攻坚成果的基础上，作好乡村振兴这篇大文章，接续推进脱贫地区发展和群众生活改善。脱贫攻坚目标任务完成后，设立5年过渡期，在过渡期内，继续实行"四个不摘"，即"摘帽不摘责任、摘帽不摘政策、摘帽不摘帮扶、摘帽不摘监管"，健全防止返贫动态监测和帮扶机制。坚持预防性措施和事后帮扶相结合，精准分析返贫致贫原因，采取有针对性的帮扶措施。加强脱贫攻坚与乡村振兴政策的有效衔接。具体来看，主要做好财政投入、金融服务、土地支持和人才智力支持等政策衔接。脱贫攻坚战取得全面胜利后，2021—2023年，连续3年的中央一号文件均聚焦全面推进乡村振兴问题。党的二十大报告在"加快构建新发展格局，着力推动高质量发展"部分，专节论述了全面推进乡村振兴问题，提出加快建设农业强国，扎实推动乡村产业、人才、文化、生态、组织振兴；巩固拓展脱贫攻坚成果，增强脱贫地区和脱贫群众内生发展动力。展望未来，应该在巩固拓展脱贫攻坚成果、增加低收入群体收入的基础上，继续拓展脱贫攻坚成果、扩大农村中等收入群体规模，全面推进乡村振兴，最终实现城乡共同富裕。

（二）十八洞村的精准扶贫案例分析

十八洞村位于湖南省西部，武陵山脉中段，湖南省、贵州省、重庆市交界的湘西土家族苗族自治州花垣县，是该县双龙镇下辖的一个行政村。十八洞村辖飞虫、当戎、竹子和梨子4个自然寨、6个村民小组，是纯苗族聚居区，原生态文化保存完好，自然环境优美，森林覆盖率达78%，属高山岩溶地区，溶洞众多，景观奇特，被习近平总书记誉为"小张家界"。然而高山峡谷间并非"不知有汉，无论魏晋"的世外桃源，而是交通闭塞的落后村寨。正如十八洞村人熟悉的一首苗歌唱道："山沟两岔穷疙瘩，每天红薯苞谷粑，要想吃顿大米饭，除非生病有娃娃"。截至2013年年底，十八洞村全村共有225户939人，人均耕地仅0.83亩。大部分劳动力外出务工，村民受教育程度普遍较低。基础设施建设落后，除传统的种植业外，2011—2012年，在湖南省民族宗教委员会的帮助下，村民扩大种植了烟叶、西瓜等附加值较高的经济作物，开展了肉鸽、生猪等特种养殖，村民收入有了一定程度的提高，但仍缺乏核心支柱产业。2013年，全县、全州、全省、全国农村居民人均纯收入分别为4903元、5260元、8372元、8896元，而十八洞村人均纯收入只有1668元，不到全国农村居民人均水平的1/5。因为经济落后，截至2013年年底，十八洞村35岁以上的未婚男性有48个。"有女莫嫁十八洞"远近皆知、家喻户晓。于是大龄未婚男性成了十八洞村一个特殊群体，娶媳妇成了他们最渴望、最头痛的一件大事。

十八洞村是精准扶贫基本方略首倡地。2013年11月3日下午，习近平总书记经由一条尚未硬化的毛坯路来到十八洞村调研。习近平总书记说，他这次来湘西，主要是同大家商量脱贫致富奔小康之策。正是在这里，习近平总书记首次提出了精准扶贫的基本方略，要求十八洞村的扶贫工作不能搞特殊化，也不能没有变化，不仅要实现自身脱贫，其脱贫之路还要可复制、可推广。十八洞村利用自身资源发展猕猴桃种植、山泉水、乡村旅游、苗绣等支柱产业，成功实现精准脱贫。截至2022年，十八洞村全村集体经济收入从2013年的空白上升到380万元，村民人均年收入从2013年的1668元上升到23505元，十八洞村成为全国精准扶贫、精准脱贫的典范，是中国脱贫奇迹的缩影。

1. 精准识别，解决扶持谁的问题

"扶持谁"主要涉及怎样精准识别贫困户。十八洞村在全国尚没有典型经验的情况下，摸索出了一条自己的道路。作为精准扶贫基本方略的首倡地，十八洞村在精准扶贫工作队进驻以后首先需要解决的问题是如何精准识别贫困户。在湖南省出台的建档立卡工作方案的指导下，十八洞村第一个"吃螃蟹"，创新性地提出了贫困户识别的"7道程序"和"9类不评"的具体操作方法。"7道程序"是指贫困识别要依次经过"①户主申请、②投票识别、③三级初审、④公告公示、⑤乡镇审核、⑥县级审批、⑦入户登记"7道程序。"9类不评"是指家里有国家公职人员的、家里有车及经营加工厂的、有楼房或商品房的、不务正业懒惰成性的、全家外出务工通知不回的、2000年以后违反计划生育政策的（按当时计划生育政策要求）、嗜赌成性及屡教不改的、时常刁蛮阻挠村里公益建设的、不履行赡养义务的这9类农户家庭不能被评为贫困户。按照这个标准，十八洞村在2014年初共识别出贫困户136户542人，全村贫困发生率57.7%。

十八洞村关于贫困户精准识别的方法，较好地兼顾了公平与效率。之后，十八洞村的做法经过改良后在花垣县得到了推广和发展。2014年9月,花垣县在全省率先识别出贫困对象18773户共74682人,涉及162个行政村。同年11月,该县全面完成了贫困人口的信息录入和建档立卡工作。在贫困户精准识别方面十八洞村做到了"可复制、可推广"。

2. 因村精准派人,解决谁来扶的问题

人是生产力中最积极、最活跃的因素。因此,在自身缺乏高素质人力资源要素的情况下,人员配备到位非常关键。以往的结对帮扶有两个明显的不足,一是时间周期较短,二是帮扶人员的力量较弱,帮扶工作针对性不强。针对这些问题,花垣县在综合考虑各种因素后,选出了6位有丰富农村基层工作经验并且精通苗语的党员干部,组成一支精准扶贫工作队,实现党员干部与村民同吃、同住、同工作,这有效促进了科技知识的传播和地方经验的交流,做到因村精准派人。精准扶贫工作队的首要工作是针对当地农民"等、靠、要"的思想观念,进行思想文化建设,同时倡导"投入有限、民力无穷、自力更生、建设家园"的十八洞精神,这形成了扶贫工作人力资源的内外合力。从表6-2可以看出,第一批共计6位驻村干部大多数驻留的时间都超过了2年,这有利于保持扶贫政策的连续性和扶贫效果的稳定性。

表6-2 花垣县十八洞村第一批精准扶贫工作队驻村干部

姓名	职务	原就职单位及职务	进驻时间	离村时间
施金通	驻村第一书记	排碧乡综治办主任	2014年上半年	2017年3月
龙秀林	工作队队长	县委办公室副主任、县委宣传部常务副部长	2014年1月	2016年6月
谭为国	工作队队员	县委统战部工会主席	2014年1月	2016年1月
石昊东	工作队队员	县林业局副局长	2014年1月	2015年12月
吴式文	工作队队员(2016年接任工作队队长)	县民政局工会主席	2014年1月	2017年10月
龙志银	工作队队员	县国土资源局政务服务中心主任	2014年1月	2018年7月

资料来源:刘艳红,申孟宜,《精准扶贫精准脱贫百村调研·十八洞村卷》,2020年10月。

3. 精准安排项目、发展核心支柱产业,解决怎么扶的问题

随着精准扶贫工作拉开序幕,投向十八洞村的财政扶贫资金规模有了十分显著的提升,从2013年到2015年翻了17倍。其中,原扶贫办的资金主要用于产业发展和乡村人居环境改造等项目,交通局、水利局、住建局等部门的资金主要用于道路建设、水利工程、危房改造等基础设施建设的项目,民族和宗教事务局与文化和旅游相关部门的资金主要用于民族村寨建设和特色产业支持的项目。因此,选好项目、用好资金成为摆在扶贫工作面前的关键问题。

(1)转变发展理念,凝聚脱贫共识。

扶贫先扶志、扶智。要让村民接受新理念、新思路、新方法,还是得有一个过程。受小农经济和封闭环境等因素影响,十八洞村村民观念普遍比较保守,"等、靠、要"等思想较为严重。为增强脱贫攻坚的内生能力和动力,十八洞村精准扶贫工作队将思想建设摆在了首位,他们通过宣讲精准扶贫政策,入户家访倡导十八洞精神,推行星级评比等方式提升村民

脱贫的主观能动性。该工作队探索创立了村民思想道德星级化管理模式，以组为单位，每半年组织召开一次全体村民大会，与会人员从支持公益事业、遵纪守法、社会公德等六个方面进行公开投票，村民互相打分进行星级评比，评出星级个人和星级农户，这增强了村民的个人能动性和集体荣誉感。

2014年5月，该工作队建议采取异地流转土地的"飞地经济"模式，在隔壁乡镇流转租赁约0.67平方千米土地种植猕猴桃。当时预测，收获猕猴桃一次，产量达250万～400万千克，市场价每千克5元左右，利润可观。面对这一方案，不理解产业经济的十八洞村村民基于过往经验——十八洞村的山上、岩上到处都有野生猕猴桃，但并没有产生明显的经济效益，因此村民投了反对票。为此，工作队分批组织村民前往四川蒲江参观蒲江猕猴桃产业基地。一位村民描述，那里家家户户种植猕猴桃，一个镇上就有两家卖汽车的店铺，家家都住小洋楼。见过了这样的世界，十八洞村村民才纷纷同意开展猕猴桃项目。

（2）精准安排项目，发展支柱产业。

自1994年实行财政税收体制改革以来，国家财政以专项化和竞争性项目资金的方式实行转移支付，它成为除工资和日常支出外，几乎所有建设和公共服务领域最主要的财政支付手段。在此背景下，项目下乡也成为推动农村扶贫开发的重要杠杆，而项目安排是否精准也成为精准扶贫的关键所在。在选择项目上尽量做到因地制宜，但也不能局限于陈旧思维。总体来看，十八洞村的支柱产业主要分为三类：第一类是依赖自然资源的特色猕猴桃种植项目和山泉水项目；第二类是依赖自然风光的乡村旅游及相关产业链项目，这包括旅游项目、餐厅项目、酒店项目；第三类是依赖特色民族文化的苗绣项目。

猕猴桃种植项目

猕猴桃种植项目是十八洞村精准扶贫的第一个大型项目，在十八洞村脱贫攻坚过程中起到了十分重要的作用。这个项目的启动资金主要来自财政支持，项目启动前三年一共获得财政支持949万元，这还不包括在华融湘江银行的1000万元贷款贴息支持。其中，2014年猕猴桃种植项目获得财政扶持资金599万元。2015年和2016年，该项目分别获财政补贴200万元和150万元，用于培育和管理等支出。该项目于2017年第一次结出果实，实现了一笔集体收益，它为农村集体经济的发展探索出了一条成功道路，为从脱贫攻坚到乡村振兴的过渡积累了宝贵经验。

十八洞村的气候条件特别适合猕猴桃的生长，野生猕猴桃随处可见，但由于品种不好，并没有为十八洞村带来明显的经济收益。十八洞村山多地少的特点也限制了当地猕猴桃产业的发展，因为种植猕猴桃需要大量平整的土地。此次猕猴桃种植项目，中国科学院武汉植物园无偿提供了两个新品种，并在配套种植技术方面给予指导。而土地方面的制约因素则通过发展"飞地经济"的思路得以解决。依托靠近湘西农业园的区位优势，十八洞村在花垣县花垣镇（原道二乡）流转连片土地约0.67平方千米，作为种植猕猴桃的产业基地，打造"飞地经济"。同时十八洞村在政府主导下探索出新的股份合作开发方式，成立花垣县十八洞村金梅猕猴桃开发专业合作社（以下简称十八洞村猕猴桃合作社），与湘西苗汉子贸易有限公司（现名湘西苗汉子集团农业科技有限公司，以下简称苗汉子集团）合作，一起组建花垣县十八洞村苗汉子果业有限责任公司（以下简称苗汉子果业有限公司），在政府主导下，采取"专业合作社+公司+基地+农户（含贫困人口）"的产业扶贫运行模式。

十八洞村占地约0.67平方千米的猕猴桃产业园，其经营主体苗汉子果业有限公司注册资本为 600 万元，其中苗汉子集团出资 306 万元，占股 51%；十八洞村出资 294 万元，占股 49%。十八洞村的股份由十八洞村猕猴桃合作社和村集体经济两部分组成，合作社由村民出资组建，贫困人口按可享受的政策扶持资金入股，542 人共 162.6 万元，占股 27.1%，非贫困人口按政策扶持资金共 59.55 万元入股，占股 9.9%。村集体申请专项资金入股，占股 12%。剩余资金缺口由花垣县政府以连带担保的方式从华融湘江银行贷款 1000 万元补充。

十八洞村猕猴桃种植项目的入股方式使得每一位入股村民的利益与集体利益紧密相连，同时十八洞村的"猕猴桃合作社＋农户"的模式也很好地解决了小农户与大市场之间的矛盾。从股权结构来看，十八洞村占比 49%，村集体占比 12%，贫困人口占比 27.1%，非贫困人口占比 9.9%。只要猕猴桃种植项目在市场盈利增值，贫困人口就能按照入股分红的机制受益。同时贫困人口可以到猕猴桃种植基地务工，获取工资性收入。因此，贫困人口在猕猴桃种植项目中的收入来源分别是：入股分红、务工收入。在猕猴桃销售方面，十八洞村引入专业的平台公司负责销售，同时湖南省各大国企、央企发动员工进行扶贫专项采购也发挥了很大的作用，这很好地解决了猕猴桃的销售问题。入股的贫困人口在 2017 年、2018 年、2019 年获得的收益金分别是 1000 元/人、1200 元/人、1600 元/人，非贫困人口获得的收益金分别是 500 元/人、600 元/人、800 元/人。

十八洞村猕猴桃种植项目的精准扶贫模式至少有以下几点制度创新。首先，政府部门在其中起了重要作用，为该项目提供资金支持（专项资金和贷款资金）、智力支持（项目选择）、宣传支持（政策宣传和引导）、销售支持（发动相关企业进行扶贫采购），同时用产业扶贫政策支持村支两委，形成"村支两委＋专业合作社＋公司＋基地＋农户"的股权分配方式，实现利益共享风险共担的目标。其次，精准扶贫的最终目的在于脱贫，当十八洞村按照传统的做法，决定将猕猴桃财政补贴只用于贫困户时，遇到了极大的阻力，因而从扶贫目的的角度出发，十八洞村选择了适当照顾非贫困群众的普惠性制度安排。该项目突破了财政资金只能用于支持贫困户的这一硬性政策规定，将扶持政策面扩大到全村对产业发展积极性高的农户。再次，打造了十八洞品牌，此后"花垣十八洞"这一县域公共品牌涵盖的产品越来越多，知名度不断提升。最后，十八洞村充分领会国家倡导的"土地流转"政策，以猕猴桃种植基地为依托，利用当地气候条件因地制宜发展"飞地经济"也是一个创新。

山泉水项目

步步高商业连锁股份有限公司（简称步步高集团）是湖南省大型连锁商业超市。为积极响应国家精准扶贫的号召，2017 年 4 月底该集团进行水源探测，同年 5 月，步步高集团与十八洞村签订协议，合作开发十八洞村的山泉水。十八洞村山泉水项目总投资 3000 万元，2017 年 10 月 8 日山泉水厂正式建成投产。2018 年年初，十八洞山泉水产品正式大规模对外销售。同年，十八洞山泉水走进了两会会场。在收益分配方面，十八洞村每年按照该项目年产值的 15% 分享收益，并设置保底分红收益 50 万元。同时，该项目设立扶贫基金，每销售一瓶水就会有 1 分钱进入扶贫基金。截至 2023 年 2 月，山泉水项目已给十八洞村集体提供了近 260 万元的分红，为村里解决就业岗位 30 多个。

贫困人口在十八洞村山泉水项目中的收益主要包括集体收益的再分配，以及部分在水厂务工的贫困人口的工资性收入。从十八洞山泉水项目的合作方式来看，形成了"企业＋村集体＋贫困人口"的获利联结形式。十八洞村集体以资源和品牌入股，占股 15%，企业按照市场规律运营并销售山泉水，独自承担市场风险，每年保底向村集体分红50万元以上，村支两委负责分红收入的管理，贫困人口有权获得相应比例的分红。

山泉水项目和猕猴桃种植项目一样，也是利用当地独特的自然资源条件发展，是因地制宜的典范。十八洞村山泉水项目所形成的相关制度安排在以下几个方面存在创新之处。首先，步步高集团在山泉水项目中，起主导作用，在政府政策引导下，该集团通过市场行为运作，参与到产业扶贫之中。步步高集团作为优质企业，建立十八洞山泉水项目完整的产业链条，从山泉水厂的生产、质量检测到市场营销，均独立完成，克服贫困地区产业发展能力不足的弱点并规避市场风险。其次，山泉水厂占地面积小，不存在企业借扶贫之名去农村圈地的情况，山泉水厂也不存在污染，不会对当地的自然环境造成危害。最后，步步高集团除了给村集体相应的分红以外，还设立了扶贫基金，并且将该基金收入与山泉水销售量挂钩，该基金的专业、持续运作，有利于扶贫效果的稳定性和持续性。

乡村旅游项目

十八洞村的乡村旅游主体项目由于前期投入大，主要以财政扶持和行业部门资金为主，而旅游相关产业链项目，比如农家乐、餐厅等主要以农户自有资金为主。随着2017年花垣县启动设置畜禽养殖禁养区、养殖场关闭退养工作以及十八洞村乡村旅游规划，山羊和生猪等有一定环境影响的规模化养殖项目已经停止；与之相对应，游客服务中心、教育培训中心、停车场等乡村旅游服务设施成为十八洞村乡村项目的投资重点。而猕猴桃种植项目已经基本实现由"输血"向"造血"的转变，十八洞村产业扶持重点由特色种植向乡村旅游转移。但教育基础设施、公共医疗服务设施的投入仍较少。随着乡村旅游项目发展带来的高人气，与之高度相关的餐饮业也发展起来，包括农家乐和餐厅。

习近平总书记2013年的到访考察为十八洞村带来了难得的发展机遇，之后随着中国中央电视台等新闻媒体的报道，十八洞村的知名度不断提升。2016年年底，花垣县引入北京首旅集团华龙旅游实业发展总公司、消费宝（北京）资产管理有限公司，以十八洞村为龙头，投入6亿元，联合周边10个村计划打造国家AAAAA级景区蚩尤部落群。2017年十八洞景区被评为国家AAA级旅游景区，2017年10月，以十八洞村精准扶贫先进事迹为原型创作的电影《十八洞村》上映，这为十八洞村的旅游业发展增添了文化软实力。2019年5月花垣十八洞旅游开发有限公司正式运营，以便为游客提供更加规范的统一摆渡、统一讲解等旅游服务。2019年十八洞村成功入选第一批全国乡村旅游重点村。2021年6月，湖南省湘西土家族苗族自治州矮寨·十八洞·德夯大峡谷景区正式被确定为国家AAAAA级旅游景区。

除了独特的苗族文化，十八洞村还有着秀丽的山水风光和丰富的生态资源，具备发展乡村旅游的优势。十八洞村对基础设施进行了翻新，包括对水、电、路进行改造并进行公共服务设施建设，同时还保持了苗族村寨的特色风貌，做到"修旧如旧"。据不完全统计，2015年十八洞村接待游客10万人次，2016年接待游客16万人次，2017年为25万人次，2018—2020年游客数量分别为30万人次、60万人次、42万人次。十八洞村在乡村旅游的发展过程中体现了"政府搭台、群众唱戏"的特点。村民特别是贫困村民主动融入乡村旅游发展中，积极对接乡村旅游业态，先后有18家农户开办农家乐餐饮（其中贫困户15家），8家农户开办民宿客栈（其中贫困户6家），4家农户养殖蜜蜂（均为贫困户），10多家农户经营门店小吃生意，并自发成立10多个承接乡村旅游的合作社。2019年8月集体餐厅思源餐厅开业，十八洞村集体经济进一步壮大。同时，部分贫困居民主动到花垣十八洞旅游开发有限公司就业，通过岗位就业创收。

从扶贫机理和效果来看，十八洞村乡村旅游项目主要通过贫困村民主动融入乡村旅游业发展农家乐、小卖部及加入花垣十八洞旅游开发有限公司担任导游、司机、清洁工等增加收入来实现脱贫。前者通过自身发展创收，贫困村民自担风险、自负盈亏；后者主要通过花垣十八洞旅游开发有限公司就业，获取风险较低的劳务性工资收入。由于十八洞景区属于红色旅游景区，国家规定红色旅游景区免费开放，所以十八洞景区暂无门票分红收入，但随着十八洞村乡村旅游项目的发展，相关收入不断增长。因此，贫困村民在乡村旅游中的收入来源分别是：乡村旅游项目直接创收、务工收入。蓬勃发展的旅游项目为村民提供了更多就业机会。目前，十八洞村已有两百多人从事旅游及相关服务工作，包括经营农家乐和民宿，担任导游、保洁、保安、摆渡车司机等。

十八洞村乡村旅游项目扶贫模式的制度创新主要体现在以下几个方面。首先，这种模式的特点是"政府搭台、群众唱戏"。政府主要负责旅游基础设施的建设、宣传等，营造良好的乡村旅游发展环境，提供与乡村旅游发展有关的政策支持，负责把游客引过来，但能不能摆脱贫困关键还看村民自身的能动性。贫困村民在发展农家乐中的积极性，充分体现村民（尤其是贫困村民）既有参与产业扶贫意愿，又有发展产业的能力，他们只是需要一个平台。其次，十八洞景区属于红色旅游景区，没有门票收入，这一限制实际上对于旅游项目的发展是不利的，因为，门票收入一般来说都是旅游收入的主要来源，这也要求政府更加积极作为，创造条件，引导贫困村民主动发展，从而达到脱贫的目标。最后，十八洞村旅游项目积极引入民间资本，使产业链得到充分延长。消费宝（北京）资产管理有限公司投资十八洞景区；花垣双龙旅游开发有限公司（一开始为民间资本）承建十八洞溶洞开发项目；湖南地球仓科技有限公司与十八洞村正式签约，开办十八洞·地球仓悬崖生态酒店。

苗绣项目

刺绣有"针尖上的芭蕾"之称，讲究手法和技巧。十八洞村的妇女大多数都会苗绣，苗绣已经成为她们生命中的一部分，苗绣也是苗族文化的一部分。但由于经济条件所限，苗族人民通常不得不外出务工，因此这项传统技艺几乎荒废了。2014年5月，退休后的村支书石顺莲组织成立了十八洞村苗绣特产农民专业合作社（以下简称十八洞村苗绣合作社）。她腾出自己家里的三间瓦房，改造成了苗绣工坊。在这位石大姐的带领下，被尘封已久的民族艺术、非物质文化遗产焕发新光彩，成为村民们脱贫致富的法宝。为了更好地传承手工艺和工匠精神，这个苗绣工坊的作品一直坚持手绣，不用机绣。配色不对，拆掉重绣；图案歪了，拆掉重绣。作为工坊里技术最高的绣娘，石顺莲对其他绣娘们进行耐心、细心地指导，对每一件绣品都严格把关。

2018年，十八洞村苗绣合作社与中车株洲电力机车有限公司（以下简称中车株机公司）达成合作协议，并联合湖南工业大学、花垣县人民政府共同建立苗绣国家非遗扶贫就业工坊。湖南工业大学主要负责苗绣文化产品的创意研发设计，中车株机公司每年订购一批以火车头为主题的苗绣作品，作为礼物送给德国、奥地利、塞尔维亚、马来西亚等国的客户，十八洞村苗绣产品的销路由此逐渐打开。苗绣搭乘中国高铁走出了大山，沿着"一带一路"走向世界。目前已有55户村民加入了十八洞村苗绣合作社。全村300多名妇女中，上至八十多岁、下至二十多岁，已有192人重拾绣花针成为绣娘，其中能独立做产品的高级绣娘有

28人。在订单多的时候，绣娘们每月仅靠苗绣就能增加2000~3000元的收入。

十八洞村苗绣项目精准扶贫的制度安排有两个方面的创新。第一，该项目开创了"央企＋高校＋政府＋农户"的新扶贫模式，在这一模式中，央企、高校、政府和农户各司其职、发挥自身比较优势，形成精准扶贫的强大合力。第二，村民利用当地传统工艺来增加收入和改善生活，同时还能振兴苗族文化。这恰与精准扶贫方略契合。精准扶贫强调对扶贫对象的精确识别、精确帮扶、精确管理，尤其是要因地制宜地培养合适的产业，才能真正实现脱贫不返贫的目的。

（3）精准使用资金。

扶贫的最终目的是脱贫，实现共同富裕。精准扶贫只是脱贫的手段，如果一味地追求精准可能达不到预期。在精准扶贫过程中，有很多错综复杂的利益关系需要平衡。比如十八洞村的猕猴桃种植项目，按照政策规定是不能够给非贫困户进行补贴的，但是这一方案遭到了猛烈的反对，村民反应很强烈。最后精准扶贫工作队只能另辟蹊径，突破财政资金使用限制，对参与脱贫工作积极性高的非贫困户也进行了适当补贴才使得猕猴桃种植项目得以顺利进行。

随着精准扶贫工作的展开，十八洞村的财政扶持项目资金快速增加（表6-3）。在选好项目以后，资金的使用还涉及如何在贫困户与非贫困户间进行分配的问题。十八洞村的资金使用主要遵循的是普惠基础上有差别的分配原则。猕猴桃种植项目对贫困户和有意向的非贫困户都进行了补贴，但是该项目中贫困户人均补贴是非贫困户人均补贴的2倍。另外，十八洞村的油菜种植、生猪养殖、桃树苗种植、稻花鱼养殖、村集体桃园种植都带有普惠性质，都采取向贫困户倾斜分配的措施。2016年，十八洞村贫困户共获得195508元的产业项目资金支持，村里的非贫困户获得155544元的产业项目资金支持，村集体获得178948元的产业项目资金支持，从项目资金分配的规模看，贫困户的总体受益最高。

表6-3 十八洞村财政扶持项目资金统计（2013—2015年）

项目资金名称	2013年	2014年	2015年	合计（万元）
原扶贫办	10	714	808	1532
国土局	0	25.5	46	71.5
交通局	57.18	293.73	385.16	736.07
住建局	0	30.5	0	30.5
水利局	0	40	155.58	195.58
民宗局、文旅局	20	72	20	112
以工代赈	0	47	80	127
合计	87.18	1222.73	1494.74	2804.65

（4）精准措施到户。

每个家庭的致贫原因千差万别，要确保达到精准扶贫的效果，仅仅确定扶持项目精准和扶持资金使用精准还不够。以往的扶贫经验表明，很多扶贫项目不仅难以到户，即便到户后效果也不理想。贫困户在发展和生产中面临诸多的障碍，他们缺技术、缺资金、缺市场信息、缺市场经济运作的知识和内生动力。习近平总书记指出，应注重增强扶贫对象和贫困地区自我发展能力，注重解决制约发展的突出问题，努力推动贫困地区经济社会加快发展。

根据"领导联乡、单位包村、干部驻村、一定三年"的扶贫责任机制，花垣县委指定该县原扶贫办和花垣县苗汉子野生蔬菜开发专业合作社（以下简称苗汉子野生蔬菜合作社）为十八洞村的帮扶责任单位。2015年以后，十八洞村进一步落实帮扶到户责任，建立一对一结对帮扶机制。花垣县原扶贫办、苗汉子野生蔬菜合作社以及精准扶贫工作队的35名党员干部结对帮扶十八洞村的136户贫困户542人，平均每名干部结对4个贫困户，对其履行帮扶责任。上述帮扶责任单位对贫困户的致贫原因进行了详细调查说明，其中缺技术的118户，缺资金的25户，缺劳动力的12户，缺土地的10户，因病或因残致贫的9户，因学致贫的5户，缺乏发展理念或思路的2户。针对每个贫困户的致贫原因和发展意愿，帮扶责任人和帮扶单位提供有针对性的帮扶措施，实现精准扶贫。

对于低保户、无劳力、有重大疾病的贫困户，有关部门按照兜底政策发放低保金并争取政府和社会帮扶金。对于有学生就学的贫困户，有关部门借助雨露计划等贫困助学项目发放助学补贴。对于参加退耕还林，或享受政策性补贴种养项目的贫困户，有关部门则落实政策性补贴。对有外出务工意愿但缺乏劳动技能的贫困户，有关部门采取职业技能培训、与用工单位对接安排务工等措施，增加其就业机会。对于想在家门口就业的贫困户，有关部门从开农家乐、小卖店、苗绣加工、导游讲解、环境保洁、交通疏导等方面支持其发展。对有养殖意愿的贫困户，有关部门鼓励村里的养殖大户带动其发展生猪、黄牛、山羊的养殖。对于缺乏资金的贫困户，有关部门帮助其通过小额贷款、土地质押等方式获得资金。

4. "三步走"，解决怎么退的问题

习近平总书记指出，精准扶贫是为了精准脱贫；要设定时间表，实现有序退出，既要防止拖延病，又要防止急躁症；要留出缓冲期，在一定时间内实行摘帽不摘政策的制度；要实行严格评估，按照摘帽标准验收；要实行逐户销号，做到脱贫到人，脱没脱贫要同群众一起算账，要群众认账。

随着精准扶贫工作的稳步推进，以及思想、设施和产业三大建设举措的逐步落地，十八洞村的精准脱贫也以"三步走"的方式得以顺利实现。2014年十八洞村精准识别的国家级建档立卡贫困户136户542人中，有9户率先于2014年年底脱贫。有52户于2015年年底脱贫。2016年年底，随着剩余的75户宣布脱贫，全村贫困人口全部实现脱贫，全村人均纯收入由2013年的1668元增加到2016年的8313元。十八洞村脱贫攻坚与乡村振兴大事记见表6-4。

表6-4 十八洞村脱贫攻坚与乡村振兴大事记

时间	事件
2013年11月	习近平总书记来到十八洞村，首次提出精准扶贫重要思想
2014年1月	花垣县委选派的首支精准扶贫工作队进驻十八洞村
2014年6月	中共中央办公厅首次回访
2014年8月	成立十八洞村苗汉子果业有限责任公司，异地流转约0.67平方千米土地种植猕猴桃
2015年1月	十八洞小学、排谷美小学完成升级改造
2015年4月	花垣县十八洞村游苗寨文化传媒有限责任公司注册成立
2015年5月	中共中央办公厅再次回访

续表

时间	事件
2016 年 1 月	十八洞村被评为第三批"美丽宜居村庄"
2016 年 12 月	十八洞村被评为第四批"中国传统村落"
2016 年 12 月	花垣十八洞旅游开发有限公司成立
2017 年 2 月	十八洞村退出贫困村序列
2017 年 3 月	十八洞村被评为第二批"中国少数民族特色村寨"
2017 年 6 月	湖南十八洞山泉水有限公司成立
2017 年 11 月	十八洞村获评"全国文明村镇"
2018 年 9 月	十八洞村村民大会修订完善村民自治章程和村规民约
2018 年 10 月	湖南省深入学习贯彻习近平总书记精准扶贫工作重要论述大会的参会人员考察十八洞村脱贫成效
2019 年 5 月	花垣十八洞旅游开发有限公司正式运营
2019 年 8 月	十八洞村集体所有的思源餐厅正式营业
2019 年 9 月	花垣县十八洞村集体经济联合社正式挂牌成立
2020 年 3 月	通过《十八洞村村级集体经济收益分配管理暂行办法》
2021 年 6 月	湘西土家族苗族自治州矮寨·十八洞·德夯大峡谷景区被确定为国家 AAAAA 级旅游景区

（三）湖北省咸宁市红石村的精准扶贫与乡村振兴案例分析

湖北省咸宁市通城县麦市镇红石村（以下简称红石村）位于湖北省最南端，是湖南省、湖北省、江西省三省交界处。2014 年，该村有贫困人口 141 户 485 人。红石村人均耕地面积少，山林陡峭、交通不便、土地贫瘠，贫困情况持续时间长。中南财经政法大学（以下简称"大学"）选派驻村工作队后，这里发生了翻天覆地的变化。自 2015 年开始，大学先后选派 6 批驻村工作队来到红石村开展帮扶工作。驻村以来，大学在产业帮扶、教育帮扶、医疗帮扶及基础设施建设等方面加大工作力度，积极发挥高校学科、师资、校友等优势，组织市场营销、信息技术、土木工程、就业培训等方面的专家，为村民提升劳动技能，并采用线上授课的方式，为红石村中小学生开展学习帮扶活动，为麦市镇各学校捐赠了帮扶款。在驻村工作队和村"两委"的共同努力下，红石村于 2017 年年底顺利实现整村脱贫。当前，驻村工作队继续为乡村振兴贡献着力量，具体体现在以下 3 点。

1. 产业发展

要实现乡村振兴，就必须走好产业发展之路。2020 年年初，驻村工作队与麦市镇党委、红石村两委在分析当地的资源禀赋、产业现状、市场空间、贫困劳动力人口等情况的基础上，全面推行"支部+农民专业合作社+农户"的创业扶贫新模式，将特色种植养殖作为该村的主要产业扶贫项目。该项目以农民专业合作社为经营主体、村里贫困人口为主要劳动力，同时将大学作为营销主体，组织产销对接，帮助红石村实现产业"造血"和"输血"。

2020年6月5日，大学校领导与通城县委副书记共同为红石村新建的蔬菜基地揭牌，这揭开了红石村农业发展新的篇章。大学与通城县麦市镇红石村、井堂村共同成立"村校联建型"联合党委，跨越村庄行政设置，成立4个合作社，采取"农户种植养殖+合作社定价收购+高校直销"的方式，积极探索"一村一品"发展新路子。红石村和井堂村打造葡萄产业园、西瓜基地、果蔬基地、火龙果、草莓等一系列集观光、采摘、休闲于一体的新型农村观光产业园，成立西瓜、胡萝卜等合作社4个，负责果蔬的种植、采摘和收购，联合党委负责同大学对接果蔬的销售，让农户放心种养，合作社安心收购，师生开心食用。同时，联合党委成立了豆制品专业合作社，以油豆腐、豆腐干、河粉、豆油、白豆腐为主要农副产品，采用"合作社提供农资+保价收购"的经营模式。截至2022年4月，带动精准脱贫户69户，让群众在家门口实现了就业增收。通过"村校联建型"联合党委，井堂村、红石村等村的集体经济年增收达30万元，实现了经济效益和社会效益的双丰收。

2. 教育发展

高校恰好是传播和创造知识的地方，在教育方面有着天然的优势。大学高度重视咸宁市的优质生源，并通过线上、线下多种方式，为考生、家长提供全面、系统的高考咨询服务。连续两期的驻村工作队长兼驻村第一书记王建荣带领工作队干部驻村帮扶，不仅得到了上级组织的充分肯定和鼓励，也成为当地百姓的"家里人"。他还联系麦市中学，将自己的女儿送来支教。

3. 医疗发展

疾病是一个严重的致贫、返贫原因，大部分疾病可以做到早发现、早治疗。大学的校医疗队组织了内科、外科、儿科、口腔科、中医科等多名专家，带着心电图机、血压计等医疗仪器，为该村村民定期进行医疗服务。在义诊咨询台，校医疗队专家"一对一"为村民进行诊疗服务，测量心电图、检测血压，并耐心细致地为前来咨询的村民诊断病情、检查身体，以通俗易懂的语言为村民讲解医疗知识，提出治疗建议，认真解答村民关于常见病、多发病的预防诊治及疑难问题。红石村62岁的张婆婆患有严重的类风湿关节炎，病情反反复复。校医疗队专家了解情况后，为她做了详细的身体检查，给出治疗建议。大学的校医疗队利用自身医疗资源的优势，把医疗服务送到村民的家门口，为实现乡村振兴贡献力量。

三、案例简评

脱离贫困并不意味着共同富裕的实现，当前我国社会主要矛盾已经转化为人民日益增长的美好生活需要和不平衡不充分的发展之间的矛盾。而我国发展最不平衡的是城乡发展不平衡，最不充分的是乡村发展不充分。为此，我国对从脱贫攻坚目标任务完成后到全面推进乡村振兴设立了5年的过渡期，并颁布了《中华人民共和国乡村振兴促进法》。

（一）十八洞村的脱贫绩效

2013年11月3日，习近平总书记来到十八洞村考察调研，首次提出"精准扶贫"的基本方略，使这里成为我国脱贫攻坚历程中具有地标性意义的地方。曾经贫困的十八洞村，自此蝶变。2016 年,十八洞村整村脱贫摘帽,村民人均纯收入达到了 8313 元,远高于 3000 元的国家贫困线标准。2022 年,十八洞村的村民人均纯收入达到 23505 元,村集体收入由 0 元提升至 2022 年的 380 万元(表 6-5)。在精准扶贫基本方略的实施下,十八洞村已由一个自给自足的小农经济村,变为如今拥有猕猴桃、山泉水、旅游、劳务、苗绣五大支柱产业的小康村。十八洞村迅速摘掉了贫穷的帽子,发生了翻天覆地的变化,引起社会各界的广泛关注,成为湘西土家族苗族自治州乃至全国众多贫困地区脱贫攻坚的模范,实现了从脱贫样本到脱贫读本的转变。

表 6-5 十八洞村脱贫人数、人均收入和村集体经济收入的变迁

时间	脱贫人数	人均纯收入(元)	村集体经济收入(万元)
2013 年	—	1668	—
2014 年	9 户 46 人	—	—
2015 年	52 户 223 人	3580	—
2016 年	75 户 264 人	8313	7
2017 年	—	10180	53.68
2018 年	—	12128	70
2019 年	—	14668	126.4
2020 年	—	18369	200
2021 年	—	20167	268
2022 年	—	23505	380

数据来源:作者根据人民日报、央视新闻、湖南省乡村振兴局网站等所载的相关数据整理。
注:"—"表示数据缺失或此项无。

对全村村民以及贫困户的经济收入结构进行比较和分析可以看出,务工收入比重的提升、生产经营性收入的增加以及转移性收入的落实,是推动十八洞村贫困人口稳步脱贫的主要贡献力量。2016 年,全村 136 户已脱贫的国家级建档立卡贫困户的收入构成中,74.5% 来自外出务工的工资性收入,13.7% 来自生产经营性收入,10.3% 来自政策性补贴等转移性收入(表 6-6)。除了收入来源的增加和收入水平提升外,基础设施与公共服务等非收入性指标的改善,对于抵御返贫风险也起到了很好的保障作用。

表 6-6 2016 年十八洞村建档与非建档村民收入结构比较

项目	全村村民(%)	原国家级建档立卡贫困户(%)	结构差异(%)
工资性收入	77.6	74.5	-3.1
财产性收入	0.9	1.4	0.5
转移性收入	8.4	10.3	1.9
生产经营性收入	13.1	13.7	0.6

数据来源:刘艳红、申孟宜,《精准扶贫精准脱贫百村调研·十八洞村卷:精准扶贫首倡地的机遇、创新与挑战》,社会科学文献出版社,2020 年,第 44 页。

十八洞村 2014 年识别的国家级建档立卡贫困户有 136 户 542 人。这一群体的人均纯收

入 2013 年仅为 1659 元，2016 年达到了 8525 元，而全村人口人均纯收入从 2013 年的 1668 元增加到 2016 年的 8313 元，贫困人口的收入增长速度稍快于全村平均水平。在外出务工方面，原贫困户的劳动力外出务工比例从 2013 年的 58.1% 提升到 2016 年的 71.2%，同期全村的外出务工率由 2013 年的 55.7% 上升到 2016 年的 62.4%。贫困户外出务工的比重高于全村平均水平。从收入结构来看，工资性收入仍然是贫困户的最主要收入来源。2016 年全村人口务工获得的工资性人均纯收入为 6461 元，占全年全村人均纯收入的 77.6%，原贫困户通过务工获得的工资性人均纯收入为 6324 元，占全年全村人均纯收入的 74.5%。在经营性收入方面，从数据来看，支柱性产业获得的生产经营性收入构成了全村村民尤其是贫困户较为稳定的收入来源。在转移性收入方面，通过各种补贴获得的转移性收入在短期内有效地增加了十八洞村村民的收入。随着脱贫人口从务工获得的工资性收入、支柱性产业获得的生产经营收入种类的增加和来源的稳定，2014 年和 2015 年的脱贫建档立卡户的转移性收入在收入中的占比呈现下降趋势（表 6-7）。这也符合脱贫的一般规律，在绝对贫困时期，转移性收入会占有比较大的比重，但到相对贫困时期，主要靠增强贫困户自身谋生能力为主。财产性收入依旧是十八洞村村民收入中的薄弱环节（表 6-6）。提高财产性收入将是未来增加十八洞村村民收入的有效途径。

表 6-7 转移性收入的变化趋势

年份	2014 年脱贫建档立卡户	2015 年脱贫建档立卡户	2016 年脱贫建档立卡户
2014	11%	—	—
2015	—	7.9%	—
2016	6.6%	6.3%	14.2%

数据来源：刘艳红、申孟宜，《精准扶贫精准脱贫百村调研·十八洞村卷：精准扶贫首倡地的机遇、创新与挑战》，社会科学文献出版社，2020 年，第 46-47 页。

注："—"表示数据缺失。

非收入性指标方面也有很大改善，十八洞村村民生产生活设施条件得到显著改善。2013—2016 年，十八洞村完成了 5 公里进村道路扩宽改造，6 公里机耕道建设，村内公共通道入户道路的青石板改造任务，完成 4500 米水渠建设，维修和改造了 2 所小学，建成村级游客服务中心、停车场、观景台、游步道。从"两不愁三保障"方面看，村民在义务教育、家庭基本医疗和住房保障方面也得到了较为全面的覆盖。2017 年是十八洞村的过渡之年，随着猕猴桃种植项目的顺利进行以及花垣十八洞旅游开发有限公司的落地、山泉水项目的落地，十八洞村村民在家门口就业的机会得到显著增加，本地就业收入和经营性收入的比重增加，这成为十八洞村巩固脱贫攻坚成果的重要保障。

（二）十八洞村的发展机遇

习近平总书记的到来以及全国各大媒体的宣传报道使得十八洞村迎来了前所未有的发展机遇。第一，十八洞村成为全国党建学习考察的对象和红色旅游景区，游客越来越多，据统计，2015 年来十八洞村参观的人数达 10 万人次，2016 年为 16 万人次，2017 年为 25 万人次，2019 年超过 60 万人次。2019 年 5 月花垣十八洞旅游开发有限公司正式对外营业后，通过摆渡车收费系统统计的游客人数每月达 3 万~3.2 万人次。国家 AAAAA 级旅游景区的评定,为十八洞村的旅游项目发展提供了新的契机。第二,十八洞村成为社会帮扶力量汇聚的焦点。十八洞村的网络通村愿望在 2014 年得以实现。2016 年,在原国家旅游局(现名"文化和旅游部")旅游规划扶贫公益行动的支持下,成都来也旅游发展股份有限公司免费为十八洞村制定了旅游规划。2017 年 6 月,十八洞苗族文化博物馆正式对外开放。2018 年,中国建筑第五工程局有限公司和中国海运集团有限公司援建了十八洞村新村部和停车场。2019 年,济南市槐荫区出资 20 万元,帮助十八洞村办起了第一家集体餐厅——思源餐厅。第三,十八洞村成为民间投资的热点。伴随着十八洞村影响力和知名度而来的潜在商机也吸引了省内外不少民间资本的关注,这为十八洞村借助外力发展产业创造了巨大的机会。消费宝(北京)资产管理有限公司、步步高集团以及湖南地球仓科技有限公司等民营企业与十八洞村达成了投资与合作开发协议。

(三) 十八洞村从精准脱贫到乡村振兴面临的挑战

2017 年以来,随着十八洞村成功实现脱贫摘帽,由外来资本投资或参与运营的三大产业项目(十八洞村旅游项目、山泉水项目以及地球仓悬崖生态酒店项目)先后在十八洞村落地,十八洞村的产业发展突破了种植业和农副产品加工等传统产业范围,向现代制造业和旅游服务业快速迈进。得益于这几大产业项目的利润分成,十八洞村的集体收入也从 0 起步,在 2022 年达到了 380 万元,这为集体经济的发展提供了资本金(表 6-8)。然而,在民间资本相继投入和集体经济蓄势待发的过程中,集体经济发展面临瓶颈,一些民间资本投资或参与的项目难以落地,这些对十八洞村从脱贫攻坚到乡村振兴的转变构成了不容忽视的现实挑战。

表 6-8 十八洞村集体经济收益变化情况及来源

时间	集体经济收益(万元)	来源
2013 年	—	—
2014 年	—	—
2015 年	—	—
2016 年	7	出租集体用房
2017 年	53.68	水厂、猕猴桃项目分红
2018 年	70	水厂、猕猴桃项目分红
2019 年	126.4	水厂、猕猴桃项目分红、旅游公司分红
2020 年	200	水厂、猕猴桃项目分红、旅游公司分红
2021 年	268	水厂、猕猴桃项目分红、旅游公司分红
2022 年	380	水厂、猕猴桃项目分红、旅游公司分红

数据来源:作者根据湘西土家族苗族自治州人民政府官网、新华社、湖南省乡村振兴局网站等所载的相关数据整理。

注:"—"表示数据缺失。

随着集体收入的逐渐增加,如何通过发展集体经济,一方面实现资产保值增值,另一方面更好地发挥集体经济在助弱扶贫、实现共同富裕方面的积极作用,成为一个不可回避的现实问题。十八洞村一直在尝试，有成功的喜悦，也有失败的教训。2018年下半年，十八洞村成立十八洞农旅农民专业合作社，流转全村80%的土地，尝试搞辣椒和水稻等农作物的规模化种植和经营。但仅仅过去一年时间，这些项目就以亏本而告终。主要原因有三点：第一，农产品市场不稳定，市场机会不容易把握；第二，监督成为问题，存在出工不出力的现象；第三，土地流转规模过大，没有很好地利用土地。

民间资本落地也存在问题。与苗汉子集团合作的猕猴桃种植项目目前运营状态良好，山泉水项目目前运营良好，但是乡村旅游项目以及十八洞·地球仓悬崖生态酒店项目都面临了不同程度的困难。乡村旅游项目投资者几经更换，原控股股东消费宝（北京）资产管理有限公司和接替它的企业已先后从十八洞村乡村旅游项目退出。这两家企业退出原因主要有以下两点。第一，十八洞村自2018年成为湖南省的"潇湘八大红色景区"后，不能对游客收门票，这降低了投资企业的回报预期；第二，十八洞村旅游项目还处于培育阶段，收益存在不确定性。承担十八溶洞开发的另一家企业花垣双龙旅游开发公司也已经撤资。截至目前，十八洞村旅游项目控股股东已经变成花垣十八洞旅游开发有限公司，最终控股股东为花垣县国资委。由此可以看出旅游项目在开发过程中存在诸多不确定性，需要平衡各方利益。国家AAAAA级景区的成功落地，既是机遇也是挑战，如何维护好、利用好这块招牌很重要。另外就是十八洞·地球仓悬崖生态酒店项目，在旅游旺季，该酒店入住率仅仅只有三到四成，再叠加新型冠状病毒感染蔓延的冲击，该酒店的运营面临挑战。

四、问题探索与理论链接

精准扶贫基本方略是我们党在继承和吸收已有的扶贫、减贫理论基础上的伟大创新。其生成的理论基础是社会主义本质理论和以人民为中心的理论。其生成的现实基础是中国共产党成立以来的经济发展与减贫实践。锚定的目标是消除绝对贫困，全面建成小康社会。

（一）精准扶贫的理论基础和现实基础

实事求是和从实际出发是精准扶贫基本方略的哲学基础。实事求是是马克思主义的根本观点，是中国共产党人认识世界、改造世界的根本要求，是我们党的基本思想方法、工作方法、领导方法。进入脱贫攻坚阶段，中共中央对扶贫工作提出了"扶贫脱贫、不落一人"的更高要求，同时我国扶贫形势出现了减贫效益下降的新变化，这就需要在贫困治理中坚持实事求是和从实际出发的原则，深入探析贫困现象的客观实在，探寻消除贫困的良方。

中国共产党的坚强领导和社会主义制度集中力量办大事的优势，是扶贫治理体制机制的重要保障。社会主义本质理论和以人民为中心的理论是精准扶贫基本方略产生的思想基础。习近平总书记关于扶贫工作的重要论述在战略上旗帜鲜明地将人放到首位，精准到户到人，以户以人为中心。在方法手段措施上精准到人到户，靶向扶贫，个性化施策。在实施效果持续性上提出精准、可持续的系列方法体系，这是精准扶贫基本方略的根本创新之所在，是以人民为中心的发展思想和习近平新时代中国特色社会主义思想的重要体现。中国经济改革与发展的伟大实践，及中国共产党带领全国人民进行脱贫攻坚的伟大实践是精准扶贫基本方略产生的现实基础，应努力做到在做大蛋糕的前提下把蛋糕分好。

（二）精准扶贫的重要内涵

所谓精准扶贫，与大水漫灌式的粗放扶贫相对应，它是指针对不同贫困区域环境、不同贫困农户状况，运用科学有效的程序对扶贫对象实施精准识别、精准帮扶、精准管理、精准考核的扶贫模式。事实上，贫困不仅仅是单一因素造成的，它涉及收入水平、机会、能力、安全水平、权力等诸多因素，具有多元化特征。在精准识别扶贫对象后，重要的环节就是如何扶贫和拔根。由此可见，解决个人能力问题至关重要。著名发展经济学家西奥多·W. 舒尔茨认为，人力资本水平低下是导致贫困的主要原因，人力资本对经济增长的贡献远比物质资本的增加重要得多。阿马蒂亚·森也认为，贫困产生的根源是能力的缺乏和剥夺，重建个人能力是反贫困的重要策略。总体来讲，精准扶贫以精细管理、综合协同、持续再生等理念为指导，运用统筹、协调、分类的科学方法，变"大水漫灌"为"精准滴灌"，坚持全过程责任式管理。精准扶贫的内涵丰富，核心是从实际出发，找准扶贫对象，摸清致贫原因，因地制宜，分类施策，开展针对性帮扶，实现精准脱贫。精准扶贫的内涵集中体现在习近平总书记对"扶持谁""谁来扶""怎么扶""如何退"四个核心问题的阐述上。

一是"扶持谁"的问题。坚持精准扶贫、精准脱贫的前提是要解决好"扶持谁"的问题，确保把真正的贫困人口弄清楚，把贫困人口、贫困程度、致贫原因等搞清楚，以便做到因户施策、因人施策。解决扶持谁的问题，要求实现扶持对象精准，具体工作内容为精准识别和精准管理。首先，制定贫困识别的指标体系，识别贫困对象。识别贫困的前提是要有一定的界定贫困的标准。目前，绝对贫困是全球范围内主要的贫困衡量标准。由于全球的发展水平不平衡，所以需要根据不同国家的发展水平来制定不同的贫困标准。贫困一般划分为两档，即绝对贫困和一般贫困。从国际绝对贫困标准的数次调整情况可以看出，贫困标准是与全球经济变化相联系的。随着经济的发展，国际绝对贫困标准也在逐步提高。由此可见，我们要结合实际情况，制定合适的贫困标准。虽然我国目前还不能达到国际一般贫困标准线标准，但是我国所制定的贫困标准线是依据我国现实情况，在充分调查人民生活状况之后，制定出能够实现的，切合实际的贫困标准。2013 年 12 月 18 日，中共中央办公厅、国务院办公厅印发《关于创新机制扎实推进农村扶贫开发工作的意见》，提出国家制定统一的扶贫对象识别办法，并按照县为单位、规模控制、分级负责、精准识别、动态管理的原则，开展贫困人口识别、贫困户建档立卡和建设全国扶贫信息网络系统等工作。其次，扶贫对象的信息公开。接受群众监督，及时开展复议，保证指标体系设定的公平、公正、公开。最后，贫困户建档立卡并上网。2014 年 5 月，原国务院扶贫办（现名"国家乡村振兴局"）等部门联合印发关于贫困户建档立卡、建立精准扶贫工作机制等文件，对贫困户和贫困村建档立卡的目标、方法、步骤、工作要求等作出部署。2014 年 4 月—10 月，全国组织 80 万人深入农村开展贫困识别和建档立卡工作，共识别 12.8 万个贫困村、8962 万贫困人口，建立起全国扶贫开发信息系统。2015 年 8 月至 2016 年 6 月，全国动员近 200 万人开展建档立卡"回头看"，补录贫困人口 807 万，剔除识别不准人口 929 万，较好地解决了"扶持谁"的问题。

二是"谁来扶"的问题。解决好"谁来扶"的问题，做到分工明确、责任清晰、任务到人、考核到位，建立脱贫攻坚责任体系。2015 年 11 月发布的《中共中央 国务院关于打赢脱贫攻坚战的决定》指出，加强扶贫开发队伍建设，稳定和强化各级扶贫开发领导小组和工作机构。扶贫开发任务重的省（自治区、直辖市）、市（地）、县（市）扶贫开发领导小组组长由党政主要负责同志担任，强化各级扶贫开发领导小组决策部署、统筹协调、督促落实、检查考核的职能。加强与精准扶贫工作要求相适应的扶贫开发队伍和机构建设，完善各级扶贫开发机构的设置和职能，充实配强各级扶贫开发工作力度。扶贫任务重的乡镇要有专门干部负责扶贫开发工作。加强贫困地区县级领导干部和扶贫干部思想作风建设，加大培训力度，全面提升扶贫干部队伍能力水平。截至2020年年底，全国累计选派25.5万个驻村工作队、300多万名第一书记和驻村干部，同近200万名乡镇干部和数百万村干部一道奋战在扶贫一线。其中超过1800名扶贫干部以身殉职，将生命定格在了脱贫攻坚征程上。2021年以来，全国20.96万名驻村第一书记、56.3万名驻村工作队员扎根一线、履职尽责，为巩固拓展脱贫攻坚成果、全面推进乡村振兴发挥了重要作用。

三是"怎么扶"的问题。解决好"怎么扶"的问题，我国按照贫困地区和贫困人口的具体情况，实施"五个一批"工程，要提高扶贫措施有效性，核心是因地制宜、因人因户因村施策，突出产业扶贫，提高组织化程度，培育带动贫困人口脱贫的经济实体。推进精准帮扶工作是解决"怎么扶"问题的重点，实现项目安排精准、资金使用精准、措施到户精准、因村派人精准。我国瞄准建档立卡贫困对象，建立需求导向的扶贫行动机制，深入分析致贫原因，逐村逐户制订帮扶计划，使专项扶贫措施与精准识别结果和贫困人口发展需求相衔接。2015年11月，中共中央、国务院印发《中共中央 国务院关于打赢脱贫攻坚战的决定》，进一步阐明精准扶贫、精准脱贫基本方略。2016年12月，国务院印发《"十三五"脱贫攻坚规划》。自开始实施精准扶贫基本方略以来，中共中央和国家机关各部门出台大量政策文件或实施方案，各地方政府也相继出台和完善"1+N"的脱贫攻坚系列文件。这样形成了需求导向、全员参与、有效对接的扶贫脱贫帮扶体系。

四是"如何退"的问题。精准扶贫是为了精准脱贫，因此要设定时间表，实现有序退出，既要防止拖延病，又要防止急躁症，做到脱贫成效精准；要留出缓冲期，在一定时间内实行摘帽不摘政策；要严格评估，按照摘帽标准验收；要实行逐户销号，做到脱贫到人，脱没脱贫要同群众一起算账，要群众认账。2016年4月，中共中央办公厅、国务院办公厅印发《关于建立贫困退出机制的意见》，对贫困户、贫困村、贫困县退出的标准、程序和相关要求作出细致规定，这为贫困人口退出提供制度保障。我国还严格实施考核评估制度，组织开展省级党委和政府扶贫工作成效考核，就各地贫困人口识别和退出准确率、因村因户帮扶工作群众满意度、"两不愁三保障"实现情况等开展第三方评估；结合收集的情况和各省总结，按照定性定量相结合、第三方评估数据与部门数据相结合、年度考核与平时掌握情况相结合的原则，对各省（自治区、直辖市）脱贫攻坚成效开展综合分析，形成考核意见；对综合评价好的省份通报表扬，对综合评价较差且发现突出问题的省份，约谈党政主要负责人，对综合评价一般或发现某些方面问题突出的省份，约谈分管负责人。将考核结果作为省级党委、政府主要负责人和领导班子综合考核评价的重要依据。

在理解精准扶贫内涵时，要特别注意，提高精准度只是扶贫的一种手段，最终解决贫困问题才是目标。不能一味地追求扶贫的精准度而忽视目标，混淆扶贫工作目标与手段也不是真正的精准扶贫。

（三）精准扶贫的重大意义

消除贫困是人类的共同使命。精准扶贫基本方略和伟大实践，既为中国脱贫指明方向，也为世界脱贫开出良方，既造福中国人民，也造福世界各国人民。

1. 精准扶贫的国内意义

精准扶贫是脱贫攻坚实践创新的行动指南。在脱贫攻坚时期，贫困程度深，致贫因素复杂，返贫现象较为突出，并呈现出结构化趋势。贫困问题的解决，除了要下更大的决心和投入更多的资源外，更迫切需要合理、有效的贫困治理新方略。习近平总书记提出的精准扶贫基本方略中的"扶真贫、真扶贫、真脱贫"要求为脱贫攻坚阶段扶贫开发明确了工作目标；"六个精准"论述为扶贫工作方式转变提供了方向和着力点；"五个一批"脱贫路径论述为扶贫工作指明了工作重点任务；"扶持谁""谁来扶""怎么扶""如何退"问题的阐述对扶贫开发体制机制创新、构建等都具有重要的指导价值。

扶贫开发事关全面建成小康社会，事关增进人民福祉，事关巩固党的执政基础，事关国家长治久安，事关亿万贫困群众中国梦的实现。实施精准扶贫，打赢脱贫攻坚战，是促进全体人民共享改革发展成果、实现共同富裕的重大举措，是体现中国特色社会主义制度优越性的重要标志，也是经济发展新常态下扩大国内需求、促进经济增长的重要途径。

第一，精准扶贫、精准脱贫的基本方略体现了我们党全心全意为人民服务的根本宗旨。自党的十八大以来，以习近平同志为核心的党中央，坚持对脱贫攻坚的集中统一领导，把脱贫攻坚纳入"五位一体"总体布局、"四个全面"战略布局，统筹谋划，强力推进。中国共产党执政的根本宗旨就是全心全意为人民服务，只有真正做到为人民造福，党的执政基础才能坚不可摧。自改革开放以来，我国实施大规模扶贫开发，使7亿多农村人口摆脱了贫困。尽管前一阶段我国的扶贫工作已经取得了辉煌的成就，但新时期我国的扶贫任务仍然非常艰巨。经过多年的扶贫减贫工作，剩下的都是"硬骨头""大难题""深水区"，贫困问题依然是我国全面建成小康社会的一个突出短板。小康是全国人民的小康，没有贫困地区、贫困群体的小康，就没有全面建成小康社会。消灭贫困，实现全体人民的小康，就必然要求我们以更大的决心、更明确的思路、更精准的举措、超常规的力度，众志成城，实现脱贫攻坚目标。加快贫困地区、贫困人口脱贫致富奔小康，不仅是政治问题、经济问题，也是重大的社会问题、民生问题，事关战略全局。精准扶贫，是削减贫困、缩小收入差距、统筹区域协调、实现共同富裕的内在要求。

当前，我国脱贫攻坚战已经取得全面胜利，区域性整体贫困得到解决，绝对贫困得以消除，为全面推进乡村振兴奠定了基础。民族要复兴，乡村必振兴。当前，中国"三农"工作重心已经从脱贫攻坚历史性地转移到了全面推进乡村振兴上。

第二，精准扶贫符合社会主义的本质要求。社会主义的本质要求是解放生产力、发展生产力、消灭剥削、消除两极分化、最终达到共同富裕。我国的经济发展水平虽然稳步提升，但总体来说，我国的经济发展地域差别较大，东部沿海地区发展起步早，经济发展水平相对较高，而中西部在经济发展、基础设施条件、居民收入、教育等方面与之差距较大。这也是制约我国经济协调发展、全面建成小康社会最突出的短板。为了切实贯彻"看真贫、扶真贫、真扶贫"的扶贫思想，党和国家针对扶贫工作制定了一系列的措施和政策，从精准识别、精准帮扶、精准管理、精准考核四个环节竭尽全力开展扶贫工作，并在确保扶贫质量的基础上，提高脱贫成效，以求在最短时间内实现脱贫目标。只有让贫困群体彻底摆脱贫困，才能实现社会主义的本质要求，也才会更好地体现出社会主义的优越性。

第三，精准扶贫是解决民生问题的有效手段。"柴米油盐酱醋茶"是老百姓的日常生活，"巧妇难为无米之炊"却是贫困群体的真实困境。由于受自然条件、自身发展能力等多个方面的限制，在缺乏外界帮扶和支持的情况下，贫困群体仅依靠自身能力难以摆脱贫困，他们在基本生活、医疗卫生、健康保障、教育和就业等方面的基本需求难以满足。习近平总书记高度重视贫困群体，他强调，对困难群众要格外关注、格外关爱、格外关心。只有对困难群众投入更多的心思，甚至是与他们"结穷亲"，把他们当成自己的亲戚和朋友，这样才能更深入地了解他们的真实需求，真正做到想群众之所想、急群众之所急、忧群众之所忧，也才能更好地实现精准到户、精准到人，真正达到保障困难群众的基本生活，与之共享经济发展成果的目标。

第四，精准扶贫是我国扶贫开发制度化、法治化的强劲推动力。法律是治国之重器，良法是善治之前提。有法可依是实现依法治贫、法治扶贫的前提条件。进一步开拓中国特色扶贫开发事业，要坚持立法先行，发挥扶贫开发立法的引领和推动作用。自党的十八大以来，我国政府对扶贫开发工作的投入规模、重视程度前所未有，尤其是在推进精准扶贫的过程中，扶贫开发工作的各个环节，包括建档立卡、规划编制、项目安排、资金使用、考核督察等更加规范化，促进扶贫开发工作走向法治化、制度化。《中共中央 国务院关于打赢脱贫攻坚战的决定》中对推进扶贫开发法治建设提出了要求。该决定指出要健全贫困地区公共法律服务制度，切实保障贫困人口合法权益；完善扶贫开发法律法规，抓紧制定扶贫开发条例。我国不仅在政策层面大力推动精准扶贫法治化，各地在落实精准扶贫基本方略的过程中也非常注重从法律层面规范扶贫开发工作。如四川省于 2015 年 6 月 1 日起正式实施《四川省农村扶贫开发条例》，对扶贫开发对象、扶贫开发措施、社会扶贫、项目管理、资金管理、监督检查、法律责任等各个方面提供了法律保障，这样有助于提高扶贫开发工作的质量和水平。另外，湖南省、湖北省、贵州省、云南省、甘肃省等省（自治区、直辖市）也都颁布了地方性法规规章，这使扶贫开发步入依法行政、依法扶贫的轨道。2021 年 6 月 1 日起《中华人民共和国乡村振兴促进法》施行，从此，我国促进乡村振兴有法可依。

2. 精准扶贫的国际意义

现任联合国秘书长古特雷斯曾指出，精准扶贫是帮助最贫困人口、实现 2030 年可持续发展议程宏伟目标的唯一途径，中国的经验可以为其他发展中国家提供有益借鉴。精准扶贫的国际借鉴意义主要体现在以下三个方面。

第一，实施多维度的精准扶贫基本方略应对发展中国家贫困问题的艰巨性和复杂性。从全球范围看，贫困是一种世界性现象，也是一个世界性难题，但各国的致贫原因却各不相同。由于贫困问题多样性，单一维度的贫困治理方案往往难以取得令人满意的效果，因此，在扶贫实践中，要重点区分不同扶贫对象的致贫原因，各个击破，提升扶贫措施的针对性和有效性。中国的精准扶贫、精准脱贫实践，注重将扶贫的精准度与综合性相结合，形成综合性扶贫脱贫思路，实施精准扶贫基本方略并实现精准脱贫，加快了全球减贫进程。从减贫速度看，中国明显快于全球。世界银行发布的数据显示，按照每人每天 1.9 美元的国际贫困标准，从 1981 年年末到 2015 年年末，我国贫困发生率累计下降了 87.6 个百分点，年均下降 2.6 个百分点，同期全球贫困发生率累计下降 32.2 个百分点，年均下降 0.9 个百分点。2013—2020 年，中国农村贫困人口累计减少 9899 万人，年均减贫 1237 万人，贫困发生率年均下降 1.3 个百分点，如期完成了消除绝对贫困的艰巨任务。这些具有中国特色的精准扶贫经验，可以为非洲国家以及其他发展中国家和地区的减贫事业提供参考和借鉴。

第二，形成和完善了自上而下与自下而上相结合的贫困识别机制，有助于国际减贫方法的改善。此前，国际上识别贫困的方法主要有两种：一是自上而下的贫困识别方法，主要采用个体需求评估法；二是自下而上的贫困识别方法，即典型案例法，但这两种贫困识别方法的单独运用均存在一定的缺陷。贫困的识别是精准扶贫的前提和基础，但同时也是一项难度大、要求高的技术性工作，单方力量往往难以完成贫困识别的专业性任务。在人口规模庞大的地区，采用逐户走访的家庭调查方式识别贫困不仅成本太高、耗时太长，且难以对贫困情况进行动态跟踪。中国政府结合具体的国情将两种方法有机结合：一方面，通过统计部门抽样测算贫困规模，对贫困指标自上而下进行逐级分解，保证贫困识别的科学性；另一方面，通过贫困户自愿申请、民主评议等自下而上的贫困识别机制，提高贫困户的参与度和监督效果，较好保障贫困识别的真实性。在此基础上，逐步形成了自上而下与自下而上有机结合的精准识别机制，为国际减贫方法的完善提供了有效的参考和借鉴。

第三，发挥党和政府在减贫中的主导作用，同时激发了贫困地区贫困户的内生动力，助力提升减贫成效。西方主流的扶贫理论认为只要保持经济持续发展，即便没有社会政策的干预，经济发展的好处也能通过涓滴效应影响到贫困阶层，从而解决社会贫困问题。但自 21 世纪以来，全球减贫进入停滞不前的困境。中国的精准扶贫的创新实践，强调通过中国共产党领导的政治优势和社会主义制度集中力量办大事的制度优势，显示出对西方扶贫理论的超越。中国特色社会主义制度是打赢脱贫攻坚战的制度优势，系统完备、科学规范、运行有效的制度体系是打赢脱贫攻坚战的制度保障。以人民为中心的制度安排，为全球贫困治理贡献了中国经验。中国在精准扶贫实践中，强化党和政府主导贫困瞄准、贫困干预、脱贫成效评估等减贫全过程。除不断加大投入外，还通过"中央统筹、省负总责、市县抓落实"管理机制提升政府整体扶贫效能，激发并形成扶贫合力，不断完善政府、市场、社会互动和专项扶贫、行业扶贫、社会扶贫联动的大扶贫格局，这成为从根本上摆脱贫困的动力来源。同时，精准扶贫、精准脱贫基本方略不仅强调中国共产党领导的政治优势和社会主义制度集中力量办大事的制度优势，也强调要发挥脱贫主体的能动性，"智""志"双扶，激发出贫困户脱贫的内生力量，尊重贫困户的主体地位，使贫困户自力更生的精神不断焕发，贫困地区的内生动力不断积累，有利于最大限度地减少可能发生的返贫现象，为国际贫困治理理论的创新提供参考，对于帮助广大发展中国家加快摆脱贫困具有重要借鉴意义。

五、问题讨论

（一）精准扶贫的主要方法有哪些？
（二）精准扶贫如何增强贫困地区和贫困户的内生动力？
（三）怎样做好从脱贫攻坚到乡村振兴的有效衔接？

参考文献

刘艳红，申孟宜，2020. 精准扶贫精准脱贫百村调研·十八洞村卷：精准扶贫首倡地的机遇、创新与挑战［M］. 北京：社会科学文献出版社.

陆汉文，黄承伟，2016. 中国精准扶贫发展报告（2016）：精准扶贫战略与政策体系［M］. 北京：社会科学文献出版社.

全国扶贫宣传教育中心，2018. 精准扶贫精准脱贫方略：基层干部读本［M］. 北京：中国农业出版社.

汪三贵，曾小溪，2018. 从区域扶贫开发到精准扶贫：改革开放40年中国扶贫政策的演进及脱贫攻坚的难点和对策［J］. 农业经济问题（8）：40-50.

《一个都不能少：中国扶贫故事》编委会，2020. 一个都不能少：中国扶贫故事［M］. 北京：当代世界出版社.

中共湖南省委宣传部，湖南省扶贫开发办公室，2020. 立此存照：十八洞精准扶贫档案实录.［M］. 长沙：湖南人民出版社.

案例七

"集中力量办大事"的高铁发展模式

黄逸飞

教学目的

使学生了解投资项目的市场匹配原则与互相促进发展特征。

教学内容

介绍我国建设高铁的历程,以及高铁发展中的困难。归纳高铁模式具有的特征。

重点、难点： 本讲重点和难点是掌握高铁建设与市场规模匹配理论,以及高铁对经济发展的先导作用。

章前思考题： 如何评价高铁对中国经济发展的贡献？

一、案例概要与教学目标

2017年5月,北京外国语大学丝绸之路研究院发起了一次留学生民间调查,来自"一带一路"沿线的20国青年评选出了他们心中的中国"新四大发明":高速铁路(以下简称"高铁")、扫码支付、共享单车和网购。其中高铁高居榜首,成为他们最想带回国的"中国特产"。中国高铁具有安全稳定、服务全面等多方面的优势,不仅受到国内越来越多人的青睐,也在国外获得了许多认可。从京津城际铁路,到武广高铁、京沪高铁、京广高铁,一条条高铁线路贯通南北,一片片高铁网格纵横神州。中国高铁已经成为新时代"中国制造"的优秀代表,成为中国走向世界的一张亮丽名片。

"滴水穿石,非一日之功。"相较于高铁建设起步较早、高铁技术较成熟的日本、德国等国家,我国是如何充分发挥自身优势,迅速建立起符合自身国情的高铁建设和运营体系的?我国又是如何在短短数年内,大力建设高铁,赶超其他高铁强国,成为世界上高铁里程数最多、高铁技术名列前茅的国家的?本章将遵循我国高铁从初生到成长,从探索到腾飞的发展脉络,介绍当前我国高铁的里程数、覆盖率等基本情况,重点分析我国高铁的建设、运营、融资模式,中国共产党在高铁建设中起到的关键性作用,以及高铁带来的经济效益,使学生了解和掌握中国高铁的基本情况。

二、案例内容

(一)背景介绍

1. 高铁及其定义

高速铁路,简称高铁,一般是指设计标准等级高、可供列车安全高速行驶的铁路。那什么是"高速"呢?高速,英文为high speed,它是一个相对的概念。事实上,不同时代对于高铁速度的规定也并非完全一致。1985年联合国欧洲经济委员会在日内瓦签署的国际铁路干线协议规定:新建客运列车专线时速为300km,新建客货运列车混线时速为250km以上的称为高铁。欧盟在1996年宣布对"高铁"提出新的定义,并发布了"96/48/EC号指令",该指令规定,新建高铁的容许速度达到250km/h或以上,经升级改造的高铁,其容许速度达到200km/h。在2008年世界高铁大会上规定,高铁必须同时具备以下三个条件:新建的专用线路、时速250km、动车组列车与专用的列车控制系统。目前在全球绝大多数国家和地区中,对客运铁路速度的分档一般为:100~120km/h为常速铁路;120~160km/h为中速铁路;160~200km/h为准高速铁路;200~400km/h为高速铁路;400km/h以上为超高速铁路。

2014年年底发布的《高速铁路设计规范》是中国正式发布的首部高铁规范。该规范虽未对高铁做出明确的定义,但在总则第二条中指出,该规范适用于新建设计时速为250~350km/h,运行动车组列车的标准轨距的客运专线铁路,设计时速分为250km/h、300km/h、350km/h三级。换言之,我国高铁的运营速度至少应达到250km/h。而后,我国铁路主管部门官方网站在科技创新专题专栏发文《什么是高速铁路?》,文章明确了中国高铁的建设和运营标准,文中将我国高铁定义为:新建设计开行250km/h(含预留)及以上动车组列车,初期运营速度不小于200km/h 的客运专线铁路。

2. 中国高铁发展历程

我国的高铁建设主要可以分为两种:第一种为对原有线路的进一步提速升级,使列车的运行速度符合高铁运营标准;第二种为从零开始,新建一条符合高铁运营标准的线路。在改革开放早期至21世纪初,我国的高铁建设以第一种为主。在掌握了高新技术,积累了有关经验及人力物力后,我国的高铁建设转变为:在兼顾对原有线路提速的同时,大力建设新型高铁线路。

1978年,党的十一届三中全会召开前夕,邓小平同志应邀访问日本。日方安排邓小平同志乘坐了世界上第一条高铁线路——东海道新干线,从东京到京都,当时其时速达到了210km,大约比同时期国内的最快列车还要快2倍。这也是高铁首次走进国内大众的视野中。

改革开放初期,由于经济的高速发展和市场制度的不完善,中国铁路面临运输能力不足的困境,各大铁路干线超负荷运行,客运列车和货运列车混跑矛盾增加。宏观经济发展以及微观民生问题的需要都使得我国将高铁的建设和发展提上日程。1991年12月28日,广深铁路启动准高速化改造,它成为中国第一条准高铁工程。随着香港回归祖国,广东省经济迅猛发展,广深铁路迅速成为广东省和香港经济、文化交流的"黄金通道"。广深铁路被称为中国高铁发展的"试验田",它是国内最早开行时速达160km 的快速旅客列车,其开拓性和敢为人先的勇气展现了我国铁路部门奋发向上的精神。1992年3月8日,国务院发布《国家中长期科学技术发展纲领》。该文件指出要加速研究开发铁路重载运输关键技术和时速在200km 以上的高铁客运专线技术。

以广深铁路为代表,1991年12月对其启动准高速化改造,1994年12月通车。1995年6月28日,我国铁路主管部门召开部长办公会议,决定在既有繁忙干线开展提速试验。该试验首先在当时干线里程仅占全国铁路的9.5%,却承担着近30%运量的京沪、京广和京哈三大铁路干线展开,随后便迅速推广到全国各地。1997年,中国铁路正式实施第一次大提速,上述三大干线的最高时速达到了140km,全国铁路客车平均速度由1993年年初的时速48.1km,提高到时速54.9km。以此为参考,我国先后于1998年、2000年、2001年、2004年、2007年又开展了五次全国铁路大提速,这使得我国铁路行业在管理、技术和安全控制方面实现了创新,扩充了铁路运输能力,并为中国高铁事业的自主发展和新建线路做好了前期准备。

1998年12月,针对京沪高铁项目,出现使用传统轮轨技术("轮轨派")和磁悬浮轨道技术("磁悬派")两种建设方案。"轮轨派"认为传统的轮轨制高铁在建设及运营上仍具有相当的优势,而"磁悬派"则认为不与轨道接触,依靠电磁力悬浮的列车才是未来高铁发展的主流。双方各执一词,毫不退让,导致该项目长期搁置。这一论战一度左右着中国高铁的发展方向,直至"轮轨派"的京沪高铁大获成功,而"磁悬派"的上海试验线收益尚达不到预期,中国高铁才放弃了成本较高的磁悬浮轨道技术,选择了传统轮轨技术。

1999年8月28日,广深铁路营运列车时速达到200km,这标志着我国第一条达到高速指标铁路的诞生。同年,秦沈客运专线作为中国第一条轮轨高速动车组的试验线路专线开始施工。2003 年，秦沈客运专线竣工，设计速度 250km/h，运营速度 210km/h。值得一提的是，秦沈客运专线是我国自主设计建造的第一条客运专线，也是中国第一条真正意义上的高铁，在中国铁路的发展历史上具有里程碑式的意义。

2003 年，我国铁路主管部门基本确定了我国高铁的发展思路为"以市场换技术"，即通过对国外先进技术的引进、转让和学习，以较快的速度建设国内的高铁线路，满足经济高速发展对于公共交通，特别是城际交通的需要。同时，我国铁路主管部门还明确指出，采购的机车 20% 在国外制造，剩下的 80% 在国内制造，组装时必须使用中国的品牌。同时还对技术转让的内容、进度和有效性作了严格规定，要求外方中标者价格合理，而且必须转让 80% 的技术，并为我国相关企业提供技术服务与培训，提高国内企业设计、制造和质量管理人员的技术水平，从而加快国内自主研发的速度。此后，我国先后与高铁发展水平较高、高铁发展较早的日本、德国、加拿大等国家合作，引进原型列车，借鉴高新技术，加快铁路建设，产出了一批具有较高技术含量和较大运量的高铁列车。

庞大的市场虽然可以换过时的、一般的技术，但是换不了外国企业得以立身的核心技术。如德国西门子股份公司就曾声称，绝不出让核心技术。依靠技术上的转让和借鉴，可以缓解经济高速发展对于公共交通的迫切需要，却治标不治本。没有一套自己的建设及运营体系，缺乏核心技术，"拿来主义"注定难以长久。于是，我国在坚持"市场换技术"思路的同时，开始了艰难的国产高铁技术创新。

2004 年 1 月，国务院审议通过了《中长期铁路网规划》，提出规划建设"四纵四横"铁路客运专线，并确定到 2020 年我国铁路营业里程达到 10 万千米，建设客运专线 1.2 万千米以上的目标。这是我国铁路历史上第一个中长期发展规划。所谓"四纵"，指的是京沪客运专线、京港客运专线、京哈客运专线和杭福深客运专线；"四横"，指的是沪汉蓉快速客运通道、徐兰客运专线、沪昆高速铁路、青太客运专线。

"四纵四横"的规划布局，囊括了国内主要的大型城市及交通枢纽，极大地缩短了各大城市之间的来往时间，驱动了全国的经济脉搏。2021 年，"四纵四横"高铁网已全面建成，该高铁网内的相邻省会间的通行时间从原来的 5～6 个小时大幅缩短至如今的 1～3 个小时，省内城市群也随之加快了集聚的步伐。

值得一提的是，2016 年，《中长期铁路网规划》得到进一步修订。修订后的规划将我国铁路网由原来的"四纵四横"扩展到"八纵八横"，并辅以更多的区域连接和城际铁路。

2008 年 8 月，我国第一条运营时速达到 350km 的高铁——京津城际铁路正式投入运营。作为《中长期铁路网规划》中第一个开通运营的城际客运系统，京津城际铁路的建成标志着中国自主研制和建设高铁的新篇章。京津城际铁路加快了京津地区经济一体化、交通一体化的目标，有序推进人口和产业的自由流动和集聚，并极大地促进了京津地区的协调性和一体性，这为京津地区的协同发展提供了强有力的支撑和保障。

同年，备受关注的京沪高铁全面开工，并于 2011 年全面开通运营。历经数年技术积累和突破后建成的京沪高铁，是当时中国开通运营的站点最密集、站间距最小、行车密度最高的高铁线路，也是当时世界上一次建成路线最长、技术标准最高的高铁线路。

在具体的建设过程中，京沪高铁建设坚持自主创新，历经了前期引进、中期借鉴、后期再创新的过程，形成了具有中国自主知识产权的高铁技术体系，初步掌握了世界顶级高铁列车的设计与制造关键技术。也正是在京沪高铁线路上,厚积薄发的"和谐号"CRH动车组列车正式崭露头角,其稳居世界前列的时速和较高的自研率都标志着我国已经成为世界上的高铁强国之一。

2012年,我国开始研制以自主化为标准、以标准化为前提、以需求为牵引、通过正向设计创新的"复兴号"动车组列车。自此,原铁道部(2013年更名为"中国铁路总公司",2019年再更名为"中国国家铁路集团有限公司")积极发动科研院所、高校和国有企业,大力研发时速350km中国标准动车组。

2016年7月,由我国自主研发的两列标准动车组"海豚蓝"和"金凤凰"在郑(州)徐(州)高铁上分别以420km的时速交会运行,成功完成当时世界最高速度的动车组交会试验,验证了我国标准动车组列车整体技术性能十分可靠。而所谓的"标准"二字,则意味着今后所有的高铁列车,只要速度处于同一等级,都能连挂运营、互联互通、相互替代。2017年,这两列标准动车组列车正式被命名为"复兴号"。相较于"和谐号","复兴号"不仅自研率更高,使用国内技术更多,寿命及时速也要更胜一筹。而从乘坐的角度来看,"复兴号"整体容量更大,舒适度更高,也实现了车内WiFi全覆盖,以满足乘客的需求。

随着现代科技的飞速发展,特别是人工智能的异军突起,铁路智能化已经成为大势所向。2016年开始,我国铁路智能化建设进入了飞速发展的新阶段:以京张、京雄高铁为代表开展智能铁路建设,探索智能铁路在新时代下的发展前景和实现路径;以感知技术、信息技术为主,开展智能化服务、智能化运输组织等工作;以自动驾驶、故障自诊断、自决策技术为主,开展智能动车组列车的研制工作等。

(二)中国高铁的发展现状

自1991年广深铁路启动准高速化改造,到如今"四纵四横""八纵八横"高铁格局的基本落成,我国在高铁建设方面,已经从改革开放初期的一窍不通,到如今领跑世界,中国高铁运营总里程数超过其他国家高铁里程数之和。特别是自党的二十大以来,我国高铁速度屡创新高,高铁列车自研率不断攀升,受益民众与日俱增。在国际上,我国高铁多次中标,我国成为世界上最重要的高铁建设国之一,为全世界提供中国智慧和中国方案。

1. 铁路货运量及客运量

自改革开放以来,我国逐步加强了不同省份、城市之间的要素及人口流动,鼓励各个城市依照自己的资源禀赋发展。经济的高速发展,政策的不同倾向,使得人们对于工作地点的选择偏好都迫切地要求公共交通快速发展。具体来说,在跨城市的货物输送及人员流动上,相较于起步较晚的现代水路运输和民用航空运输,我国铁路运输独受青睐,从一开始就承担着城际运输的重任。

图7.1列举了自21世纪以来,我国铁路、水路以及民用航空客运量的占比情况。尽管公路运输在人员流动和货物运输上扮演着不可忽视的重要角色,但考虑到公路运输多适用于市内、省内运输,故未将公路运输纳入图7.1中,后续图表的绘制也是基于以上考量,不再赘述。由图7.1可知,铁路客运量占比一直保持在80%左右,我国铁路运输承担着绝大多数人员流动的任务,铁路客运量占比甚至超过了水路和民用航空客运量占比之和。

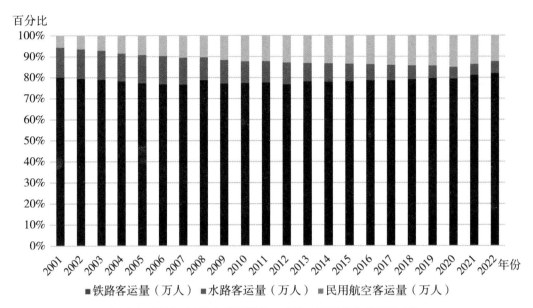

图 7.1　2001—2022 年我国铁路、水路、民用航空客运量占比

数据来源：根据国家统计局数据整理。

图 7.2 列举了进入 21 世纪以来，我国铁路、水路以及民用航空客运量的年均增长情况。考虑到新型冠状病毒感染在 2020 年对于人员流动的外部影响，略去了该年的客运量变化情况，只展示了 2001—2019 年的情况。进入 21 世纪以来，我国经济发展势头良好，人民生活水平日益提高，因此成本相对较高的民用航空客运量增长明显。尽管如此，相较于波动幅度较大的民用航空客运量和水路客运量，铁路客运量的年增速始终维持在一个较为稳定的水平。

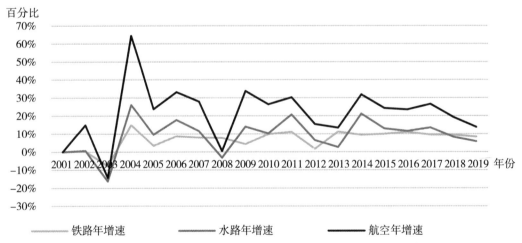

图 7.2　2001—2019 年我国铁路、水路、民用航空客运量增长率

数据来源：根据国家统计局数据整理。

综上所述，尽管随着宏观经济的有序发展和人民收入的持续提高，我国铁路客运量的增速有所放缓，但铁路客运仍然承担着城际人员流动的绝对重任。

从乘客自身的角度来看，这一选择是很好理解的。尽管相较于民用航空客运，铁路客运不可避免地存在着运输时间较长的不足，但日臻完善的铁路运输网络和相对低廉的价格都使得铁路客运在中、短途出行时更胜一筹。此外，民用航空客运受自然条件影响明显，气候条件恶劣时往往难以准时开展航空客运，而铁路客运受外部条件影响较小。不过，随着我国人均可支配收入的不断提高，以及铁路客运外溢的日趋明显，民用航空客运在未来或许会成为更多人的选择。而相较于水路客运，铁路客运，尤其是发展极快的高铁在运输时间上又要节省不少。同时，几乎所有城市都已建成作为铁路客运终端的火车站，而水路客运需要依赖江河湖泊，并非每个城市都能具备。因此，尽管有着价格低、运输成本低等一系列优势，水路客运的客运量仍然占比较小。

相较于客运，城际货物运输则是由铁路运输、水路运输和公路运输（此处不介绍）共同承担的，民用航空所承担的货物运输量则相对小得多，因此略去。由图7.3可知，自21世纪以来，铁路货运量的占比基本呈现下降趋势。在2001年，我国铁路货运量约为193189万吨，超过同年水路货运量。而在2022年，我国铁路货运量约为498424万吨，已经小于同年水路货运量。这或许是由于相较于水路运输，尽管铁路运输的建设已经遍布我国各地，但仍然不可避免地存在着地区间的差异。这一点，在后续有关高铁的里程数及覆盖率的分析中有进一步的分析。

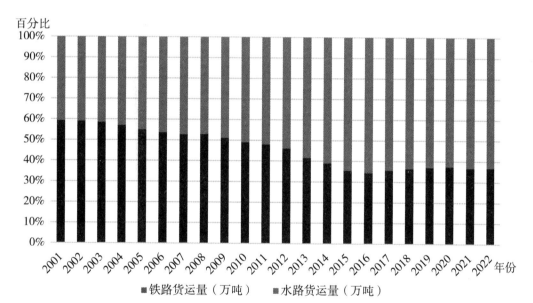

图 7.3　2001—2022 年我国铁路、水路货运量占比

数据来源：根据国家统计局数据整理。

总结铁路运输与其他运输方式的特点，不难发现铁路运输相较于公路运输、水路运输、民用航空运输的优势。首先，铁路运输相对于公路运输而言，占地较少，土地利用效率较高。在土地资源利用方面，铁路运输能够以相对较少的资源占用发挥更大的效益，因而更有利于土地集约利用。其次，从技术层面上来看，铁路运输的能耗相对较低，能源利用效率较高。根据近年来欧盟的统计，运输业能源消耗中98%是石油，公路运输就大约消耗了欧盟石油消费总量的67%，其中，汽车大约消耗了运输业石油消费量的50%。相关统计资料

表明，在不同的运输方式中，铁路运输、公路运输、民用航空运输完成单位运输量的能耗之比约为 1∶8∶11。而且，电气化高铁基本消除了二氧化碳等有害气体所造成的污染，较为环保。最后，铁路运输很少有伤亡事故发生，安全性高；铁路运输准确性高，它与汽车和飞机不同，严格按照列车运行时刻表运行，相比前两者受天气的影响较小。低成本、省投资、高效益是铁路运输独具的特点。

综上所述，在客运和货运中，铁路运输一直都是最为主要的运输方式之一。尽管仍然存在着铁路站点建设不全面，货运量逐年递减的情况，但由于其相对较低的成本，对自然条件依赖度较低及一经建成便可常年通车的特性，铁路运输直至今日仍然是我国客运和货运的中流砥柱。

2. 高铁网络及布局

经过上文的分析，不难发现铁路运输在我国客运和货运中不可或缺的重要地位。事实上，由于铁路运输存在的低成本、省投资、高效益的特点，铁路运输在中华人民共和国成立以来便一直担当重任。随着时代的发展和综合国力的不断提升，我国各省、自治区、直辖市之间经济、人员交流频繁，经济和社会的发展对铁路运输提出了更高的要求：更快的速度、更好的服务、更全面的铁路网络。

曾担任原铁道部发言人的王勇平在 2006 年指出，铁路建设的新高潮不仅是铁路自身发展的需要，也是因为铁路发展的受限已经对我国国民经济的发展产生了负面影响；对一个 14 亿人口的国家来说，要解决人民大众方便出行的难题，只有靠铁路来承担，别无选择。但当时我国交通网络格局的不合理、铁路运输技术的相对落后，让已经建成的铁路网络超负荷运转，待建成的铁路网络难以铺开，铁路的运输大动脉作用很难充分发挥。对此王勇平在同年还指出，自改革开放以来我国铁路平均年增长率只有 1.4%，但国民经济平均增长率达到 8%~9%（当时的数据）；铁路的增长速度远远赶不上国民经济的发展；我国铁路以世界铁路 6.5% 的里程完成世界铁路客货周转量总量的 1/4 以上（当时的数据），铁路运输能力的利用效率已经非常之高。

在这样一个时代背景下，我国先后开展了 6 次铁路大提速，同时，我国逐步使得一批符合世界通用标准的高铁成为我国铁路运输的主流。图 7.4 列出了 2008—2022 年我国高铁营业里程与高铁营业里程占铁路总营业里程之比。由图 7.4 可以看出，随着我国大力开展高铁建设，加快高铁网络在全国的展开，高铁营业里程在全国铁路总里程中的占比也与日俱增。2020 年 12 月，国务院发布的《中国交通的可持续发展》白皮书指出，我国综合交通基础设施基本实现网络化。截至 2022 年年底，我国铁路营业里程达到 15.5 万千米，其中高铁营业里程超过 4.2 万千米；我国区域间人员交流、物资流通日益便捷，横贯东西、纵贯南北、内畅外通的综合交通主骨架逐步形成。高铁已然进一步从铁路运输的中枢发展为整个国家客运和货运的中枢。

这一点，也在我国高铁建设的规划文件《中长期铁路网规划》中提及。2004 年，由国家发展和改革委员会、交通运输部和原铁道部共同编制的《中长期铁路网规划》面世。该规划指出在当时货运量以年 7.5% 的速度迅速增长时，当时铁路的低速限制了铁路在客运方面的竞争力。该规划的目标是，到 2020 年，全国铁路营业里程达到 10 万千米，建设客运专线 1.2 万千米以上，客车速度目标值达到 200km/h 及以上（符合高铁的定义）。2008 年，随着国民经济的快速发展，铁路运输在国民经济中起到越来越重要的作用，且地方政府对于基础设施投资的关注度也与日俱增。而此时又恰逢全球金融危机，中央政府希望刺激国民经

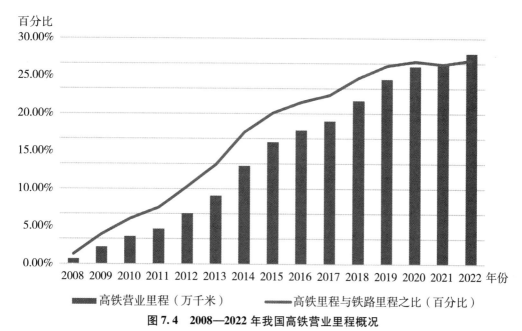

图 7.4　2008—2022 年我国高铁营业里程概况

数据来源：由国家统计局、《中国交通的可持续发展》白皮书的数据整理

济，以尽量减少金融风暴对中国经济的不良影响。因此，2008 年 10 月，国家发展和改革委员会批准了《中长期铁路网规划（2008 年调整）》，将铁路规划的发展目标改为：到 2020 年，全国铁路营业里程达 12 万千米，并建设 1.6 万千米的高速客运专线。2016 年，《中长期铁路网规划》得到进一步修订，铁路网络正式由原来的"四纵四横"扩展到"八纵八横"，并辅以更多的区域连接和城际铁路。该规划提出，2020 年的目标是全国铁路网络规模达到 15 万千米，其中包括 3 万千米高铁，覆盖 80% 以上大城市；到 2025 年，全国铁路网将达 17.5 万千米左右，其中 3.8 万千米左右为高铁。高铁网络将连接几乎所有的大中城市，构建相邻大中城市间 1~4 小时的交通圈，区域中心周围 0.5~2 小时的交通圈。

2008 年，我国已经建成并运营的、符合世界通用标准的高铁仅有秦沈高铁一条，另有刚刚竣工的京津城际铁路整装待发。而在 2017 年，除西部地区以外，我国高铁网络已经基本遍布全国各地，全国高铁里程数占世界高铁里程数的 66%。

时至今日，我国主要大城市已接入或正在接入最高时速 200km 或更高速度的线路，形成一系列的高铁城市圈。截至 2022 年年底，全国铁路营业里程达 15.5 万千米，其中高铁 4.2 万千米，是当之无愧的世界第一。相较于改革开放初期的"千军万马过独木桥"的窘迫，现在，城市连接有了多种选择，可通过多种线路组合实现，堪称"条条大路通罗马"。其中高铁网络规划起到了极为重要的作用，南北纵线和东西横线构成了基本的网络骨架，区域和城际铁路线对其起到补充作用，使得许多高铁线路均可为其他线路分担运输压力，也给了乘客更多的出行选择。《中国高铁——速度背后的科技力量》指出，在京沪高铁线路上旅行的乘客中，有 24% 前往或来自不在主干线上但在连接线上的车站。另一个典型案例是郑州—西安客运专线，这是一条直到 2012 年仍"独立"于网络之外的线路，仅为郑州和西安的乘客提供高铁服务。而在 2013 年与北京—广州线路连接后，郑州—西安线路的客运量增长了 43%，客运周转量增长了 72%。时至今日，乘坐郑州—西安线路的高铁乘客中，约有一半前往或来自该主干线自身以外的车站。高铁网络极大的覆盖范围，提高了各个地区和城市的可达性，使得各个省份、城市、地区之间的沟通变得极为便捷。

3. 高铁里程数及覆盖率

图7.5列出了2008年至2022年，我国每年新建的高铁里程数。由该图可知，我国每年新开通的高铁里程数始终维持在一个较高水平，每年平均新建高铁约3000千米。2014年，我国开通包括成堰铁路彭州支线、武石城际铁路、武冈城际铁路在内的总计12条高铁，设计速度最高达到350km/h，总运营里程创下当时近十年之最。在2020年，我国又开通了包括银西高铁、太焦高铁、盐通高铁在内的共计13条高铁。至此，我国成为世界上已开通高速铁路里程数最大、覆盖面最广的国家。

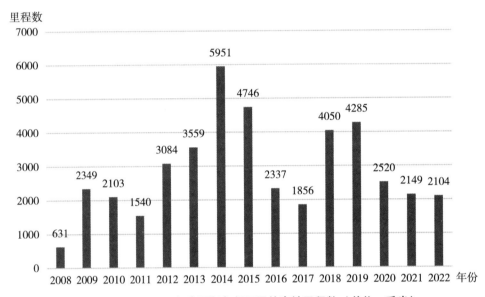

图7.5　2008—2022年我国每年新开通的高铁里程数（单位：千米）

数据来源：根据国家统计局数据整理。

截至2022年，我国投入运营的高铁营业里程达4.2万千米，远远超过世界其他地区的总和。我国也是第一个在人均国内生产总值低于7000美元但仍坚持投资高铁网络的国家。在2010年之前的十年里，即高铁规划的形成年份，中国人口超过25万的城市从376个增加到451个，超大城市（超过500万人）从59个增加到82个。

表7-1列出了我国各省、自治区、直辖市及特别行政区的"第一条高铁"的建成时间和站点城市（选取其具有代表性的城市）。从时间上来看，不难发现2008—2010年是我国建设新高铁线路最多、开通高铁线路最多的年份，"第一条高铁"的开通数量之和达到了17条。2010年以后每年新建成的"第一条高铁"数量逐步下降，这是由于大多数城市已经有了一定的高铁基础，已经开始建设省域内城际高铁网络了。从地理上来看，不难发现"第一条高铁"最早出现于我国的北方地区，如河北省、辽宁省，这可能是由于我国北方地区拥有较好的工业基础。之后，大量的"第一条高铁"出现于我国的东部地区，如江苏省、安徽省、浙江省等，这或许是进入21世纪以来，我国东部地区发展迅速，资本流动活跃所致。

表 7-1 我国各省、自治区、直辖市及特别行政区第一条高铁的开通时间

年份	省、自治区及直辖市	城市	年份	省、自治区及直辖市	城市
2003	河北省	秦皇岛市	2010	上海市	—
	辽宁省	葫芦岛市		江西省	南昌市
2007	台湾省	—		海南省	海口市
2008	江苏省	南京市	2011	吉林省	长春市
	安徽省	滁州市	2012	黑龙江省	哈尔滨市
	山东省	济南市	2013	广西壮族自治区	桂林市
	北京市	—		重庆市	—
	天津市	—	2014	甘肃省	兰州市
2009	山西省	太原市		新疆维吾尔自治区	乌鲁木齐市
	湖北省	武汉市		青海省	海东市
	浙江省	杭州市		贵州省	贵阳市
	福建省	福州市	2013	云南省	昆明市
	湖南省	岳阳市	2017	内蒙古自治区	乌兰察布市
	广东省	广州市	2020	宁夏回族自治区	银川市
2010	河南省	郑州市	2018	香港特别行政区	—
	陕西省	西安市	2018	澳门特别行政区	—
	四川省	成都市	2021	西藏自治区	拉萨市

数据来源：由《中国铁道年鉴》历年数据整理，数据截至2022年。

4. 高铁服务水平

近年来，中国国家铁路集团有限公司（以下简称国铁集团）每天运营的动车组列车已达4000多列，占我国整个铁路网运行列车总数的70%左右。例如，客流量较大的京沪线的大部分线路每天开行100对左右的动车组，京广线每天开行150对左右动车组。我国所有高铁和时速在200km的列车都采用电力动车组列车，由8或16节车厢组成。

从停靠模式来看，目前在任一线路上共有两种。特快列车一般只在起点终点的城市停靠，其他列车则会停靠一些中间站。因此，两个中间站之间的直达服务频次较低，但乘客可以通过在较大的车站换乘而辗转到达目的地。大部分列车服务频次密集，通常在早晨7点至午夜之间每小时或每半小时发车一次。在主要线路上通常采用16节车厢的车型，在次要线路上则采用8节车厢的车型。

除满负荷运载、流动性极强等特点外，我国高铁还具有良好的准点率和可靠性。据国铁集团统计，我国高铁的发车准点率高达98%，到达准点率达95%。对于整体建设水平更高，追求更高服务水平的"复兴号"来说，发车准点率和到达准点率则分别达到了99%和98%。

在高铁票价方面，在2016年之前按照不同时速的高铁列车，有两种不同的定价策略。对于时速为200～250km的动车组列车，由国铁集团确定票价，地方铁路局可以基于当地的

市场情况提供一定幅度的折扣。对于时速为 300～350km 的动车组列车，考虑到成本较高，故其票价在公众购买力和市场本身供给情况的基础之上决定。此外，儿童、学生及其他特殊群体还可进一步享受优惠票价。

上述定价策略还有进一步优化的空间。例如，在稳定性方面，高铁票价只与速度和座次有关，忽视了不同月份、不同节日乃至不同时间段的需求变动问题。中国人民普遍有春节回家过年的习惯，这使得春节期间对高铁出行的需求量激增，而短时间内动车组的数量又是相对固定的，因而出现超负荷的情况，并且难以通过票价浮动来平衡旅客需求和高铁运力。

国家发展和改革委员会规定，从 2016 年 1 月起，放开高铁动车票价，改由原中国铁路总公司（现称"国铁集团"）自主定价。这赋予了高铁定价更大的灵活性，使得原中国铁路总公司和各地铁路局拥有了依据服务类型、乘客需求和当地购买力定价的权利。票价的调整首先出现在时速为 200～250km 的动车组和部分沿海的高铁线路上。

具体而言，这次价格改革体现在两个方面。一方面，在中央管理企业全资及控股铁路上开行的设计时速 200km 以上的高铁动车组列车的一、二等座旅客票价，由铁路运输企业依据价格法律法规自主制定；另一方面，商务座、特等座、动卧等票价，以及社会资本投资控股新建铁路客运专线旅客票价继续实行市场调节，由铁路运输企业根据市场供求和竞争状况等因素自主制定。这样的价格改革使得我国高铁的票价更加灵活，更能适应不同时间、地区的需求变动，也兼顾了不同地区的经济发展情况，体现了社会主义市场经济的优越性。同时，这次价格改革也给予了其他交通设施，如航空业一个外部的冲击，促进了我国出行的多样性。由此可见，随着我国经济的不断发展及动车组列车运力的增加，中央政府正在逐渐放开对交通定价的管制，让市场在资源配置中发挥更大的作用，长期来看这将会提高资源的利用效率，吸引更多民间资本持续高效地注入到基础设施投资中去。

三、案例简评

（一）中国高铁的投资和融资模式

在 2004 年以前，我国高铁的投资以"直接投资"为主。即由国务院负责整体规划，原铁道部负责出资，各个地方铁路局负责项目的执行工作。这一模式在我国高铁建设方兴未艾，依赖进口外国技术专利的情况下起到了一定的历史作用，同时通过中央政府背书增加了整体投资的可信度和可行性，由此为我国高铁的建成起到了开辟性的作用。

2004 年，原铁道部（现名"国铁集团"）确立了"以市场换技术"的整体思路，这进一步拓宽了高铁的投资模式和投资市场，鼓励不同来源的资本进入高铁建设领域。这一思路在具体的建设过程中表现为"股权投资"模式，即原铁道部通过下属机构，如原中国铁路投资有限公司（现名中国铁路投资集团有限公司）、地方铁路局等与地方政府（多为省、自治区、直辖市政府）就各地的高铁建设事项组建合资公司，采取现代化的产权架构和经营模式，并且允许部分第三方机构参与其中。如中国平安保险（集团）旗下的平安资产管理有限责任公司参股京沪高速铁路股份有限公司，中国海洋石油集团有限公司旗下的中海石油投资控股有限公司参股京津城际铁路有限责任公司。合资公司的股本通常由地方政府及相关机构承担 50%，另从国内银行（如国家开发银行）中贷款 50%。随着我国对外开放程度不断提高，也出现过合资公司向国际银行贷款的情形。总的来说，这种合资公司投资的方式逐步占据了我国高铁投资模式的主流，通常称之为"铁路与地方政府合作"模式。

总体来看，我国铁路建设投资仍是以政府投资为主。具体来说，政府投资又可分为以下几种形式：国债和实物投资、地方财政投资、原铁道部投资。20世纪末，为响应"西部大开发"的号召，国债开始逐渐进入铁路建设之中，重点服务西部铁路建设。实物投资主要以土地为标的物，即以土地折价入股，或通过减免税收返还资金。

就融资方面来看，银行一直是我国铁路建设的主要融资渠道之一，各大国有银行对于铁路建设也有不少的优惠政策，如国家开发银行将铁路建设项目贷款期限最长延长至45年，利率也有所下调。对于铁路建设这类时间较长的工程来说，此类贷款非常有利。但是，中长期贷款不仅受到国家年度贷款规模的限制，还受国家对企业及项目的有关规定的约束，铁路企业想获得这类贷款并非易事。自原铁道部拆分，2013年改组为中国铁路总公司（现名"国铁集团"）后，其银行贷款的资信评级下降，又由于建设资金紧张，相关铁路企业不得不使用利率较高的短期商业贷款。

以静态总投资达2209亿元的京沪高铁为例，原铁道部出资620亿元，持股比例为53.90%。上海市、江苏省、北京市等多个省和直辖市的基础设施投资公司共计出资230亿元，持股比例达21.11%。中国银行出资40亿元，持股3.48%，社保基金和中国平安保险集团股份有限公司也有参与。不难看出京沪高铁的投资主体仍旧是政府和国有资本。资本金外剩下的1059亿元中，原铁道部除了通过动车的采购融资得到392亿元，其余部分则通过银行贷款等方式筹集，仅仅建设期贷款利息就高达132.6亿元。

图7.6列出了我国2004—2022年的铁路固定资产投资额。根据该图可以看出，我国铁路固定资产投资额先后经历了2008—2010年、2011—2014年两个急速增长的时期。对于前者，应该是受到了当时全球金融危机的影响，中央政府提出了"4万亿"的经济刺激计划，

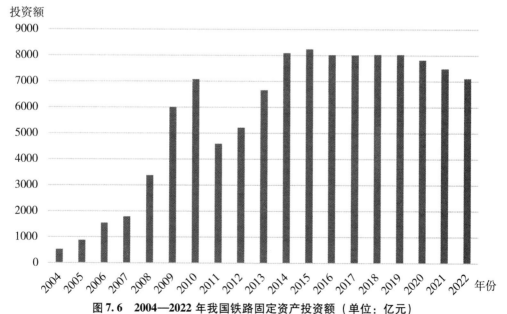

图7.6 2004—2022年我国铁路固定资产投资额（单位：亿元）

数据来源：根据历年《铁道统计公报》整理。

大量的资金得以注入铁路投资中。对于后者，一方面是由于我国自主技术的不断突破和积累，另一方面是由于我国劳动力流动的巨大需要。

基于合资的高铁投资模式，本讲将简要从收入、成本两方面分析这一类合资公司的运行情况。

当前，合资公司的收入主要来源于两方面：一是票价收入，二是使用权费用收入。这两者的主要区别在于动车组列车的所有权归属。一方面，就票价收入而言，合资公司从地方铁路局租用动车组列车，并与地方铁路局就该动车组列车运营和设备维护签订合同，从而获得了使用和运营该动车组列车的权利。合资公司通过线上、线下等多个售票平台，向乘客出售动车组列车的车票，并在支付地方铁路局一定费用后获得自身的主营业务收入。另一方面，合资公司可以收取使用权费用。合资公司向使用高铁线路和车站的列车运营方收取费用，这一费用的费率水平由国铁集团决定。而地方铁路局负责组织列车服务并保留票价收入，承担营收风险。

上述两种模式都将动车组列车的所有权和管理权相分离，增进了资本在高铁建造、运营、维护等多个环节的流通，体现了当代企业产权清晰、流转顺畅的特点。通过统一的运输组织、调度和控制确保了高铁网络的畅通，这使得地方铁路局、地方政府、国铁集团等参与人的设备、人员、技术得以充分运用，确保了运输安全，提高了高铁网络整体的运行效率。

在当今的高铁网络中，绝大多数合资公司选择了收取使用权费用的模式运营，只有极个别，如京沪高速铁路股份有限公司仍选择票价收入模式。故可以将这些合资公司看作是集基础设施融资和管理运营于一体的公司，它们往往不参与动车组列车运营及维修的工作，而是主要起到对动车组列车、铁路等道路资产建设、使用和维护的监督作用。

对于高铁线路的具体财务状况，在2019年发布的《中国的高速铁路发展》报告中，世界银行基于2015年我国高铁的运营数据有过详细的统计和建模分析。首先，在假定载客率为75%的前提下分别估算出不同运行速度的列车的平均乘客数量，其中200～250km/h的平均乘客数量约为390人/车，300～350km/h的平均乘客数量约为825人/车。在此基础上，可以测算出200～250km/h的列车的单位运营收入为每人0.28元/千米，300～350km/h的单位运营收入为每人0.50元/千米。进一步基于电力消耗、维修和维护费用、员工工资薪酬、管理成本以及动车组列车的资金成本等可估算出200～250km/h的列车的单位运营成本为每人0.19元/千米，300～350km/h的列车的单位运营成本为每人0.23元/千米。通过估算，可进一步得到我国高铁主要财务数据如表7-2所示。

表7-2 我国高铁主要财务数据

相关指标	单位	高铁速度	
		200～250km/h	300～350km/h
每辆列车乘客人数	人	390	825
单位运营收入	元/千米（每人）	0.28	0.50
单位运营成本	元/千米（每人）	0.19	0.23
净运营收入	元/千米（每人）	0.09	0.27
净运营成本	元/千米（每车）	35	233
使用权费用	元/千米（每车）	70	153
基础设施维护成本	百万元/千米	1.80	2.30

续表

相关指标	单位	高铁速度	
		200～250km/h	300～350km/h
线路开通时利息	百万元/千米	2.75	3.25
本金偿付额	百万元/千米	2.75	3.25

数据来源：世界银行基于2015年我国高铁运营数据的估算。

其中，在计算使用权费用时，速度200～250km/h的动车组列车按8节车厢计费，速度300～350km/h的动车组列车按16节车厢计费。此外，在较大的车站，车站使用费按每乘客5元计算。同时，还假定了载客率为75%，合资公司创立之初的股权和债务各占比50%。

基于上述数据，世界银行给出了200～250km/h和300～350km/h动车组列车的成本与收入情况图，如图7.7和图7.8所示。

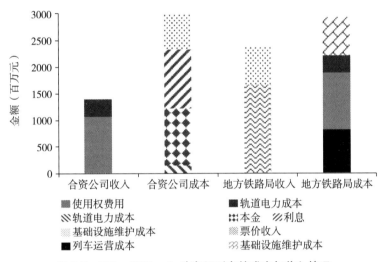

图7.7　200～250km/h动车组列车的成本与收入情况

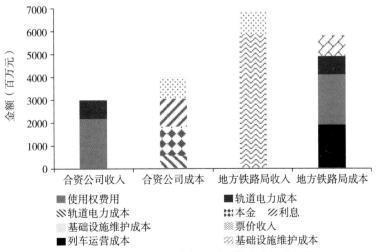

图7.8　300～350km/h动车组列车的成本与收入情况

对比图 7.7 和图 7.8，不难发现一个明显的共同点。从财务数据的角度来看，由地方政府和铁路分局共同出资创办的合资公司存在着资不抵债的情况。具体说来，300～350km/h 的动车组列车的情况要稍好于 200～250km/h 的动车组列车。特别是随着时间的推移，利息费用将随着本金的偿还而减少，主营 300～350km/h 动车组列车的合资公司的财务状况也随之改善。当前，尽管多数动车组列车仍是亏损运营，但一些客流量大的动车组列车已经实现盈利。地方铁路局的财务情况则不太一样。地方铁路局在 300～350km/h 的动车组列车上营运情况较好，两种动车组列车票价的差异使得 300～350km/h 动车组列车的财务可持续性远高于时速 200～250km/h 的动车组列车。

从具体的占比上来看，300～350km/h 的动车组列车的票价收入占比明显高于 200～250km/h 的动车组列车。这也是地方铁路局得以在 300～350km/h 的动车组列车上实现可持续性的一大原因。300～350km/h 的动车组列车的使用权费用约为 200～250km/h 动车组列车的两倍。同时，300～350km/h 的动车组列车也更多，这使得其每千米的维护成本较 200～250km/h 的动车组列车高出约 28%。

下面将合资公司和地方铁路局的情况进行综合分析，同时考虑二者的财务经营状况。从收入来看，使用权收入本质上是在二者内部流动的，实际上的主营收入即来自外部的票价收入。成本主要包括动车组列车运营成本、维护成本和还本付息额。基于前文的分析，又可将财务数据划分为三档，分别对应不同的经营水平：一为收入仅能偿还动车组列车运营成本及维护成本，表明仅能维持基本的运营；二为收入能偿还动车组列车运营成本、维护成本及利息；三为收入能偿还动车组列车运营成本、维护成本、利息以及本金。

在假定投资的融资成本按照 50% 债务，利率为 5%，贷款期限为 20 年计的前提下，可以计算出 200～250km/h、300～350km/h 的动车组列车要实现盈亏平衡所需要的客流密度，见表 7-3。

表 7-3　200～250km/h、300～350km/h 动车组列车盈亏平衡所需要的客流密度（单位：百万人/年）

相关指标	高铁速度	
	200～250km/h	300～350km/h
运营成本、维护成本	21	9
运营成本、维护成本、利息	53	21
运营成本、维护成本、利息、本金	85	33

数据来源：世界银行。

对于 200～250km/h 的动车组列车而言，随着我国城乡居民财富的不断积累，越来越多的人能负担得起更快、更贵的出行方式，从而进一步降低了人们对于 200～250km/h 的动车组列车的需求。当前，我国仍有一部分 200～250km/h 的动车组列车难以偿还运营成本和维护成本，几乎所有 200～250km/h 的动车组列车都无法实现对于本金的偿还。

相较之下，速度更快、票价更高的 300～350km/h 的动车组列车的财务经营状况要好一些。几乎所有该速段的动车组列车都能做到对于运营成本和维护成本的偿还，东部地区的部分该速段动车组列车已经实现了对本金的偿还，从而实现了盈利。

客观来说，不论是从整体层面，还是细分到合资公司与地方铁路局，高铁运营的财务状况都不容乐观。大量的亏损和过高的资产负债率导致高铁难以吸引到民营资本、外国资本的青睐,仅有国有资本在扛大梁。资金上的缺口通常是通过地方铁路局的费用减免,或国铁集团的补贴等方式得以弥补的。

(二) 中国共产党在高铁建设中的作用

我国高铁的发展,可以称得上是我国实践社会主义市场经济体制,并将马克思主义政治经济学与时代相结合的一个奇迹。在还未提出高铁网络建设规划,《中长期铁路网规划》文件尚未印发以前,我国仍是世界上基础设施较为落后的国家之一。在今天,我国已经成为世界上高铁里程数最大的国家,总里程数甚至超过其他所有国家之和。"八纵八横"的格局日趋完善,我国高铁经由"一带一路"倡议、亚洲基础设施投资银行等逐渐走向全世界……这一切的一切,都离不开中国共产党的统一领导和我国社会主义制度能够集中力量办大事的制度优势。

坚持中国共产党的领导,既是实现人民当家做主和实行依法治国的根本保证,也是我国高铁高质量发展的根本保证。中国高铁离不开中国共产党的坚强领导,听党话、跟党走是铁路行业一直以来的优良传统。

在高铁发展方面,党的领导主要体现在以下几个方面。首先,党是我国经济社会发展的掌舵人,党为我国高铁建设指明了历史方位和前进方向。随着中国特色社会主义进入新时代,社会主要矛盾转化为人民日益增长的美好生活需要和不平衡不充分的发展之间的矛盾。这对中国高铁的数量、质量都提出了新的要求,发展高铁不仅要解决"有没有"的需要,还要满足"好不好"的要求。党的十八届五中全会提出了"创新、协调、绿色、开放、共享"的新发展理念,这既是对我国高铁建设的新要求,又是我国高铁建设的新方向。其次,在党的统一领导下,高铁建设硕果累累。第一,我国加大了自主创新力度,积极开展高铁基础理论研究,实现关键核心技术的攻关突破,这使得我国高铁自研率不断攀升,国产列车实现上座率和好评率的双丰收。第二,我国进一步加强了高铁城市圈的协调发展,促进高铁沿线劳动力、资本等生产要素的流动,区域间的各要素交流往来愈加频繁。第三,我国还充分发挥了高铁绿色环保的天然优势,为实现碳达峰、碳中和目标作出应有贡献,并且加快"走出去"步伐,积极参与国际高铁建设,提升我国高铁的整体竞争力。2020年,习近平总书记提出要加快形成"以国内大循环为主体,国内国际双循环相互促进的新发展格局",这无疑给我国的高铁建设和运营工作提出了更高的要求。因此,我国就需要进一步加大自主创新力度,不断提升高铁整体创新能力和服务水平。最后,为中国人民谋幸福、为中华民族谋复兴,是党领导中国高铁发展的出发点和落脚点。坚持以人民为中心的发展思想,践行"人民铁路为人民"的根本宗旨,是铁路行业的红色基因。在党的领导下,中国高铁始终坚持把以人民为中心作为工作的检验标尺,更好地满足人民群众日益增长的出行需要。科学有序推进高铁建设,让全体人民共享中国高铁发展的成果。确保高铁和旅客列车的安全万无一失,把人民的安全放在首位。同时,深化铁路运输供给侧结构性改革,切实增强人民群众的获得感、幸福感、安全感。在全面建设社会主义现代化国家新征程中,相关部门和企业要围绕人民美好生活的需要,不断创新高铁产品,持续提升高铁服务。

具体而言,在铁路建设方面,正因为有党的集中统一领导,才能使得社会各界人士集思广益,共同商讨我国高铁建设的宏观规划以及微观细节,才能有问题导向、目标导向、结果导向的《中长期铁路网规划》面世，才能凝聚力量确保高铁投资的长期注入，才能实现高铁里程的长期增长。以 2008 年开始建设的京沪高铁为例，正是在党的集中统一领导下，社会各界人士就线路技术选择、线路技术标准、线路运营模式等多项高铁指标展开了广泛、激烈、深刻的讨论，堪称我国高铁建设的"百家争鸣"。在这一过程中，不同意见的专家、学者、参建单位畅所欲言，又在党的领导下统一行动，共创辉煌，这体现了社会主义协商民主的时代特点，彰显了我国社会主义制度能够集中力量办大事的制度优势。

在运营管理方面，正因为有党的集中统一领导，才能不断完善高铁合资公司的治理体系和治理能力建设，确认各个主体的权责边界，激发各个主体活力，赋予高铁合资公司产权清晰、权责明确、政企分开、管理科学的现代内涵。这一点可在汉十高铁的建设中体现。汉十高铁是一条武汉至十堰的双线高速铁路，全长 399 千米，总投资 527.5 亿元，已于 2019 年底建成通车。汉十高铁大大缩短了武汉、孝感、随州、襄阳、十堰等湖北省内城市之间的空间距离，也缩短了上述城市到西安等省外城市的来往时间，增强了沿线城市的辐射力和影响力。在建设汉十高铁时，主管部门选用了"工程项目＋党建共创"模式，通过党建、党员队伍将各个参建单位、各路段连接起来。汉十铁路公司和各个参建单位以汉十高铁项目为平台，组建"汉十高铁党建工作协调委员会"，并设立党建工作共建责任区，依托党员队伍，倾听群众声音，定期召开会议，共同讨论、协商。同时，主管部门在各个路段项目部都设立党工委，在各个项目部下属的各参建单位、各工区设立党支部、党小组，充分发挥党的群众路线思想，确保党的组织、党的工作、党员作用全覆盖。2019 年，时任湖北铁投建设党委副书记、汉十铁路公司副总经理冯毅阐释了"工程项目＋党建共创"模式的核心要义。他认为，应坚持党建工作和项目建设中心工作同部署、同落实、同考核、同奖惩。坚持参建各方目标同向、工作同步、共建同频，做到两手抓、两不误、两促进、双丰收。安全问题是整个铁路建设的生命线。由于地理因素，汉十高铁具有施工战线长、地质条件复杂、环保要求高、参建人员流动分散等特点，因此安全管理难度非常大。在党的统一领导和先进党员的带头示范下，沿线各项目部始终把安全生产放在首位，围绕施工生产实际，开展平安工地建设和"党员每周一课"活动，反复强调安全生产施工，制作各种亲情安全提示牌，悬挂在生活区和施工现场醒目位置，把安全意识渗透到每一位员工心中。特别是"党员每周一课"活动的开展，党员职工责任意识明显增强，安全质量得到很大提高。

党的领导对于我国高铁的巨大作用，不仅体现在高屋建瓴的制度设计和我国社会主义制度能够集中力量办大事的制度优势上，同样体现在每一位共产党员的身先士卒、以身作则上。在建设京沪高铁线路时，上海铁路局在先导段联调指挥部成立了运输试验、建设协调、机辆系统等 20 个临时党支部，配齐、配强党支部书记。为进一步调动各个部门党员的积极性，临时党支部提出了"比安全看遵章守纪，比质量看业务素质，比进度看工作实绩，比协调看联劳合作，比奉献看工作作风"的立功竞赛活动，引导党员在京沪高铁先导段联调联试中争创一流，确保各项试验检测安全顺利。为激励先进集体和个人，指挥部临时党总支在每日例会上对当日工作中的先进事例进行点评表扬，事后及时利用信息简报、宣传展板等进行宣传。在高铁建设的初期工作中，涌现了一大批的先进党员典型：创造了当时世界铁路运营试验最高速的合肥工务段，是由以王永贵为代表的 40 多位党员不断摸索，啃下来的硬骨头；整个线路的收尾和连接工作，是由时任上海工务段段长邹成德带领范文华、徐军等

13名党员技术骨干，没日没夜地连续精调才完成的。每一位共产党员在铁路建设中的挺身而出，鼓舞了整个队伍的士气，体现了中国共产党这一百年大党的历史担当和人民情怀，激起了不少职工群众对于党的热情和向往。在建设京沪高铁的过程中，不少职工群众更是直接向党支部递交了自己的入党申请书。可以毫不夸张地说，中国高铁，正是共产党人带领人民干出来的，优秀的共产党人是中国高铁的擎天巨柱。

（三）中国高铁的经济效益

尽管我国高铁长期存在着负债率较高、亏损较多的情况，但我国仍然矢志不渝地坚持着高铁工程的建设。一方面，我国作为世界上最大的社会主义国家，始终坚持以人民为中心，坚持将人民的利益放在首位，坚持建设以高铁为代表的一系列基础设施以提高人民的生活质量，这体现了我国的大国担当。另一方面，尽管从高铁的财务数据上来看并不理想，但是，高铁确实为我国带来了多方面的经济效益，包括对公共交通拥堵的改善、对高铁沿线城市圈经济发展的促进等。

在经济增长方面，过去，以新古典经济学为核心的西方经济学在分析问题时长期忽视了交通运输问题，认为生产和交换均在同一地点发生，回避生产要素在流通过程中的成本，从而忽视了交通基础设施建设对经济的促进作用。近年来随着空间政治经济学的崛起，许多学者认识到了地理位置、空间布局等空间变量在社会生产和分工中所起到的重要作用。事实上，经济活动中的运输成本不可能为零，也不能被忽视。一般来说，当今学术界将这一作用分为直接作用和间接作用两种，具体可见图7.9。

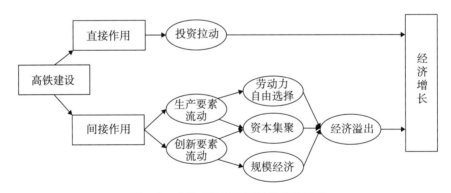

图7.9　高铁建设促进经济增长的原理

高铁对于经济增长的促进作用首当其冲体现在基础设施投资对区域经济增长产生的直接拉动作用上。高铁网络的建成包括建设、运营、维护乃至拆卸等多个过程，可产生较为广泛的产业关联效应。对于高铁的投资增加必然会带动制造业、工业等相关产业的产出增加，这进一步通过投资乘数效应来扩大对于区域经济增长的促进作用。

相较于直接效应，高铁对经济增长的间接效应不仅作用更加明显，也更加为人所熟知。一方面，高铁网络的建成无疑极大地缩短了出行时间和运输成本，加深了各个地区之间的交流和开放，这在一定程度上打破了市场的分割，加快了劳动力、资本等生产要素在各个区域之间的流动，从而提高了资源的配置效率。城市之间的交通发展会带来经济成本的下降，降低企业的运营成本，劳动者也会更趋于自由流动，由此扩大市场规模，通过分工促进地区经济增长的效应得以实现。尽管企业并不会将"该城市是否有高铁站"作为选址的关键要素，但是许多企业指出由于高铁的顺利通车，销售、采购和其他专业服务人员有更多的机会前往外地考察调研，这样企业得以扩大服务区域。因此，在同等条件下，企业选址会优先选择有高铁站的城市。

高铁对于旅游业的推动作用也值得关注。例如，山东曲阜是孔子故乡，一直以来都是热门的旅游目的地之一。然而曲阜距离北京 500 千米左右，距离上海近 800 千米。曲阜的交通基础也较为薄弱，旅客一般会选择铁路交通前往相邻的大城市，再换乘公路交通前往曲阜，这无形间增加了前往曲阜旅游的成本。2008 年，京沪高铁正式开工，作为站点之一的曲阜市也开始修建自己的高铁站——曲阜东站。2011 年，曲阜东站投入运营，这给予曲阜市的旅游业一个全新的机遇。前往曲阜的旅行团如今可以通过高铁连接公共汽车，这大大减少了旅客前往曲阜所花费的时间，直接使 2011 年曲阜孔庙的门票销售额增加了 10%。高铁的建成不仅带动了旅游业的发展，也拉动了酒店业。仅统计 2010 年下半年至 2013 年，曲阜市就有 30 家新酒店开业迎宾，可以提供超过 3000 个床位。

高铁也在脱贫攻坚中起到了重要的助推作用。在中部和西部地区建设高铁网络，可以引导东部地区的溢出资本有序流出，鼓励中部和西部地区的劳动力向东部转移，将我国全部区域的经济活动连成一个整体，用发达地区带动发展滞后的地区，这体现了"先富带动后富"的共同富裕思想。

除了通过加快生产要素的流动来促进经济发展，交通基础设施的网络化发展还将不同区域的经济活动连成一个整体，使城市的边界、城市群的边界不断外溢，打破了知识溢出在空间范围上的限制，加快了大城市的集聚过程，也助推了小城市进入市场的进程，进而促进创新的产生，增加了经济活动集聚的可能性，这样对城市生产力和城市规模增长带来正向影响，促进了区域经济的增长。资本天生具有逐利性，资本总是会从盈利能力较差的地方流向盈利能力较强的地方，而高铁的开通无疑给了资本一个运动的方向。劳动力、资本等生产要素在高铁建成后得以更加明确且快速地流向不同的城市，这使得大城市产生了较为明显的规模效应，从而促进了其经济增长。

长三角城市群较好地体现了高铁建设对于经济增长的促进作用。20 世纪 80 年代，长三角城市群在上海初具规模，以上海为中心向周围辐射。然而如果将城市之间单程交通的时间距离按 1 小时同城、2 小时同群进行划分，受制于当时交通工具的相对落后，1990 年长三角城市群仅包含了在沪宁和沪杭高速公路上的苏州、嘉兴、无锡、常州、杭州 5 个城市。直至 21 世纪初，绍兴、镇江、南京、湖州在高速公路的大规模建设下得以进入长三角城市群。而随着我国高铁建设的全面推广，上海到周边城市的时间距离又大大缩短，这使与上海达到 1 小时同城的城市已超过 10 个，2 小时同群的城市更是达到 30 多个。长三角的三省一市在高铁网络下得以形成更加紧密的人才流动和经济来往，从而使区域一体化进程加快，市场规模不断扩大。

具体分析高铁对于经济增长的影响，又可以将其作用分为增长效应和结构效应两种（图 7.10）。

增长效应指的是宏观经济绝对量的增长。从各个城市和城市群来看，高铁建设拉动了各地的投资，加快了劳动力的流动；从全国层面来看，要素的重组和配置在更大范围内展开，这加快了国内大循环的有序运动，并通过区域间经济增长的溢出和转移促进了全

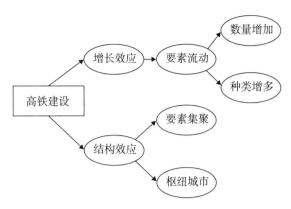

图 7.10 高铁建设的效应分析

国范围的经济增长。在一个城市内,以劳动力、资本为主的生产要素,一方面在这一运动过程中实现了数量的增加,另一方面也实现了在同一区域内种类的增加。通过将更多、更广的生产资源投入生产过程中,企业得以产出数量更多、种类更丰富、品质更高的产品,从而加快了全社会的循环运动。在一个城市群内,城市通过多向选择和比较优势融入所在城市群的分工体系,通过循环积累实现市场规模的扩张和需求的增加,从而促进了整个城市群的发展。

结构效应则更多地体现在整个城市群的发展上面。由于开通了高铁,交通运输成本得以大幅度下降,要素流动、知识和技术的传播也越来越快,因此巩固了城市在城市群中的中心地位。交通对城市群发展的促进,不仅体现在高铁上,事实上在古代就早有例证。四大文明古国的发展离不开各自的河流:古巴比伦的底格里斯河和幼发拉底河,古埃及的尼罗河,古印度的印度河,中国的长江和黄河。早期的城市建设都依托较好的地理优势,它们沿大河流域通过发展内河航运得以扩张。而在对外贸易高速发展的时代,港口和海路运输使得生产、交换过程聚集在港口周围,由此形成了以港口城市为核心的城市群,这一点可参照改革开放以来我国东部地区的快速崛起。进入 21 世纪,高铁迅速发展,交通体系的快速化、网络化深刻改变着区域和城市的空间分布结构。在高铁尚未通车的地区,线状效应尤为明显,例如东北地区的京哈铁路带动线外要素向线内集聚,很快形成辽中南城市群和哈长城市群,该铁路线内的群带状城市分布与线外广袤地区分化明显。在建设高铁后,天津和重庆得以成为全国性综合交通枢纽,它们与北京、上海、广州等城市共同成为全国性综合交通枢纽。随后,高铁建设的重心逐步内迁,中部地区和西部地区的建设力度逐渐加大,成都、武汉等城市作为综合交通枢纽的地位也随之上升。

随着我国高铁建设的蒸蒸日上,也有越来越多的学者注意到了高铁发展对经济增长的促进作用。事实上,交通基础设施作为基础设施的重要组成部分,其对经济增长的影响一直是学者们研究的热点。Fogel 在 1962 年就曾分析过铁路对美国经济增长的影响。之后,Aschauer 在 1989 年的研究发现进行基础设施建设对提高生产率至关重要,这进一步激发了众多学者对基础设施建设与经济增长关系的研究热情,比如 Fernald 于 1999 年考察了发达国家和发展中国家的公路建设对生产率和经济增长的影响。

如果将相关学术研究按照集聚效应划分,则又可以大致分为两类。有一部分学者认为建设以高铁为代表的交通基础设施,可以增强中心城市对周边城市的虹吸效应。李煜伟、倪鹏飞在 2013 年使用 1990—2008 年中国部分城市数据进行了实证研究，结果表明交通运输网络的改善加速了多种要素集聚。

另一部分学者则认为建设以高铁为代表的基础设施，起到了中心城市向城市区的扩散作用。Baum-Snow 于 2012 年研究中国城市圈交通基础设施后发现，城市间铁路交通的改善导致了"次郊区化"，这使得经济活动沿着城市周边的交通支线和环线向外扩散，体现了正向溢出效应，从而促进了当地重工业的增长。

总之，高铁建设对我国的经济增长起到了多维度、多方面的促进作用，这使得我国各个城市群得以建立、完善、往来，这样就进一步促进了我国要素的流动以及宏观层面的经济增长。

四、问题探索与理论链接

（一）高铁发展面临的挑战

自 2003 年第一条高铁秦沈客运专线通车以来，我国高铁已历经二十多年的风风雨雨。转眼间，"八纵八横"高铁网络已然落成，铁路上"和谐""复兴"交相呼应，我国已经成为世界上高铁里程数最大和技术积累最丰富的国家之一。随着我国进入社会主义新时代，新的机遇和新的挑战相伴相生。在未来，我国高铁建设将主要面临以下几个方面的挑战。

1. 财务挑战

在 2019 年发布的《中国的高速铁路发展》报告中，世界银行对于我国高铁建设、运营、维护的经济成本做了估算，并就 2015 年我国高铁的有关数据制定了财务分析表（表 7-4）。

表 7-4 世界银行对我国高铁的财务分析（单位：十亿元）

相关指标		金额
高铁网络	建设	-3498
	收入	6329
	列车运营成本	-3020
	基础设施维护	-554
	总计	-743
普速铁路网络	避免的资金成本	468
	收入损失	-940
	节省的列车运营成本	940
	总计	468
残余价值		1570
总计		1295

结合我国高铁运营的实际情况，不难发现相较于起步较早、经营较成熟、客运量更多的普速铁路网络，高铁网络不仅在建设上投入较多，其运营成本也高。尽管高铁的收入呈现递增的趋势，但从短期来看，我国高铁盈亏难以平衡、负债率较高仍是不得不面对的问题。

一个项目的盈利水平将直接影响到其融资和筹资能力。当前，我国高铁建设的主要力量仍然是国有资本，融资渠道较为单一。一方面，这是由于我国是社会主义国家，全心全意为人民服务是党的根本宗旨；另一方面，高铁对于民营资本、外商资本的吸引力也确实有限。如前文所述，在二十多年的高铁建设中，仅有宏润建设集团、复星集团等个别民营企业愿意投资高铁建设。如果高铁建设的融资一直由政府独自承担，那么在我国高铁建设如火如荼，居民对高铁需求与日俱增的背景下，各地政府必然会面对财政上的诸多问题。

2. "走出去"挑战

随着国内高铁建设的日趋向好，政府开始通过亚洲基础设施投资银行、"一带一路"倡议等多个平台向全世界推广中国高铁，分享中国智慧。但近几年来，我国高铁"走出去"面临诸多挑战，具体有以下三个方面。

首先是我国高铁的安全性问题。近年来，我国高铁技术已经日趋成熟，我国对于高铁安全也高度重视，国务院办公厅于 2013 年颁布《铁路安全管理条例》，2015 年我国第二次修正了《中华人民共和国铁路法》，并出台了有关高速铁路人员技术培训的系列规章制度，力图实现我国高铁营运零事故。当今国际高铁市场竞争激烈，为提高我国高铁的国际竞争力，彰显高铁这张国家名片，我国仍然需要重点关注高铁的安全性，需要不断提升高铁技术水平，优化其营运管理效率。

其次是对国外法律规章的熟悉和适应问题。我国高铁"走出去"涉及了多个不同民族、不同文化、不同法律体系的国家和地区，这就要求我国高铁在实际的招标、建设、运营等有关环节中，要在了解对方法律制度的前提下，充分尊重有关规定，切忌想当然。如我国高铁在进入欧洲市场时，就曾因高铁招标问题遇阻。高铁项目具有建设时间长，工程耗费大等有关特点，因此筹资的主力一般为当地政府，所需的金额也较高。而欧盟的相关法律规定，当采购的商品、劳务的金额超过 20 万欧洲货币单位或建设工程（包括设计、装修）合同的金额超过 500 万欧洲货币单位时，该项目应按照有关程序，使用公开的、竞争的采购程序。因此在高铁建设项目上世界各国的铁路企业均有权利参与到竞标活动中，这无疑成了我国高铁进入欧洲市场的一个阻碍。

最后，还有地缘政治的风险。各国的国情不同，政治环境不同，经济情况也不同，因此中国高铁"走出去"面临着较为复杂的地缘政治风险，需要对出口国进行系统且全面的评估分析。

3. "全面"挑战

我国是目前世界上高铁里程数排名第一的国家，我国高铁总里程数超过世界上其他国家之和。但在巨大的总量下我国高铁仍然存在着西部地区覆盖率较低、人均里程数较低等问题。据原铁道部统计的数据，2007 年我国人均铁路里程数约为 6 厘米，尚不足一支香烟的长度。如今我国已是高铁大国，但每一万人拥有的平均铁路里程数仍不足 1 千米，位于全世界中下游水平。从地理上来看，经济发展较好和工业基础较好的东部地区高铁建设比较完善，不仅起步较早，整体网络也已经建成大半。与之相比，中部地区的高铁建设增长迅速，近年来建成了多条高铁线路。而西部地区则起步较晚，如云南省2016年才拥有自己的第一条高铁。

（二）高铁发展建议

1. 在收入侧调节票价水平

根据前文的分析可知，我国高铁在宏观层面上的收入仍然是以售票收入为主的，而长期以来维持不变的高铁车票定价标准使得高铁一直处在难以盈利的尴尬境地。事实上，政府可以根据不同地区的实际情况、不同线路的需求程度、不同列车的时速水平匹配不同的定价标准，由此体现我国社会主义市场经济的独有优势。例如，速度较快的300～350km/h线路的财务状况实际上要优于相对较慢的200～250km/h线路，其中的很大一部分原因是前者的票价较高。2016年原中国铁路总公司（现名"国铁集团"）旗下所有高铁线路也正逐步放开定价标准，这便是一个好的开始。

如今高铁票价可以根据运营成本、市场需求、竞争和社会接受程度进行有序调整，这使得票价既能够保持在大多数乘客可以接受的水平，又能够尽可能地满足合资公司正常运转的需要。宁波—深圳段高铁线路就是一个例子，由于这段线路每年客流量较大，密度超过3000万人次，且沿途路段的经济发展情况较好，人员流动较为频繁，因此主管的铁路部门曾对票价有过几次调整，兼顾社会效益与经济效益。

2. 在成本侧给予多项补助

高铁建设是一个费时费力的大工程，许多高铁项目从立项到竣工经历了几年的时间。在经济成本和时间成本的双重累加下，高铁建设的成本极高，且投资方收到回报的时间也较长，因此中央政府应当对于高铁建设予以多项优惠政策，从而调动各地政府及民营资本的活力，充分发挥各级政府组织的能动性，为畅通国内大循环贡献力量。

首先，在税收政策方面，可以效仿我国对于高新技术产业的优惠政策，即在经营的前几年免缴企业所得税，在后几年则仅需缴纳一定比例的企业所得税。这在一定程度上可以减轻铁路运营的前期压力，使得合资公司将重心放到前期的调试和运营中去。尤其对正在建设的新线路，特别是建设西部地区等不发达地区的高铁时，更应采取相关政策来促进相关企业投入和运营的积极性。

其次，对于高铁的未来发展来说，可持续经营的关键在于：正确选址和加大财政资金的出资比例。高铁建设不应当操之过急，相反必须步步为营，这是未来经营绩效的根本保障。正如前文所分析的，如果一条高铁线路没有足够的客流量支撑，也没有一定幅度的票价调整额度，那么地方政府及合资公司将难以承担该高铁线路高额的建设和运营成本，从而导致地方政府的财政压力增大，甚至使高铁这类惠民设施变成一种负担，使得地方政府及合资公司消极怠工。也正因此，在高铁的建设投资中，政府应当承担主要的角色。具体说来，公益性越强，政府对于票价和经营管理的干预程度越高，那么政府出资的比例也应当越高，这既能保证高铁建设，又能吸引其他资本的注入。但也应注意政府也应当有一个投资的上限，这样既能够吸引资本注入，使得民营资本获得相对合理的回报，又不至于使得部分民营资本肆意妄为，偷工减料。

最后，地方政府和中央政府可以对前景较好，但当前负债率较高的高铁线路给予政府补贴。2013年原铁道部改组为中国铁路总公司（2019年又更名为"国铁集团"）后，国务院便明确要求该公司建立明确的铁路补贴机制，用以维持亏损铁路的运营，特别是着重考虑利用财政补贴补偿客运服务损失的方式。除了这两种直接参与的方式以外，政府还可以从多种渠道间接参与到对高铁的补贴和帮扶上。第一，债务重组。欧洲各国和日本的高铁建设起步较早，有许多经验值得我国借鉴和学习。如20世纪80年代前后，欧盟对该地区铁路实行了"网运分离"的重大改革，大幅度调整了铁路的负债比例，从而加快了铁路的市场化经营进程。通过重组新的铁路合资公司，他们将铁路原有负债进行统一清算，由新公司承担部分债务，其他部分则转换为国家债务，使新公司能够以较低的负债率开始运营，进而增加铁路公司在资本市场的吸引力和竞争力，加强招商引资的能力。我国也可适当借鉴这一经验，在必要的时候对高铁建设的部分债务予以转移，降低负债率，从而提高高铁的投资回报水平。第二，多元化融资。当前，我国高铁的投资主力仍然是地方政府及各地铁路局，民营资本参与的力度非常有限。对此，我国可以尝试多种融资方式来吸引民营资本的注入，比如BOT模式。BOT（Build-Operate-Transfer）即"建设—经营—转让"，指的是政府将大型基础设施的建造、运营维护的权利转让给其他机构，使得该机构在一定期限内能够获得经济利益。在合同到期后则将该基础设施的经营权还给政府。BOT集融资、建造、经营和转让等多个功能于一体，对于民营资本的吸引力较强。还有TOT（Transfer-Operate-Transfer）即"移交—经营—转移"，指的是政府将已竣工并投入使用的基础设施项目的经营权转让给其他机构，这些机构同时也拥有了获得经济利益的权利。政府在此过程中可以收到一笔来自这些机构的大额资金，从而可以投资建设新的基础设施。相较于BOT，TOT较好地回避了建造过程中可能出现的亏损问题。除此以外，也可考虑部分高铁线路合资公司的上市融资。日本的四家新干线公司JR东日本、JR东海、JR西日本和JR九州均为上市公司，这对我国高铁合资公司的融资有一定的启示作用。但我国铁路运营的账面情况仍不理想，符合中国证券监督管理委员会有关上市融资要求的相关公司较少，具备独立、完整的运营管理权的合资公司则更少。由于难以判断高铁线路真实的盈利情况，因此上市融资仍需谨慎。

3. 在供给侧优化空间布局

当前，我国高铁网络"八纵八横"的空间布局已经基本落成，但不同区域的高铁线路情况则不尽相同。从地理位置上来看，我国东部地区的高铁最多也最为密集，而西部地区则相对要欠缺得多。在建设西部地区的高铁时，应特别注意以下几点。首先是对于政策的落实。有关调查研究显示，政府出台的关于高铁经济带的政策缺乏配套政策的辅助实施，这导致相关政策难以落实。比如在以高铁为脉络的经济带上设立产业试验园区，但有关的财政税收政策、行政管理政策、环境保护政策等要么没有与之匹配，要么则未曾落实，这样就导致产业园区对于企业的吸引力非常有限。其次，尽管近几年来云南省、内蒙古自治区、宁夏回族自治区等地先后开通了高铁线路，但"最后一公里"问题仍然突出。即景区、村镇、工业园区等地"最后一公里"的交通状况普遍不佳，道路狭窄、规划不当等诸多问题仍待解决。

4. 在"走出去"时注意因地制宜

我国高铁在"走出去"时，面对着的诸多问题和掣肘，我们应当积极采取措施加以应对。

首先，在规划上，不应当仅仅将高铁"走出去"看作经济行为，而应当注重其外交意义。通过在世界各国修建高铁，特别是修建我国西部向西进一步延伸的高铁网络，能够加强我国与中亚、东南亚等地区的经贸往来，加强我国的影响力，体现我国的大国担当和社会主义的独特优势。在具体的竞标、建设过程中，应当尊重他国的文化习俗和有关规定，推动我国高速铁路技术标准与国际接轨，求同存异，力图谋求"世界高铁共同体"。在技术上则要进一步突破海外技术壁垒，提升自主知识产权。

其次，随着中国高铁的国际化发展，高铁建设对相关技术人才及理论人才的需求更大、要求更高，而中国高铁人才尤其是高水平专业性人才还有一定的短缺。中国高铁走向世界，既需要精通技术的人员，也需要掌握外语、能与海外企业和政府有效沟通和谈判的复合型人才。

最后，还应当特别注意可能存在的地缘政治风险。这就要求我国高铁在"走出去"的过程中，既要做到充分研判外国政治形势，重视当地政府和民众的利益诉求，又要做到因地制宜，具体问题具体分析，同时也要以身作则，知行合一，将我国人类命运共同体的价值观传播到世界各地。

五、问题讨论

（一）当前，我国高铁的建设情况是怎样的？我国高铁的发展经历了哪几个阶段？

（二）相较于其他国家，中国共产党是怎样依托我国国情，发挥我国制度优势，领导建设我国高铁的？

（三）高铁通车对当地经济起到了哪些作用？

参考文献

董艳梅，朱英明，2016. 高铁建设能否重塑中国的经济空间布局：基于就业、工资和经济增长的区域异质性视角 [J]. 中国工业经济（10）：92-108.

卡尔·马克思，弗里德里希·恩格斯，2009. 马克思恩格斯文集：第 2 卷 [M]. 中共中央马克思恩格斯列宁斯大林著作编译局，编译. 北京：人民出版社.

刘勇政，李岩，2017. 中国的高速铁路建设与城市经济增长 [J]. 金融研究（11）：18-33.

李煜伟，倪鹏飞，2013. 外部性、运输网络与城市群经济增长 [J]. 中国社会科学（3）：22-42.

王雨飞，倪鹏飞，2016. 高速铁路影响下的经济增长溢出与区域空间优化 [J]. 中国工业经济（2）：21-36.

中国科协学会服务中心，中国铁道学会，2020. 中国高铁：速度背后的科技力量［M］. 北京：中国科学技术出版社．

张军，高远，傅勇，等，2007. 中国为什么拥有了良好的基础设施？［J］. 经济研究，42（3）：4-19.

案例八

"一带一路"倡议中我国的大国责任与国内供给侧结构性改革

闫境华

教学目的

使学生了解"一带一路"倡议提出的背景,以及对我国经济发展的作用。

教学内容

"一带一路"倡议的主要内容、影响,以及提出的社会背景;供给侧结构性改革的原因与目标。

重点、难点:本讲的重点也是难点,即如何将"一带一路"倡议和供给侧结构性改革放在一个框架下进行分析。

章前思考题:如何理解"一带一路"倡议对经济全球化的影响,以及对我国国内经济发展的影响。

一、案例概要与教学目标

2013年，习近平总书记提出了"一带一路"倡议，十多年来，"一带一路"倡议从愿景转变为现实，建设成果丰硕，成为中国提供的最受欢迎的国际公共产品之一。中国不断与"一带一路"沿线国家深化经贸合作，提升贸易投资自由化和便利化水平。

"一带一路"倡议的提出适逢美国次贷危机引起的全球金融危机之后，国际货币基金组织（IMF）几乎无法解决和应对国际经济治理危机，这时二十国集团（G20）、金砖国家（BRICS）等国际组织关于全球治理民主化的呼声越来越高，全球的发展中国家迫切地需要一个新的发展模式来重振经济，"一带一路"倡议就在这种呼声中应运而生，其"共商、共建、共享"的倡议让很多发展中国家纷纷参与进来，这使得中国为经济全球化贡献了自己的一份力量。

"一带一路"倡议不仅在国际方面刺激新的需求从而起到振兴全球经济的作用，也为我国更好地进行供给侧结构性改革提供了条件。"一带一路"倡议有效地拉动了我国供给侧结构性改革，并为其提供了要素支撑；而供给侧结构性改革也加快了"一带一路"倡议的建设进程。因此"一带一路"倡议能够很好地解决我国国内长期以来积累的供给侧问题，它有利于我国产业的创新和升级。

2020年，新型冠状病毒感染席卷全球，给世界各国经济和社会生活带来较大冲击。"一带一路"倡议也受到了此次疫情的影响。在疫情期间，中国与"一带一路"沿线国家在抗疫物资运输、防疫和诊疗方案共享以及疫苗研发等方面展开了密切合作。随着疫情的逐步缓解，"一带一路"倡议有关项目的复工复产也在稳步推进中。"一带一路"倡议自提出以来，全球各国间的互联互通明显加强，其作用在疫情期间更加凸显。在国际贸易面临严峻挑战的同时，"一带一路"倡议也证明了多边主义的重要性。搞好"一带一路"沿线国家的基础设施建设，推动我国供给侧结构性改革与"一带一路"倡议的有效衔接，有利于促进我国的经济发展，能够缓解我国的供需矛盾，有效地实现我国经济的高质量发展。本讲通过分析"一带一路"倡议产生的背景，"一带一路"倡议的意义，"一带一路"倡议内涵与特征，"一带一路"倡议对经济全球化的影响，介绍"一带一路"倡议对古代丝绸之路的超越，解读"一带一路"倡议的重点区域发展情况，来帮助同学们更好地理解"一带一路"倡议提出的意义及其与供给侧结构性改革之间的关系。

二、案例内容

（一）"一带一路"倡议的提出

1. "一带一路"倡议产生的背景

"一带一路"倡议是习近平总书记于2013年9月和10月在访问中亚和东南亚国家期间提出的。"一带一路"倡议指的是共建"丝绸之路经济带"和"21世纪海上丝绸之路"，是为了引领经济全球化的建设，构建人类命运共同体，促进世界经济复苏而提出的。2015年3

月,在博鳌亚洲论坛召开时期,经国务院授权,国家发展和改革委员会、外交部和商务部联合发布了《推动共建丝绸之路经济带和 21 世纪海上丝绸之路的愿景与行动》。2017 年 5 月,我国又发布了题为《共建"一带一路":理念、实践与中国的贡献》的文件。在这时,"一带一路"倡议的整体构想以完整的形式展现在世界面前,这意味着该倡议从理论层面走向了实际层面,并且在 2018 年就赢得了全球 100 多个国家和国际组织积极响应和支持。"一带一路"倡议的实施有助于推进我国的对外经济工作,并展现我国"言必信,行必果"的大国风范。

2. "一带一路"倡议的意义

推进"一带一路"倡议需要国际社会的支持与合作,因此,我们要拥有国际视野,站在全球的高度上看待国际经济合作中的中国方案,我们更要主动了解国外对于"一带一路"倡议所持有的态度,这样才能占据主动位置以便顺利推进该倡议的实施。"一带一路"倡议并不是外国专家学者所认为的中国版"马歇尔计划","一带一路"倡议既是中国扩大和深化对外开放的需要,也是加强我国和世界各国互利合作的需要,中国愿意在力所能及的范围内承担更多责任义务,为人类和平发展作出更大的贡献。"一带一路"倡议是中国深化经济改革发展与促进世界经济快速发展相结合的中国方案。十多年来,"一带一路"倡议从初登世界到广为人知,从被质疑观望到多国参加,从理论构想到推广实行,以带有中国智慧的国际经济合作方案吸引着全世界的目光,不但加快推进了经济全球化的进程,还推动了各国之间的人文交流,维护了地区的稳定与安全。

(1) 有助于推动经济全球化的升级。

"一带一路"倡议以打造"利益共同体、责任共同体和人类命运共同体"为最终目标,以"共商、共建、共享"为基本原则,以深化"五通"(政策沟通、设施联通、贸易畅通、资金融通和民心相通)为关键支撑,倡导沿线国家合作对接,构建全方位、多层次、立体式的开放新格局,共同努力实现经济全球化的转型升级。"一带一路"倡议与以西方为中心的经济全球化无论在内容、覆盖范围以及实践路径上都有着很大的不同。随着以大数据、人工智能以及量子技术为主导的信息技术的不断发展,新时代的经济全球化逐步由传统工业化向社会信息化转型,万物互联近在眼前。同时,在"一带一路"倡议下,广大发展中国家将在新一轮经济全球化浪潮中获得更多的发言权,这样更好地维护和实现广大发展中国家自身的利益。

(2) 有助于提振世界经济发展的信心。

从 2008 年发生全球金融危机至今,世界经济依然没有完全从此次危机的阴霾下走出来,新型冠状病毒感染的蔓延则又加剧了各国对世界经济发展的担忧。疫情之下,中国是 2020 年全球主要经济体中唯一一个经济实现正增长的国家。而"一带一路"倡议通过互联互通和产能合作的方式实现生产要素在全球范围内的流动,既引导了国际资本向"一带一路"沿线的发展中国家的合理流动,又调动了发展中国家的比较优势,为经济全球化打开新局面提供了强大的发展动力。"一带一路"倡议自提出以来,中国已与诸多沿线国家达成一系列合作对接协议,这些合作伙伴既有发达国家,也有发展中国家。如英国的"北部经济引擎"计划、印度尼西亚的"全球海洋支点"发展规划、俄罗斯的"欧亚经济联盟"、韩国的"欧亚合作倡议"等,这些合作对接协议的达成,将为"一带一路"倡议提供更广阔的发展空间，并为当前世界经济实现繁荣与发展提供更强劲的动力，进而提振世界经济发展的信心，为后疫情时代的世界经济发展注入活力。

（3）有助于展现中国负责任大国的形象。

作为经济全球化的重要受益者，自改革开放融入经济全球化以来，中国以令人艳羡的速度快速崛起，成为仅次于美国的世界第二大经济体，我国综合国力和国际影响力大幅攀升。伴随着综合实力的增强，国际社会对中国的期望也在上升，尤其是2008年全球金融危机之后，经济全球化遭遇波折，在西方主导的全球治理体系失灵的国际环境下，中国智慧与力量被国际社会寄予厚望。"一带一路"倡议的提出，可谓恰逢其时。"一带一路"倡议就是以中国的快速崛起为动力，推动亚洲、非洲、欧洲、大洋洲、南美洲以及北美洲的共同繁荣与发展，最终构建人类命运共同体，这体现了崛起中的中国的负责任大国形象和大国担当。"一带一路"倡议也为世界和平发展提供了新路径。

3. "一带一路"倡议的内涵与特征

"一带一路"倡议以中国为出发点，途经中亚、东南亚、南亚、西亚地区，最终抵达欧洲部分地区，是当今时代跨度最长的经济合作走廊。一方面，陆上"丝绸之路经济带"主要包括三个方向：第一，从中国西北、东北经中亚或俄罗斯至波罗的海；第二，从中国西北经中亚、西亚至波斯湾、地中海；第三，从中国西南经中南半岛至印度洋。另一方面，"21世纪海上丝绸之路"的主要方向包括两个：第一，从中国沿海港口过南海，经马六甲海峡到印度洋，并延伸至欧洲；第二，从中国沿海港口过南海，向南太平洋延伸。

相对于以前的国际经济合作来说，"一带一路"倡议的构想更为多样化，不只立足于实现互惠共赢的商业合作形式，还提出政策沟通和民心相通。这使得沿线各国文化相互交流，友谊加深，从而促进国际经济的合作共赢。

（1）"一带一路"倡议的内涵。

"一带一路"倡议并非对古代丝绸之路的恢复，而是充分体现出古代丝绸之路的精神，通过新观念、新目标、新形式来建立新时期下的政治经济文化往来通道。例如"21世纪海上丝绸之路"中的"21世纪"的内涵就是立足于新时代发展与国际关系，面向将来，建立符合新世纪的国际关系和秩序规范，并定位为"海上丝绸之路"，以区别于陆上丝绸之路。海洋自身属于一种大通道，想要确保这种通道的长期发展，则应该建立沿海各国之间新的关系，促进沿海各国的长足进步。因此，发扬合作共赢的精神，则必须建立起区别于海洋霸权、海洋侵略的新国际关系和新国际秩序。

"一带一路"倡议覆盖全球经济最为活跃的地区，以"共商、共建、共享"为基本原则，坚持"和平合作、开放包容、互学互鉴、互利共赢"的理念，以政策沟通、设施联通、贸易畅通、资金融通、民心相通的"五通"为主要内容。在建设上，"一带一路"倡议以经贸合作为基础，以文化往来为沟通，不断加深各国之间的政治互信。随着该倡议的施行，一定会推动沿线国家经济的不断增长，加深各国的相互了解，让世界人民认识到具有中国智慧的合作方案，提高中国的国际影响力。

（2）"一带一路"倡议的特征。

"一带一路"倡议自提出以来不断拓展合作区域与领域，尝试与探索新的合作模式，使之得以丰富、发展与完善，但其初衷却始终如一，并形成了鲜明的特征。

① 开放性。

"一带一路"倡议开创了全球经济开放发展的新格局。它以国际产能合作、设施建设、投资贸易往来与合作对接为内容，促进沿线国家的经济转型，推进经济全球化的进程，构建了世界经济开放发展、共同发展的新机制，并为经济全球化的发展增添了新动力。"一带一路"倡议的基础设施建设、投资融资新方法都为沿线发展中国家提供了新的发展动力，有力促进了沿线国家的经贸发展，让这些国家分享中国发展的红利。

② 包容性。

推行"一带一路"倡议旨在实现包容性发展，共同打造开放、包容、平等、和平的国际经济合作架构，使沿线国家共享"一带一路"倡议发展的成果。中国政府通过构建完备的双边联合工作机制来加强多边合作，实施不同的合作方案以满足不同国家的发展需要，并尊重对方意愿等待最佳条件启动合作建设，利用具有包容性的"五通"合作模式，释放出合作双方的贸易潜力与空间。

③ 平等性。

"一带一路"倡议在坚持"共商、共建、共享"的基本原则下，实现与沿线国家的经贸合作，无论国家大小、发展水平高低，中国都坚持平等对待，并结合各国发展的需要实现合作共赢。由此可见，中国注重合作国家的意愿，无论是实施的具体项目还是规划的合作蓝图，都是由合作双方协商的，全程透明公开，我国致力于形成平等参与、互利共赢的合作方案。

④ 普惠性。

亚洲基础设施投资银行（简称"亚投行"）作为"一带一路"倡议的投资平台，能够帮助沿线国家深化互联互通，提高区域的投资能力和分散投资风险，并能平衡多个国家在该地区的经济利益，使普惠观念深入人心。"一带一路"倡议有助于减少经济全球化产生的不利因素，推动投资自由化、便利化，这有助于健全世界经济治理体系，使得全球各国均衡地享受"一带一路"倡议所体现的"普惠性"，还可以使各国民众产生更多的幸福感、参与感、获得感，因而有利于缩减世界贫富差距，为全球化的发展提供新路径。

（二）"一带一路"倡议对经济全球化的影响

1. "一带一路"倡议为经济全球化注入了新的活力和动力

在经济全球化的过程中，出现了发达国家和发展中国家推动经济全球化的动力不足问题，而中国"一带一路"倡议的提出恰逢其时，为经济全球化注入了新的活力和动力。据世界银行评估，"一带一路"沿线国家占全球商品贸易的 40%。2013—2018 年，中国与"一带一路"沿线国家货物贸易累计超过 6.5 万亿美元，中国与这些国家建设境外经贸合作区 82 个，为当地创造 24.4 万个就业岗位和 20 多亿美元税收。截至 2018 年底，中国对"一带一路"沿线国家的直接投资超过 900 亿美元。2019 年前 8 个月，中国企业对"一带一路"沿线 53 个国家的总投资额超过 900 亿美元。"一带一路"倡议是宽阔的"双向车道"，其价值在于互利互信。在中国市场需求快速增长的背景下，外国资本对中国的投资增势还将持续，外国资本在中国的经营将更加便捷有序，经济全球化发展将更进一步。

2. "一带一路"倡议为经济全球化提供了中国智慧和方案

随着"一带一路"倡议的推进，中国在经济全球化中的角色发生了历史性变化，即中国由积极的参与者转变为主要的推动者。"一带一路"倡议对沿线国家和中国的基础设施建设、经济发展、交流合作等都起到了很大的带动作用。在"一带一路"倡议推进的过程中，东南亚、中东欧、中东及北非、非洲（除北非）和欧亚等五个次区域是成果最为显著，各具发展特色的重点区域。

例如，通过"一带一路"倡议，中国与东南亚国家相向而行，以政策沟通建立顶层合作架构，以基建合作、基建扶持构建物理联通，这为贸易、资本的流动扫除障碍。"一带一路"倡议在贸易和投资上均为东南亚国家带来了切实的经济利益。2013—2023 年，中国一直是东南亚国家联盟（简称东盟）最大贸易伙伴。2020 年，东盟已经超过欧盟成为中国的最大贸易伙伴，双边商品贸易额达到 6846 亿美元。对于中国投资者来说，东南亚国家本身具有消费升级、人口红利、地理位置及文化相近等优势，同时，该地区与欧美一些发达国家又建立了较好的经贸关系，并普遍享有这些发达国家提供的普惠制待遇（GSP），可享受一定程度的贸易关税减免，在当前国际贸易环境不明朗的情况下，这也为中国企业提供了一个良好的供应链转移途径。在"一带一路"倡议下，对东南亚国家的重点投资领域包括互联网经济、制造业、IT 行业、基础设施建设、物流、数字金融等。中国在自己富起来、强起来的时候，为其他国家解决问题提供了中国智慧和中国方案。

（三）"一带一路"倡议对古代丝绸之路的超越

1. 发起"一带一路"倡议的原因

"一带一路"倡议的实施主要为了解决以下问题。

（1）中国产能过剩的问题。

自改革开放以来，中国经济得到了迅猛的发展，但是与此同时也带来了很多产能过剩的问题，因此中国才要进行供给侧结构性改革。中国的过剩产能给中国的经济运行带来了很大的影响，但是这些产能对于其他国家可能是优质产能。据 IMF 测算，中国的全部产能利用率不超过 65%，而健康并且能够带来利润的产业利用率应当在 85% 以上。中国的出口结构比较稳定，美国和日本占据核心国的位置，而且出口市场也开拓得较为充分，扩展空间不大。在国内消费很难迅速推进的情况下，为了更好地消化国内的过剩产能，迫切需要开辟新的出口市场。"一带一路"倡议可以为出口过剩产能提供途径。

（2）中国获取资源的问题。

我国的油气资源、矿产资源对国外进口依存度高，这些资源基本通过海路运输进入我国，进口的渠道比较单一，我国与其他国家的经贸合作还不够深入，这使得资源方面的合作面临很多不确定性和不稳定性。"一带一路"倡议能够有效地加深中国与"一带一路"沿线国家的经贸合作，并且拓展进口资源的渠道。与此同时，"一带一路"倡议更加有利于增加有效的陆路运输渠道，这为提升资源获取的多样性提供了有利的条件。

（3）中国强化国家安全问题。

我国的工业基础设施集中于沿海地区，资源进口长期通过海路来运输。但是沿海地区在受到外部打击时较为脆弱。实行"一带一路"倡议更加有利于加强我国对西部地区的开发，有利于我国战略纵深的开拓以及对国家安全的强化。

2. "一带一路"倡议对古代丝绸之路的创新性传承与发展

"一带一路"倡议的提出不仅传承了古代丝绸之路的"开放包容，兼容并收"的精神，也结合时代特征，具备了新的时代气息。因此"一带一路"倡议继承了传统古代丝绸之路的内涵，同时也在一定程度上创新性地发展壮大，这为"一带一路"沿线国家提供了很多发展机遇。

（1）"一带一路"倡议的历史传承。

"一带一路"倡议传承了古代丝绸之路的经贸合作、文化交流的积极作用，并且使中国以负责任和包容并存的大国气度为世界发展贡献自身的力量。"一带一路"倡议是"亲善之路""繁荣之路""交流之路"。"亲善之路"是指"一带一路"倡议是一条福泽各国民众的发展之路，有利于促进沿线国家不同民族之间友好和睦相处，将"引进来"和"走出去"相结合，同各国之间平等发展，互利共赢。"繁荣之路"指的是"一带一路"倡议继承了古代丝绸之路的贸易理念，贯穿亚欧非大陆，为"一带一路"沿线国家带来经贸发展的机遇，促进各国之间的进出口运营以及经贸投资，建立起较发达的"物资运输网""财富流通网""货币交换网"。"交流之路"指的是"一带一路"倡议虽然秉持着不输出意识形态的原则，但在文化交流方面也会大放异彩，它可以促进沿线国家与中国之间的文化交流，促进各国民众之间的交往，有利于弘扬中华传统文化，极大地推动文化多样性的发展，在文化交流的基础上促进我国物质文明和精神文明建设。

（2）"一带一路"倡议的时代发展。

随着时代的发展，"一带一路"倡议在继承古代丝绸之路精神的基础上，结合时代的特点与国内外局势的现状，创造了新内涵，实现了空间和性质的两大超越。在空间上，实现了区域空间的扩大以及合作空间的深化。如今"一带一路"倡议依托亚欧大陆桥，实现"一带一路"沿线国家的互联互通，在此基础上开始了"经济走廊"的建设，开创了"中巴经济走廊""孟中印缅经济走廊"，并且中国的西南地区也承担起了建设"一带一路"倡议的重任，调动了中国各省、自治区、直辖市的建设积极性，将东南亚、东北亚、东亚、西亚、中亚及欧洲等地紧密地联系在一起，拓展了古代丝绸之路的地理空间，极大地丰富了"一带一路"倡议的内涵。在性质上，"一带一路"倡议超越了古代丝绸之路的思维模式，增强了时代性与先进性的特点。在时代性方面，中国创新性地将"21世纪海上丝绸之路"与"丝绸之路经济带"结合起来，统筹兼顾，协同发展，并且将我国西南地区、西北地区作为开放的前沿力量，这样更加有利于推动共同富裕的实现，更加有利于全面深化改革，打造对外开放的新局面。在先进性方面，"一带一路"倡议改变了之前的出口结构不合理的特性，在操作路径和操作理念上实现了高度的先进性，运用"五通"的理念，发挥中国的战略优势，同世界各国分享红利，使中国以大国的责任推进"人类命运共同体"的实现。在开拓性方面，中国不追求称霸世界，也不会称霸世界，而是将世界看作整体，邀请"一带一路"沿线国家参与，共建繁荣世界，追求互利共赢，开拓思路，给予沿线国家远超古时的发展机遇与活力。

3. "一带一路"倡议面临的机遇与挑战

"一带一路"倡议是中国提出的国际合作的公共产品，面临着全方位开放机遇、地区合作机遇、周边外交机遇以及全球发展机遇。伟大的事业总要面临风险，因此与此同时，也会面临很多风险和挑战。

(1) "一带一路"倡议面临的机遇。

中国政府一直致力于大力发展和加强对外开放及其相关的技术交流，参与国际交换和国际竞争，从而推动国民经济的发展。随着国际局势发生变化，中国经济进入新常态，我国迎来了以下的机遇。第一，全方位开放机遇，"一带一路"倡议丰富了对外开放政策的内涵，从政策上对全方位对外开放的发展提供了指导，承接了自邓小平同志提出改革开放以来的对外开放的思想和理念，并且在此基础上，有新的突破，在坚持将其他国家作为一个整体的通盘思考和统筹推进的基础上，通过多边论坛倾听及双边协商等方式，努力将"一带一路"倡议上升到"人类命运共同体"的高度。第二，周边外交机遇，经过多年的外交实践，中国外交形成了"大国是关键，周边是首要，发展中国家是基础，多边是重要舞台"的全方位外交布局。"一带一路"倡议为中国提供了在东亚、南亚、中东等地的合作机遇，有效地推动了经贸关系发展，加速区域经济一体化建设，推进地区安全合作，携手打击恐怖主义，推动人民币国际化，推动民心相通，夯实民意基础，整合亚欧市场，推进亚欧合作。

(2) "一带一路"倡议带来的挑战。

第一，"一带一路"倡议要面临自然风险，一旦自然灾害发生，不仅影响建设进度、工程质量以及施工者的安全，还会影响竣工后的维护与运行。第二，要面临环境风险，目前来看，很多"一带一路"沿线国家生态环境脆弱，缺乏治理的经验及技术，一旦发生环境破坏，影响范围较广。第三，在建设"21世纪海上丝绸之路"时途经世界诸多著名海峡，在海上安全方面存在风险，我国应建立有效的监督机制，解决船上安保人员的配置问题，同时加强不同国家和地区间的合作，共同应对海盗风险等。

(四) "一带一路"倡议重点区域的发展情况

"一带一路"倡议提出十多年以来，中国始终拥护多边主义发展，坚持"共商、共建、共享"原则，中国参与的多项多边区域合作项目取得了积极进展，包括如2020年11月，正式签署《区域全面经济伙伴关系协定》(RCEP)；2020年12月，我国首次和区域性国际组织非洲联盟签署《中华人民共和国政府与非洲联盟关于共同推进"一带一路"建设的合作规划》，明确了和非洲联盟的合作内容和重点项目，提出了时间表和路线图；2020年12月，如期完成《中欧全面投资协定》(CAI)谈判；2021年2月，《亚洲及太平洋跨境无纸贸易便利化框架协定》正式生效，在促进贸易便利化，提高国际贸易效率和透明度的同时，也顺应了绿色发展的大趋势。

"一带一路"倡议的"朋友圈"越来越大，成员之间的合作也越来越深入。截至2023年7月，中国已经同152个国家和32个国际组织签署共建"一带一路"合作文件累计200余份。从地理上看，"一带一路"倡议成员广泛分布于六大洲，其中非洲52个，亚洲40个，欧洲27个，北美洲13个，大洋洲11个，南美洲9个。虽然"朋友圈"以发展中国家为主，但也不乏发达国家。整体而言，取得的进展如下。

(1) 铁路装备制造业方面的进展。

2013—2022年，中国与"一带一路"沿线国家货物贸易额从1.04万亿美元扩大到2.07万亿美元；2022年，中国与"一带一路"沿线国家进出口贸易额创历史新高，占我国外贸总值的32.9%，较2021年提升了3.2个百分点，较共建"一带一路"倡议提出的2013年提升了7.9个百分点。世界银行2020年的相关报告显示，中老铁路的开通将使万象至昆明之间的运输价格下降40%~50%，中老铁路将使老挝的总收入提升21%，铁路工程建设带动老挝实现就业11万人次。截至2023年11月，中欧班列已累计开行8.1万列，通达欧洲25个国家的217个城市；2023年开行数量已超过1.6万列，运送货物超过173万标准箱，超过2022年全年运量。自2022年年底开始实施的中欧班列扩编增吨措施成效显著，平均每月节省近160列班列运力及口岸能力资源，中欧班列成为国际经贸合作的重要桥梁。

(2) 中国汽车行业方面的进展。

中国汽车产业在"一带一路"倡议中取得的成绩可谓硕果累累。根据中国汽车工业协会数据统计，我国汽车行业2020—2022年的出口量分别为99.5万辆、201.5万辆、311.1万辆，同比增速分别为-2.86%、102.55%、54.35%，占当年汽车总销量的比重分别为3.9%、7.7%、11.6%。

(3) 跨境电商方面的进展。

2020年，与中国货物贸易往来最多的前10大国家中有4个在"一带一路"沿线，分别为越南、马来西亚、俄罗斯和泰国；与中国货物贸易额增长最多的前10大国家有3个在"一带一路"沿线，分别为越南、马来西亚和泰国。面对新型冠状病毒感染席卷全球带来的冲击，跨境电商在国际贸易领域的发展展示出强劲的活力和韧性，在保障物资供应、促进消费和畅通贸易等方面发挥了积极的作用。2020年中国跨境电商进出口额达1.69万亿元人民币，同比增长31.1%，其中进口交易额增长16.5%，出口交易额增长40.1%。截至2021年，中国已经与22个国家签署了"丝路电商"合作备忘录并建立了双边合作机制，"丝路电商"已成为"一带一路"倡议经贸合作的新渠道和新亮点。

(五) 中国与沿线国家共建"一带一路"倡议的回顾

1. 中国与东盟国家往来回顾

东南亚地处亚洲与大洋洲、太平洋与印度洋之间的"十字路口"，拥有连接印度洋与中国南海的重要"咽喉"马六甲海峡。东南亚的地理优势使其成为中国与南亚、中亚、中东以及欧洲在经济和文化交流上的必经之地。2010年年初，中国与东盟的自由贸易区全面启动，加强了中国与东南亚的经济与文化合作。该自贸区建立的十年期间，中国和东南亚的合作发展关系从"黄金十年"正式进入"钻石十年"。借助"一带一路"倡议的实施，中国与东南亚不断加深贸易往来，通过基建合作与扶持构造物理联通，为贸易扫清障碍。

(1) 政府间交流日益紧密，政治互信不断增强。

2021年，中国与东盟国家开始建立全面战略伙伴关系，与印度尼西亚、马来西亚、文莱、菲律宾等国之间的高级别伙伴关系也均是双方自"一带一路"倡议提出后在原有关系的基础上升级而成。中国与东盟国家已就"一带一路"倡议和《东盟互联互通总体规划2025》的合作发表相关联合声明；中国与越南、印度尼西亚分别签署了"一带一路"与

"两廊一圈""全球海洋支点"对接的合作文件,并且推动泰国"东部经济走廊"成功建成,对接多个合作项目。

(2)贸易投资规模持续攀升,自由化便利化水平稳步提高。

2013—2020年,中国一直都是东盟最大的贸易伙伴,2020年东盟成功跃居中国第一大贸易伙伴。截至2022年,双方已经连续3年互为最大贸易伙伴。与此同时,在贸易投资方面,中国与东盟的双向投资的规模也在稳步增长,双向投资额在10年内翻了一倍,其中,2022年中国对东盟的直接投资存量达1402.81亿美元,较2013年翻了近三倍。

(3)科技、文旅、教育等涉及多方面领域的合作逐渐加深。

中国与东盟国家的人文合作不断走深、走实。在科技方面,中国与东盟国家在科技创新部长会议的基础上搭建了中国—东盟信息港、公共卫生科技合作中心、科技产业合作委员会等多个合作机制及平台,并在能源以及生物等领域建设了十多个联合实验室。在文旅方面,中国与东盟各国均已签署系列文旅合作协定,通过一系列文旅合作活动,双方已互为重要客源地,并将2017年、2019年、2020年分别定为"中国—东盟旅游合作年""中柬文化旅游年""中马文化旅游年"。在高等教育方面,2019年我国启动了资助东盟国家青年赴中国留学深造的"中国—东盟菁英奖学金",与此同时建立如大学智库联盟、边境职业教育联盟等人才培养平台。除此之外,"鲁班工坊"的合作项目也在多个东盟国家建立起来,并且成为中国开展职业教育国际合作的重要平台之一。

(4)基础设施"软硬联通"协调发展。

中国与东盟国家在交通、能源、电信等领域签署了重要协议,建立了相关合作机制,这使得"软联通"不断完善。在铁路、公路、能源等基础设施"硬联通"方面,中国与东盟国家有了更加深入的合作。第一,中国与东盟国家之间的铁路项目的建设进一步推进。中老铁路已经于2021年12月实现全面通车;2017年开工的中泰铁路合作项目一期(泰国曼谷—泰国呵叻段)预计于2027年通车;中国与印度尼西亚共建旗舰项目雅万高铁已经在2023年通车。第二,在公路建设方面,中国云南地区已经基本形成由昆明至泰国曼谷、越南河内、印度雷多等地的"五出境"公路通道;广西地区已经建成从南宁通往越南海防、越南胡志明市、越南高平的"三出境"国际道路运输通道。第三,在能源设施建设方面,中国和缅甸油气管道已经成为继中亚油气管道、中俄原油管道以及海上通道的第四条能源进口通道。

2. "中国—中亚—西亚经济走廊"建设进展

从地理位置上来看,中亚、西亚一直都是古代丝绸之路的必经之地,更是"一带一路"倡议的重要区域。"中国—中亚—西亚经济走廊"覆盖了基础设施、金融、能源、农业等诸多领域,是"一带一路"倡议的重要支柱。

(1)政策沟通。

中国在"一带一路"倡议下与乌兹别克斯坦、沙特阿拉伯、伊朗、约旦、土耳其等国家建立不同程度的伙伴关系,并且与中亚国家、大部分西亚国家签署了关于共建"一带一路"倡议的合作文件,双边政治联系得到加强,减少了政策阻力。2015—2023年,举办了三届"中国—中亚政党论坛",第一届"中国—中亚峰会",2023年6月12日召开了"中国—中亚政党对话会"首次会议。综上所述,中国与中亚以及西亚国家不仅在顶层设计上沟通顺畅，并且也逐步加深了协调合作，使得双边互信日益提升。

（2）贸易畅通。

截至2023年1月，亚洲基础设施投资银行（以下简称"亚投行"）成员数量已增至106个，融资总额超过388亿美元，撬动资本近1300亿美元。"中国—中亚—西亚经济走廊"沿廊国家普遍存在经济基础薄弱、缺乏资金支持等问题。中国发起成立亚投行，积极开展国际金融合作，为沿廊国家提供融资机制保障。丝路基金、亚投行等不断向其他国家的产能合作、基础设施建设等领域的项目提供资金支持，推动双边本币互换和贸易本币结算。与此同时，人民币贸易结算规模不断扩大，对于推动人民币国际化有重要意义。中国与中亚和西亚国家的人民币结算业务正在快速发展，有序稳步推进相关业务。

（3）民心相通。

随着"一带一路"倡议的有序推进，中国与中亚、西亚国家的教育、文化、民间外交、媒体等方面增强了联系。这些地区的孔子学院以及课程设置有效地推动了中国与他们之间的文化交流与合作。截至2023年5月，哈萨克斯坦、乌兹别克斯坦、吉尔吉斯斯坦和塔吉克斯坦设有13所孔子学院，教授语言和文化课程，目前在院学员数量超过1.8万人。在"一带一路"倡议的影响下，中国与中亚、西亚国家的民间外交以及媒体之间的交流与对话快速发展，已然成为能够支撑民心相通的重要途径。除此之外，中国、中亚与西亚国家之间还举办了各种不同层级、多种多样的合作论坛、青年对话活动等，这不仅能够促进不同国家的民意交流与相互了解，还是民心相通领域的重要成果。

三、案例简评

在当前百年未有之大变局加速演进阶段，国际经济、科技、政治、文化、安全等格局都在发生巨大变化，世界进入动荡变革期。在新形势下，"一带一路"倡议的实施为世界各国的发展带来了机遇。

2023年是我国提出"一带一路"倡议的十周年。在我国和沿线国家的努力之下，"一带一路"倡议已经成为深受欢迎的国际合作平台。自"一带一路"倡议提出以来，最具有代表性的互联互通工程就是中欧班列，它已经成为"一带一路"倡议的大动脉和连接亚欧大陆的重要贸易线。"一带一路"沿线的港口设施建设也取得了突出成就，如巴基斯坦的瓜达尔港开通的集装箱船运输线路，希腊比雷埃夫斯港的三期工程等。在能源合作通道方面也实现了很大突破，如中俄地区天然气的管道通气，天然气送气量逐年上涨，并且第二条中俄天然气管道的建设正在洽谈中。在与"一带一路"沿线国家的产业园合作方面也取得了突出进展，中国已经与"一带一路"沿线国家达成了几十个产业园区的合作，这为我们更好地参与世界市场，打造更为健康的全球产业链奠定了基础。

（一）"一带一路"倡议的理念创新

"一带一路"倡议立足于当下中国的发展实际和世界整体的发展态势，为营造和平、和谐的周边环境开辟了新道路，并产生了以下两方面的理念创新。

第一，多边共赢的理念。"一带一路"倡议遵循"共商、共建、共享"的原则以及"人类命运共同体"的理念，追求全方位、多层次发展的国际合作，实现各国和各地区的互利共赢,与沿线各国谋求共同发展。"人类命运共同体"的理念将各国之间共赢的合作推向了一个新的高度,助推沿线国家"人类命运共同体"共识的形成,促进各国和谐发展。

第二,空前包容的理念。"一带一路"倡议最核心的理念就是包容,在这种情况下的开放是空前包容下的开放,开放的主体全面,有效调动中国和沿线国家的积极性,将中国的生产优势与沿线国家的市场需求有机地结合起来。开放对象覆盖面广,"一带一路"倡议不排斥任何一个国家,线路贯通中亚、南亚、东南亚等地区,并且希望吸纳更多的国家共同发展。

(二)"一带一路"倡议的方式崭新

"一带一路"倡议通过秉持"丝绸之路经济带"战略设想的"五大支柱",实现中国与沿线国家的互利共赢。

第一,政策沟通。"一带一路"倡议的实施有利于推动我国和沿线国家的政治互信,消除政治壁垒,协商制定促进区域合作的规划和措施,加强政府间的合作,协商解决合作中的问题,构建多层次政府间沟通交流机制,从而加强合作,促进贸易往来。

第二,设施联通。"一带一路"倡议通过与沿线国家推进交通基础设施、口岸基础设施、能源基础设施、跨境光缆等通信干线网络四大类设施的联通,来保证中国与"一带一路"沿线国家贸易、交流与合作的顺利开展。

第三,贸易畅通。在政策沟通的基础上,使得沿线国家能够更加清晰地了解其他国家的产业结构、贸易特征、发展现状,并且有针对性地开展优势资源的开发和利用,发展优势产业,从而有效地促进贸易畅通,并利用基础设施带来的便利,降低贸易成本,消除贸易壁垒,实现中国与"一带一路"沿线国家的互利共赢。

第四,资金融通。"一带一路"倡议为中国与"一带一路"沿线国家实现金融安全提供了机会。如利用好"丝路资金",深化与"一带一路"沿线国家的金融合作,扩大本币结算和本币交换,提高各国保障本国金融安全和经济利益的能力。

第五,民心相通。中华传统文化是一个巨大的宝库,凝聚着中国人的精神追求和独特智慧。我们应积极推动中华传统文化走出去,实现与"一带一路"沿线国家的文化交流互鉴,搭起民心相通之桥。

(三)"一带一路"倡议彰显大国担当

"一带一路"倡议使中国与"一带一路"沿线国家加强战略合作和贸易往来,鼓励不同文明间的对话和交融,推动了经济全球化的进程,促进南南合作,彰显了大国智慧、担当与责任。

1. "一带一路"倡议彰显了中国推进全球化的担当

"一带一路"倡议提出时,世界经济增长乏力,发达经济体消费低迷,新兴市场国家遭遇困难,在这种情况下作为世界第二大经济体的中国在思考如何使世界经济走出困境,应寻求什么样的道路。中国领导人提出"一带一路"倡议是为了催生新的需求,实现世界经济的再平衡。"一带一路"倡议是目前推动全球化转型的强心剂以及促进全球经济发展的引擎。"一带一路"倡议是中国反哺全球化、促进世界经济开放联动式发展的重要举措,也体现了中国从"跟跑者"变为"领跑者"的大国担当。

2. "一带一路"倡议彰显了中国维护世界和平稳定的大国担当

"一带一路"沿线国家大多数是新兴经济体。这些国家的经济发展亟待提升，政治不稳定。中国另辟蹊径，基于这些国家的发展实际，从人道主义和"人类命运共同体"的角度出发，以发展促和平，以民生促稳定，满足这些国家民众的生活中的真切需求。中国从基础设施建设、贸易融通、资金融通等方面实现与"一带一路"沿线国家的互通互联，带给这些国家技术、资金、市场，使这些国家的发展与"一带一路"倡议紧密对接，助力加速其进入工业化和全球化的快车道，这样有利于促进沿线国家之间的和平合作，维护安全稳定的国际秩序，展现中国的大国担当。

四、问题探索与理论链接

（一）供给侧结构性改革

中国经济从改革开放初期的飞速发展逐步转变为平稳增长，国内面临从需求决定型经济转为供给决定型经济的发展态势。因此，习近平总书记提出了供给侧结构性改革，具体是指用自上而下的改革方法主动推进经济结构调整、矫正扭曲的要素分配状况，使供给结构与如今的需求变化相适应。供给侧结构性改革关注的是创新驱动型长期经济增长，而非投资驱动型短期经济增长。

（二）供给侧结构性改革与"一带一路"倡议的关系

中国提出"一带一路"倡议时，正面临国内外两大市场的低潮期，国内经济也进入一种供给决定型的经济新常态，因此就需加强与"一带一路"沿线各国的产能合作。政府当时通过财政政策、货币政策来刺激需求侧，消化产能，并未达到预期效果。此时就需要考虑国内长期累积下来的供给侧问题，通过升级供给产业，调整供给结构。从这一逻辑看，两者在出现背景、成因上存在着一定内在联系，同时两者间也会相互影响，相互促进。

1. "一带一路"倡议为供给侧结构性改革提供要素支撑

"一带一路"倡议鼓励中国原有的低技能劳动力向技术型、知识型转变，从专业人才方面为供给侧结构性改革提供了支撑。同时，"一带一路"倡议的建设推动了东部沿海地区的技术、资金等资源向中西部内陆地区的转移，这为顺利进行改革起了支撑作用。我国亟需完成供给侧结构性改革，缓解供需矛盾、资源要素分配错位等问题。

2. "一带一路"倡议拉动了供给侧结构性改革

"一带一路"倡议积极鼓励我国各产业与"一带一路"沿线国家加强产能合作，为过剩产能的消化提供了渠道，也为改革创造了空间。通过多领域合作，将我国传统劳动密集型、资源密集型等低端产业向"一带一路"沿线工业发展水平低且符合当地实际需要的国家转移，进而承接技术性、专业性更强的产业，带动我国供给侧的结构性调整，借助该机会完成供给侧结构性改革，同时还为我国产业结构转移和调整、缩小区域发展差距作出贡献。

3. 供给侧结构性改革加快了"一带一路"倡议的建设进程

从实施供给侧结构性改革以来，国内对于技术研发、教育水平方面都加大了投入，同时也更为注重对知识产权的政策性保护，这为海外投资者进入国内市场增添了信心；而劳动力知识水平的提高更为"一带一路"倡议的建设注入了动力；调整国内资本结构，放松国内金融市场限制，提高资本要素有效供给，为"一带一路"倡议的建设提供了资金支持。

综上所述，我国要充分认识到上述两大决策间的相互作用力，"一带一路"倡议推动了我国供给侧的结构性调整，建立起了一个国际产能合作的平台，而深化供给侧结构性改革又可加快"一带一路"倡议建设的进程。我国也可以借助这一进程，积极加快自身与"一带一路"沿线国家的联系；同时抓住我国供给侧与"一带一路"沿线国家对接的关键问题，完善相关产业、制度，加强要素供给。将调整传统出口产业结构与培育我国经济发展的新动能两方面相协调，从而发挥其"双引擎"作用，为我国经济发展的提速提质贡献力量。

五、问题讨论

（一）简述"一带一路"倡议的内涵及其特征，试运用政治经济学的相关理论分析我国提出"一带一路"倡议的意义何在。

（二）我国提出的"一带一路"倡议对沿线国家产生了怎样的影响，对我国的供给侧结构性改革有怎样的促进作用？

（三）很多西方国家认为"一带一路"倡议是中国版"马歇尔计划"，你怎么认为？试述"一带一路"倡议与"马歇尔计划"的区别。

参考文献

蔡春玲，李海樱，徐绍华，2015. "一带一路"研究综述［J］. 昆明理工大学学报（社会科学版）（6）：25-29

胡伟，2016. "一带一路"：打造中国与世界命运共同体［M］. 北京：人民出版社.

李建平，徐扬，郭翔，2016. "一带一路"建设助力东北全面振兴［EB/OL］.（05-16）［2021-07-06］. http://www.xinhuanet.com/politics/2016-05/16/c_1118871252.htm.

王海运，赵常庆，李建民，等，2014. "丝绸之路经济带"构想的背景、潜在挑战和未来走势［J］. 欧亚经济（4）：5-58.

王义桅，2015. "一带一路"：机遇与挑战［M］. 北京：人民出版社.

习近平，2017. 共同开创金砖合作第二个"金色十年"：在金砖国家工商论坛开幕式上的讲话［N］. 人民日报，09-04（2）.

习近平，2017. 习近平谈治国理政：第2卷［M］. 北京：外文出版社.

张俊美，佟家栋，2021. "一带一路"国际人才网络对中国出口贸易的影响：来自出口企业的微观证据［J］. 世界经济研究（9）：99-117.

张蕴岭，2018. "一带一路"需要有大视野［J］. 财经问题研究（10）：3-7.

周平，2016. "一带一路"面临的地缘政治风险及其管控［J］. 探索与争鸣（1）：83-86.

曾向红，2016. "一带一路"的地缘政治想象与地区合作［J］. 世界经济与政治（1）：46-71.

案例九

从"小渔村"发展成一线城市的深圳经济特区模式

李琦婷

教学目的

使学生理解深圳经济特区建设的由来,即为了解放和发展生产力,在当时的社会背景下,由中央划定市场经济试点的原因。

教学内容

介绍建设深圳经济特区的决策过程以及建设历程,以及40多年的成功建设经验。

重点、难点:本讲的重点也是难点,即用新时代中国特色社会主义政治经济学的有关理论分析深圳经济特区的建设经验。

章前思考题:谈谈你对深圳特区建设过程的体会。

一、案例概要与教学目标

自改革开放以来,深圳在党中央的领导下迅速从一个落后的县城发展成一座充满魅力、动力、活力、创新力的国际化创新型城市,它以"开拓、创新、团结、奉献"的深圳精神,一路大胆探索和创新发展,成为我国成立最早的经济特区。同时深圳经济特区还成为在变革中取得历史性成就的时代缩影,向世界彰显中国共产党的执政能力和执政水平,展示中国特色社会主义的勃勃生机和光明前景。如今我们正处于百年未有之大变局,了解深圳经济特区建设的由来,总结深圳经济特区建设的改革逻辑和成功经验,不仅能提高学生对中国改革开放和现代化建设规律的认识,而且还能深化学生对中国特色社会主义理论的理解。

二、案例内容

深圳经济特区创造了世界工业化、城市化、现代化史上的罕见奇迹,"深圳速度"和"深圳质量"成为我国改革开放和现代化建设中两张非常靓丽的名片,审视深圳经济特区的整个经济发展过程有着重要的理论和实践意义。

(一)深圳经济特区的时代背景

20世纪70年代末,中华人民共和国成立近30年了,中国仍旧有2亿以上的人民生活在温饱线以下,而欧美等发达国家的经济发展已一日千里,即使是在亚洲,新加坡和韩国也抓住60年代产业升级和世界市场调整的机会,经济发展蓬勃向上。

强烈的对比使当时的中国人开始反思。传统的体制明显已走入死胡同:高度集中的计划经济体制完全排斥了市场,结果并没有带来理论上预想的"国民经济有序发展",而与市场脱节的计划,又经常成为国民经济正常发展的制约因素。"市场经济"这一资源配置的有效机制,在当时被等同于资本主义这一洪水猛兽,而与社会主义等同起来的"计划经济"实际上已成为"僵化经济"。"一大二公"(人民公社规模大,人民公社公有化程度高)没有给我们架起通往共产主义的桥梁,却使生产者丧失了劳动积极性。平均主义的分配原则没能带来共同的富裕,只使"共同贫穷"成了普遍现象。"关起门来搞建设"似乎避免了受"帝国主义"剥削,但也使我国没能赶上世界经济和科技发展的大潮。

穷则思变,改革旧体制已势在必行,因此,邓小平同志就曾尖锐地指出,如果再不实行改革,我们的现代化事业和社会主义事业就会被葬送。党的十一届三中全会果断地结束了"以阶级斗争为纲"的口号,把全党的工作重点转移到社会主义现代化建设上来。但在改革之初,人们对旧体制的弊端没有深刻而理性的认识,也不可能设计好未来新体制的模式。任何改革的措施都是一种尝试,改革的过程就是"摸着石头过河"的过程。

虽然改革开放成为不可逆转的趋势,但必须是审慎的,不可能一蹴而就,原因有以下三点:一是人们思想观念的转变需要时间,此时若进行全面而激进的改革,势必遇到巨大的阻碍;二是我国幅员辽阔,各地地理、历史及现实条件差异极大,改革开放不可能同时在全国全面铺开;三是"对外开放"往往比"对内搞活"的改革更为敏感,我国又缺乏对外开放的经验,对国际市场的游戏规则也不熟悉,谁都无法预言国门打开之后,会产生什么后果。

不改革开放只有死路一条,而改革开放又风险重重,在这种两难的情况下,把设立"经济特区"作为改革开放的突破口,是一种富有智慧和魄力的创举。

(二)深圳经济特区的决策过程

1978年4月,原中华人民共和国国家计委和中央人民政府对外贸易部组织了"港澳经济贸易考察组",前往中国香港地区、中国澳门地区进行实地考察。该考察组回来后在向国务院提交的《港澳经济考察报告》中,体现了强烈的改革开放的意向。该报告提出要把靠近中国香港地区、中国澳门地区的宝安、珠海划为出口基地,力争三至五年内建成具有相当水平的对外生产基地、加工基地和吸引港澳同胞的旅游区。该报告得到了中共中央、国务院的首肯。1979年4月,在中央工作会议上,时任广东省委第一书记习仲勋同志明确提出,希望中央给点权,广东几年就可以搞上去,但是在当时的体制下,就不容易上去。习仲勋同志在这次会议上还谈到,广东省委请求中央在深圳、珠海、汕头划出一些地方实行单独的管理,作为港澳同胞和外商的投资场所,按照国际市场的需要组织生产,初步定名为"贸易合作区"。习仲勋同志的此次报告得到了中共中央政治局的赞许和支持,并决心给广东一些特殊的政策。邓小平同志一直密切关注着中央工作会议,他对广东即将划出的那块区域的性质早有了自己的考虑,当即就把该区域的名称定为"特区",并表示,"中央没有钱,可以给些政策你们自己去搞,杀出一条血路来。"这是对广东的激励,但由此我们也可以看出,深圳经济特区是在怎样困难的情况下起步的。

深圳经济特区的雏形是"蛇口模式"。香港招商局是我国原交通部驻香港的代表机构,当时恰好陷入了困境,主要原因是香港的地价太贵。时任香港招商局常务副董事长的袁庚想到,如果利用毗邻香港的广东的土地和劳动力,利用香港和国外的资金、技术、资料、专利和全套设备,将这两者结合起来,就会同时拥有两方面的优势要素。袁庚的设想正是广东省委求之不得的,很快广东省委和原交通部向国务院提交了一份报告,要求在宝安县邻近香港的沿海地区建立工业区。该报告得到李先念同志的批准后,"香港招商局蛇口工业区"(以下简称蛇口工业区)便先于深圳,于1979年年初成立了。仅仅一年多以后,在蛇口这个仅2.14平方千米的地区,一个生机勃勃、环境优美、交通便利的现代化海滨工业区就呈现在人们眼前。

蛇口模式的主要内容有:工业区机构精减,因事设人,不搞上下对口;实行严格的经理负责制,企业定岗位、定成本、定利润;干部不划级别,废除干部职务终身制,各级干部每年接受一次群众信任投票,票数不够者,自然淘汰;允许员工和人才合理流动,工厂可以解雇工人,工人也可以辞职。此外,在工资、住房制度等方面,蛇口工业区的改革也颇为前卫和成功。

香港招商局有充分的开发决策权和经营自主权,诸如500万美元的引进项目、向国外银行抵押贷款等事项,都可以自己做主,不必层层请示,办事效率非常高。该局工程招标和超额奖励不封顶,因此仅仅21个月时间,工业区内2.14平方千米的基础工程和公用设施建设就宣布完成。该局一边建设一边从境外引进了14个项目,总投资5亿港元,一批先进的技术和设备陆续被引进,国外的先进管理经验也被蛇口工业区大胆借鉴。

"香港招商局蛇口工业区"就是深圳经济特区的开路先锋,"蛇口模式"也就是后来"深圳模式"的雏形。

1979年3月,中共中央和广东省委决定把宝安县改为深圳市,受惠阳地区和广东省委双重领导,同年11月广东省委决定,将深圳市改为地区一级的省辖市,直属省领导。1979年7月15日,中共中央、国务院批转广东省委、福建省委《关于对外经济活动实行特殊政策和灵活措施的两个报告》,决定在广东的深圳、珠海、汕头和福建的厦门,划出部分地区试办"出口特区",以吸引外资。该报告指出,关于出口特区,可先在深圳、珠海试办,待取得经验后,再考虑在汕头、厦门设置的问题。该报告还强调,要重点把深圳办好。

1980年5月,中共中央和国务院正式决定,要积极稳妥搞好特区建设,正式将"出口特区"改为"经济特区",从此深圳特区的性质正式定为"经济特区"。1980年8月26日,第五届人大常委会第十五次会议,批准了《广东省经济特区条例》,这标志着深圳经济特区的正式诞生。

(三) 深圳经济特区的建设过程

经过40多年的发展,深圳经济特区(以下简称深圳)的建设取得了巨大的成就,创造了世界城市发展史上的奇迹,深圳由改革开放前一个几万人的边陲小镇一跃成为经济高度发达、经济规模巨大的现代化城市。纵观深圳的发展历程,可分为四个阶段:经济转型阶段、跨越式发展阶段、全面发展阶段和创新驱动发展阶段。

1. 1980—1992年,经济转型阶段

1980—1992年是深圳的经济转型阶段。在其初创时期,主要依靠"三来一补"模式发展。当时,得益于相对较低的劳动力成本和开放的政策环境,大量的中国香港企业被吸引过来进行投资,并与中国香港形成"前店后厂"的合作模式。深圳的发展重心转向加工贸易,开始现代工业的发展。

深圳在之前资金积累的基础上,积极推进工业制造业的发展和市场经济的改革,从而构建了一个以出口为导向的工业化模式,实现了经济的转型,走出了一条以工业为核心,结合工贸技术,全面发展的外向型经济发展道路。这一时期对于深圳的发展来说至关重要,它为未来的经济增长打下坚实的基础。

在这一时期内,深圳极大地释放了生产力,经济表现出迅猛的增长势头,同时城市建设也有了明显的提升。本地生产总值从1980年的2.70亿元增加到1992年的317.32亿元,而人均GDP也从1980年的835元增长到了1992年的12827元。这标志着深圳早期的经济腾飞。

2. 1993—2002年,跨越式发展阶段

1993—2002年是深圳的跨越式发展阶段。党的十四大首次提出建立社会主义市场经济体制的构想,党的第十四届三中全会标志着我国的改革开放和现代化建设步入了一个全新的发展阶段。深圳已经步入了一个全新的发展时期,它不再主要依赖中央为其提供的各种优惠政策,而是更多地依赖自身素质的提升和创新能力的增强,从而实现了跨越式的发展。

面对国际电子信息技术产业的兴起,深圳紧跟国际形势,快速推进以电子通信设备制造业为主导的高新技术产业,这使得传统加工业被逐渐替代,完成产业结构升级。在这段时间

里，高新技术产业迅速发展，成为深圳经济增长的首要驱动力，1991—2002 年深圳的高新技术产品产值从 22.9 亿元增长到 1709.92 亿元，其在工业总产值中的占比从 8.1% 上升到了 47.9%。

在这一阶段，现代物流业、现代金融业与高新技术产业形成三大支柱产业，这标志着深圳直接步入以高新技术产业和现代服务业为主导的工业化的中后期。在这一阶段，深圳的年均经济增速已经超过 20%。到 2002 年，深圳地区生产总值达到 2239.41 亿元，使其在全国大中型城市中的综合经济实力名列前茅。

3. 2003—2012 年，全面发展阶段

2003—2012 年，深圳进入全面发展阶段。随着经济的飞速发展，深圳所面临的问题开始逐步浮现，在发展和环境上都经历了巨大的转变，尤其是在土地、能源、人口和生态环境等多个领域，问题变得日益突出，社会矛盾也变得更为明显。为了实现可持续发展，必须解决这些问题并提出相应对策。第一，深圳针对土地、人口、能源和生态环境等多个方面的问题，以科技创新作为主要的推动力，致力于打造一个创新的城市环境；为了加速民营经济的增长，积极地推进国有资产与国有企业的制度革新。第二，通过产业升级和结构调整，提高企业的竞争力和创新力，从而为建设世界一流的和谐宜居之城提供有力保障。第三，需要继续推进对外开放工作，加大对国外先进技术的引进力度，加快建立开放型经济体系。第四，深化与中国香港的深度合作关系，并从多方面创新国际合作策略。第五，为了确保深圳的全面发展，需要进一步优化社会保障体系，并提升公众的福利水平。

深圳将自主创新作为核心策略，在科技和品牌方面追求更高的效益。在这一发展阶段，深圳已经构建了一个以企业为中心的创新模式。2012 年，在深圳全市高新技术科技企业中，民营企业占 70% 以上，共计 2583 家，尤其培养了华为等拥有自主知识产权的企业。这些创新活动都离不开政府的政策支持和金融的扶持。深圳一直保持着相对较高的研发投入，2012 年的研发投入资金占地区生产总值的 3.81%。深圳还积极推进体制改革，保证城市建设都能得到有效的体制和机制支持。为了推动国有企业产权的多元化，深圳成立国有资产监督管理委员会；为了推动政府职能的转型，深圳成立行业协会服务署，并推行高效便捷的审批机制；为了推动与中国香港的合作，签订深港"1+8"和"深港创新圈"协议。这些措施为深圳的全面发展奠定制度基础。

深圳的制造业主要聚焦于高新技术的发展，同时，代表现代服务业的金融、物流和文化部门也实现了全方位的发展，深圳构建了一个多元化的产业布局。2011 年，深圳的地区生产总值首次突破了万亿元大关。与此同时，由于经济的持续增长，资源和能源的使用也得到了一定程度的减少，基本实现深圳的全面发展。

4. 2013 年至今，创新驱动发展阶段

自党的十八大以来，中国经济进入中高速增长的新常态，深圳进入创新驱动发展阶段。习近平总书记提出，我国经济已由较长时期的两位数增长进入个位数增长阶段。在这个阶段，要突破自身发展瓶颈、解决深层次矛盾和问题，根本出路就在于创新，关键要靠科技力量。党的二十大报告指出，加快实施创新驱动发展战略；必须坚持科技是第一生产力、人才是第一资源、创新是第一动力。作为对习近平总书记相关重要批示的积极回应，深圳始终将

其纳为本地区发展的根本精神，坚持升级创新特区模式，构建创新驱动发展新范式，将改革创新落实在各项具体工作举措中。

在2013年，中共深圳市委发布了《深圳市2013年改革计划》。该计划明确表示，在继续推进前海深港现代服务业合作区的体制机制、商事登记制度、土地管理制度等七大核心改革任务的同时，也将改革的焦点转向了分配制度、权力运行的制约与监督机制以及户籍制度等关键领域。在2015年，深圳响应"一带一路"倡议的最新提议，制定了"大力发展湾区经济、打造21世纪海上丝绸之路桥头堡"的战略目标。2020年，《深圳经济特区科技创新条例》正式公布。这一系列政策举措都是围绕着如何实现深圳经济高质量发展这一核心问题展开的。通过持续实施"战略性新兴产业"和科技创新发展战略，成功地将习近平总书记的科技创新理念具体地落实到了实际操作中。深圳已经确定了从"深圳速度"向"深圳质量"的转变方向，目的是实现工业的深度发展和高端创新的总体目标。

在构建粤港澳大湾区和中国特色社会主义先行示范区的"双区驱动"大背景下，深圳以建设国家级综合性科学中心为核心目标，致力于推动创新能力从而实现新的突破，同时要通过建立完善的体制机制来促进区域内企业的技术进步与合作交流，通过建立产业技术创新联盟等方式来加强企业间合作，从而形成具有全球竞争力的创新型城市。深圳努力发展成为国家级的创新都市，并在若干核心领域实现明显的进展，还计划建立一个在全球范围内处于领先地位的高科技产品研发和生产中心，以及一个具有国际影响力的创新中心，同时要加强对国际高端人才的引进和培养，以提升自主创新能力。从2013年开始，深圳的研发投入资金每年都超过地区生产总值的4%。统计数据显示，2022年深圳PCT国际专利申请量高达1.59万件，占全国专利申请量的22.99%和广东省的65.4%。而且深圳已经连续多年处于全国各大中型城市专利数量的领先位置，尤其华为公司以7689项专利占据全球企业的领先地位。2022年，深圳国内专利申请量高达275774件，占全国总量的6.56%，每万人口发明专利的拥有量为137.9件，是全国平均水平（23.7件）的5.8倍。

深圳创新更直接地体现为不断推动产业升级，率先建设体现高质量发展要求的现代化经济体系。为了促进产业的升级，深圳陆续出台了一系列配套文件。为了确保能够在下一个阶段的产业发展中占据有利地位，深圳也发布了关于战略性新兴产业和四大未来产业的发展规划。2015年，深圳成为全国战略性新兴产业规模最大的城市。2022年，深圳国家高新技术企业数量已经突破2.3万家，而战略性新兴产业增加值占深圳地区生产总值的比重突破40%。深圳利用科技赋能服装、家具、钟表、珠宝、眼镜等核心传统产业，实现产业链和价值链的高端转型，取得令人瞩目的进展。特别是深圳女装、深圳珠宝以及深圳钟表的独立品牌，约占全国品牌市场的50%。现阶段，深圳已经初步建立一个以战略性新兴产业、未来产业、现代服务业和具有优势的传统产业为中心的梯次型现代产业结构。

综合来看，深圳的发展历程犹如一个人的成长史，经受各种形式的锤炼和挑战。尽管深圳面积不大，并且改革开放仅经历了40多年，但它实现的历史性突破已经引起了全球的关注。在这一过程中我们可以看到一系列具有里程碑意义的重大政策、规划布局的出台以及具体实践。这一系列的成就得益于制度的精准构建和策略的有效实施，为我国未来城市的建设和发展提供了最新的参照模板，并体现了中华民族的集体智慧，这无疑是一个奇迹。这个奇迹的背后，实际上是探索中国特色社会主义制度取得的成功。

三、案例简评

(一) 深圳经济特区的改革逻辑

经过 40 多年的改革开放实践,深圳实现了一种"完全自主知识产权"式的改革创新,这是通过自主创新的体制和机制改革来完成的。它具有明显的渐进性特征和阶段性特点,并以中央政府为核心推动着整个进程。这一改革过程大体上可以被划分为三个核心阶段:中央指导下的局部创新、中央引导下的机制创新和中央鼓励下的制度创新,这是在中央领导下制度变革的核心逻辑。深圳的改革具有以下三个特点。

第一,改革动力是对国内外社会重大挑战的回应。在改革开放初期,为了应对当时经济发展的种种困难,中央决定建立经济特区,并选择深圳作为试验点,这一决策标志着中央对新经济体制改革的历史性探索,目的是将整个社会的发展引向"以经济建设为中心"的方向。此后,又先后推出一系列对外开放的政策措施,如实施全面开放战略,对内开放市场,推动形成全方位、多领域、多层次的开放新格局等。党的十八届三中全会提出,要加快形成全面开放新格局,促进国内市场同国际市场深度融合,提升对外开放水平。自 2018 年起,全球的政治和经济环境变得更加错综复杂。为了更好地应对这一新的全球化挑战和新的经济模式,并为国际社会提供更多的公共资源,中央决定支持深圳成为中国特色社会主义先行示范区,深圳致力于成为社会主义现代化强国的城市范例。

第二,改革战略是通过经济改革来驱动全面改革。深圳以发展市场经济和促进自由贸易为切入点,逐步推动政治、社会和文化等多个体制机制的改革。不论是在过去深圳尝试将经济改革方向转变为以市场为导向,并成功地将其推广为国家政策,还是现在探索发展以制度创新为中心的自贸区的经验范式,它都在简化政府职能,推动政府职能的转型,积极营造一个良好的营商环境。因此,在新时代如何推进改革成为我们必须直面并解决好的重大课题。改革创新是一个复杂系统过程,涉及方方面面,既要解决自身存在的突出矛盾,同时还要克服其他方面的困难。简而言之,全方位的深化改革始终伴随着各种风险和危机,这对于那些改革创新者来说,无疑是一个巨大的考验,他们需要在面对这些问题或危机时做出明智的决策。

第三,改革路径是实施渐进式改革的正确路径。渐进式改革作为一种经济发展战略,其核心在于通过渐进方式实现经济结构转型,最终达到经济社会持续稳定协调发展的目的。自从实施改革开放政策以来,中国从地方到中央的每一轮关键体制改革中,都始终遵循了渐进式的改革策略。深圳利用前海蛇口自由贸易试验区与中国香港相邻的地理优势,致力于强化国际商业环境,推动政府职能迅速转型,简化贸易和投资流程,并为国家未来的改革提供有价值的参考。一旦某个地区完成了改革,它有潜力进一步向全国的其他区域扩展,从而产生逐级的改革效果,确保在更多的领域内实现改革的成功。因此,要以渐进的方式来推动整个经济体制改革,就必须遵循一定的理论基础、政策导向和实践模式。渐进式改革的核心理念在于:在实际的改革与发展中,我们成功地遵循了能动性与规律性、强制性与诱致性、局部性与整体性、增量性与存量性这"四个统一"的基本原则。

(二) 深圳经济特区的经验探讨

改革开放 40 多年来，深圳成功地从"三来一补"的模式转向了高新技术产业的发展，并从依赖外部引进的创新方式转向了自主创新，这标志着深圳成功地走上了一条创新驱动发展、经济提质增效的转型之路。对深圳的发展经验进行探讨，有助于深入把握其特点和规律，为我国其他地区进一步深化改革提供借鉴。具体包括以下几点。

1. 坚持解放思想，敢为天下先

经济社会发展与进步，总是先伴随着思想观念的巨大变革。改革开放以来，我们党坚持实事求是的思想路线，不断推进观念创新，取得了巨大成就和宝贵经验。没有思想解放，改革开放和现代化建设事业就难以顺利推进。深圳不仅是思想解放的结果，而且是思想解放的最大受益者。邓小平同志明确表示："看准了的，就大胆地试，大胆地闯。深圳的重要经验就是敢闯。""不解放思想、不敢放开手脚，结果是丧失时机，犹如逆水行舟，不进则退。"这不仅揭示了深圳改革成功的关键因素，还阐述了一个深刻的观点：在进行社会主义现代化建设的过程中，第一需要解放思想，第二需要大胆地付诸实践。只有坚持实事求是的思想路线，才能落实改革开放政策，推动经济发展，促进社会进步，从而使我们国家走上繁荣富强之路。这一点不仅是我国在改革开放取得成功的决定性因素，还是深圳繁荣发展的基础。

解放思想与实事求是是一对矛盾统一体。深圳从零开始建设，在缺乏经验的背景下，敢于挑战传统的体制、思维和习惯，关键在于解放思想。经过 40 多年的实践，深圳最显著的优势在于其敢于冒险和尝试的创新态度，以及领先一步的开放性创新思维。深圳从建立到发展，再到成功转型，都离不开解放思想的推动作用。没有大胆地尝试和突破，就不可能有今天这样的成就。在明确了问题的基础上，深圳勇敢地去尝试和突破，因此，深圳最终找到了新的发展路径，并成为了全国改革开放的重要标志。

2. 坚持对外开放，主动从"引进来"到"走出去"

深圳紧紧抓住经济全球化的有利时机，充分利用中央提供的政策支持和与中国香港相邻的地理位置优势，坚持对外开放，有效地实施"引进来"和"走出去"的策略。同时深圳通过积极地利用国内外两个市场和两种资源，成功借鉴外国发展经验，加速经济和社会的发展。深圳引进外资企业推动全球化发展，并促进深港深度合作，为国家的整体发展提供支持，实现了从主动"引进来"到主动"走出去"以及从发展外向型经济到发展开放型经济的转型。更为重要的是，深圳在引进外资企业的同时，还成功发展了本地的企业。这不仅促进了产业升级、推动了产业结构转型、提升了城市功能和竞争力，而且为我国对外开放积累了宝贵的经验。

在深圳的经济发展历程中，"开放""合作"和"共赢"已经变成了主导思想。其中，对外开放的政策发挥了至关重要的作用。深圳的发展和建设历程，实际上也是一段关于对外开放的历史，对外开放已经成为推动其进步的关键动力。自改革开放以来，我国经济体制不断变革和完善，对外开放程度日益加深。如果不对外开放，那么真正有意义的改革就无从谈起，也就无法实现真正的经济和社会的飞跃式进步。对外开放不仅是推动发展的核心力量，同时也是进行改革的关键途径。通过对外开放来推动改革和发展，也是深圳成功发展的关键路径和宝贵经验。

3. 坚持经济体制改革，构建竞争性市场体制

"经济基础决定上层建筑"，为了使"上层建筑"更为完善，就必须重视对"经济基础"的建设。而在经济基础的整体发展中，最为关键的是对其经济体制进行全面和系统的构建。深圳经济增长的显著成果，在一定程度上，与全方位推动经济体制的改革和构建具有竞争力的市场结构是分不开的。在20世纪70—80年代，从当时的实际情况来看，我国正站在一个探索发展路径的交叉点上，没有人敢轻易迈出试验的第一步。在十一届三中全会之后，深圳作为改革开放的先锋和试点，迎来了发展的春天。当时我国实行对外开放政策，允许外资进入国内投资经营企业。深圳在坚守"以公有制经济为主体"和"共同富裕"这两大核心原则的基础上，启动了经济体制的全面改革，致力于建立和完善竞争性的市场机制。经过这一系列的改革和相关的制度的制定，深圳的经济实现了飞速的增长。到2022年年底，深圳的地区生产总值达到了32387.68亿元，人均地区生产总值为18.33万元，这样的经济增长是罕见的。由此可见，深圳的成功，源于全方位地推进经济体制的改革与构建竞争性市场体制。

4. 坚持产业转型升级，大力发展高新技术产业和现代服务业

深圳之所以取得成功，归根结底是因为它成功地完成了产业的转型升级，形成了具有鲜明特色的创新驱动型产业转型升级模式。深圳利用其地理位置优势，通过大规模吸引外资来推动对外经济合作，利用外向型经济来促进内源经济的发展，通过技术和品牌来加强传统产业的优势，利用高新技术和现代服务业来支持产业结构的优化和升级，并通过推动自主创新来增强产业竞争力，从而成为产业转型和升级的典范。深圳的产业发展历程实际上是一部遵循经济增长规律、参与到全球产业分工结构中，并持续进行产业结构调整和升级的历史篇章。在这一过程中，政府发挥了重要作用。政府的"有形之手"与市场的"无形之手"共同努力，为深圳打造了一个与众不同的产业增长和创新的生态环境。

从20世纪80年代开始，深圳大力推动加工业的发展，到90年代专注于以电子信息产业为主导的高新技术产业，再到21世纪的前10年，初步构建了以高新技术产业、金融产业、物流产业、文化产业为支柱的现代产业体系。目前，大力发展战略性新兴产业和未来产业，努力推动支柱产业的高端化、新兴产业的规模化、优势传统产业的高级化，推动整体产业向价值链的高端延伸，努力实现高新技术产业和现代服务产业的"双轮驱动"。尤其深圳在面对全球科技发展的前沿趋势和未来的战略需求方面，已经走在了战略性新兴产业和未来产业的前列。通过构建梯次型现代产业体系，深圳致力于提升质量和标准，以增强发展的质量和效益，并为建设现代化、国际化的先进城市奠定可持续的产业基础和竞争力。在这一过程中，科技创新始终处于核心地位，并通过体制机制改革与制度供给保障了科技创新能力的稳步提高。

深圳在过去的40多年里实现了经济的飞跃式增长，这主要是市场导向和持续主动转型与升级所带来的成果。从"三天一层楼"的模式发展到"一天诞生46件专利"的模式，深圳实现了增量优质和存量优化。通过创新来引导产业的转型和升级，用更少的资源和能源消耗以及环境成本来支持更高质量和可持续的发展。这样形成了一个以战略性新兴产业、未来产业、现代服务产业和优势传统产业为代表的梯次型现代产业体系。通过主动转型和升级，实现经济发展质量和可持续发展能力的双重提升。

5. 坚持创新发展，走出一条以企业为主体的自主创新发展之路

习近平总书记曾明确表示，我们必须大力推进创新驱动发展战略，一旦我们重视创新，那么我们就真正掌握了影响经济和社会发展的"牛鼻子"。深圳之所以获得成功，是因为它始终坚持创新发展的原则。深圳的发展观念已经从过去的"时间即是金钱，效率即是生命"转变为"创新驱动发展，质量塑造未来"。深圳凭借其持续的努力，逐渐构建了一个以市场需求为导向、以企业为核心、联合国内高等教育机构和科研机构，官产学研资介相结合的创新体系，其自主创新的能力也在不断提升，探索了一条在开放环境下进行自主创新的新路径。深圳在缺乏产业基础的前提下，逐渐成为了中国高新技术产业的主要集聚地，从最初仅有少数科技人才的城市迅速崛起为一个拥有数百万科技人才的创业和创新基地。深圳将自主创新视为其城市发展的核心策略，并持续努力消除妨碍自主创新的体制性和机制性障碍。通过对人事、分配、要素市场和投融资等相关制度进行改革，深圳成功地激发了科技人才和企业家的创新热情，并构建了一个完整的产业链和创新生态链。同时，政府也大力推进体制机制改革，推动科技成果向现实生产力转化。

在深圳的经济和社会发展中，自主创新已成为推动其高质量发展的首要动力。深圳之所以能在创新发展方面取得显著进步，一个关键因素是它有效地发挥了市场在资源配置中的主导角色，以及政府在自主创新活动中的主导地位。企业被视为创新的核心驱动力，而企业家群体则是创新精神的中心。同时，通过制度保障和体制机制创新，形成了良好的社会氛围和文化氛围，激发创新活力，促进创新成果快速转化。政府在推动自主创新的过程中起到了关键的领导角色，推出了一系列的政策措施。这些政策在构建创新平台、吸引创新型人才、激励技术创新和培养新兴经济等多个方面都做得非常出色，为那些渴望创新和创业的年轻人提供了一个充满活力的环境和展示才华的平台。

四、问题探索与理论链接

（一）深圳经济特区建设经验的理论贡献

在过去40多年的时间里，深圳的发展堪称奇迹，吸引理论和实践领域的广泛关注。对其进行全面系统的考察，有助于深化理解经济特区的性质及其历史价值，也有利于更好地发挥经济特区作为国家改革试验田的功能，以下是对深圳的发展进行抽象的理论总结。

1. 市场经济体制对经济发展的基础作用

深圳对市场经济体制主要进行以下四项重大的改革措施。一是关于价格体制的改革。通过放开物价和利率等一系列市场化手段，使资源配置效率显著提高。在经济特区成立之初，深圳面临着大规模城市建设的需求与资源匮乏且需要政府调配之间的尖锐冲突。为此，深圳通过价格机制推动了产业结构调整和优化升级，实现了从传统计划经济向市场经济转轨，初步构建起具有鲜明特色的现代市场经济结构框架。二是关于所有权的改革。随着经济体制改革和对外开放的不断深入，非公有制经济得到迅速发展。在改革开放初期，深圳积极吸引了"三资"企业，同时还进行产权制度和分配制度改革，初步形成了现代企业制度框架。三是关于股份制的改革。实现投资主体的多样化，并成功吸引大量的建设资本，这为深圳成为全

国金融中心打下了坚实的基础。四是关于国有企业的改革。"三级授权经营制"是将计划经济下的政府与企业的"行政隶属"模式转化为市场经济下的委托方与代理人之间的"资产纽带"模式，并用投资回报替代全方位的干预。毫不夸张地说，这四项重大改革为深圳的经济增长奠定了稳固的基石。深圳从计划经济体制向具有中国特色的社会主义市场经济体制的转型过程中所带来的制度改革成果，不仅为中国经济的转型奠定了实践基础，还为中国制度改革贡献了一种"新体制"。

2. 渐进式改革对体制变迁的根本影响

深圳在过去的 40 多年里经历了一系列的改革发展，这是在中央的授权和领导下的渐进性改革，它代表了涉及经济制度、社会制度等的完整的中国现代化进程。其实践路径分为两部分。一是改革开放初期的对照试验。在改革开放初期，深圳并没有全面实施改革，而是仅限于特定的区域，这形成了被称为"关外"和"关内"的改革对比。这一时期的改革以行政体制改革为主线，并通过建立经济特区进行试点探索。这样的策略与国家从经济特区向沿海地带推进改革，然后再向全国其他区域扩展的思路是相吻合的。二是新时代的再次改革开放。在新时代背景下，我国在深圳等城市建立自由贸易试验区。这一政策强调了立法与改革之间的连贯性，以确保重大改革能够依据法律进行，并使立法能够主动适应改革和发展的需求。2019 年 8 月中央授权支持深圳建设中国特色社会主义先行示范区，这是深圳以再次改革开放的政治勇气向全国提供先行、先试的经验。

3. 技术创新对公共服务的重要影响

经过 40 多年的改革发展，深圳充分运用了数字化等创新手段，以更精准地掌握新的经济运营模式，并提升政府在公共服务方面的能力。一方面，深圳引入了新一代的信息技术，从而形成了"互联网＋政务服务"的模式。通过信息化手段推动政府职能转变和管理模式升级，提升了行政效率和服务水平，进一步增强了人民群众对美好生活向往的获得感。另一方面，深圳在面对国内外的压力时，具备了与新时代社会发展趋势相结合的能力。这有助于深圳更深入地理解新的经济模式，提升政府治理的现代化水平，更积极地融入国际经济体系，并为国家战略提供服务。深圳正积极推进大数据技术和"互联网＋的政府服务"改革，目的是努力提高城市政府在公共服务和社会治理方面的效率。随着信息化技术不断成熟，大数据技术已经被广泛运用于多个领域，并逐渐渗透到各个行业之中，对传统行业产生了巨大影响。

（二）深圳经济特区成功实践的重要启示

深圳与中国的改革开放及社会主义现代化建设有着紧密的联系，它为全国的改革开放和社会主义现代化进程积累了宝贵的经验，并为寻找具有中国特色的社会主义发展道路作出了显著的贡献。当前，在新常态下，如何坚持以改革创新精神全面推进改革开放，更好地发挥经济特区制度优势，进一步深化改革、扩大开放是需要进一步探索和解决的。通过深圳 40 多年的成功经验，我们至少可以获得以下几点有价值的启示。

1. 始终坚持党的领导

历任深圳市委一直坚定地维护并强化党的领导地位，充分发挥党组织的政治核心作用，团结带领广大干部、群众艰苦创业，锐意进取。在长期艰苦复杂的斗争实践中形成了具有鲜明特色，富有创新活力的领导体制机制，为建设社会主义现代化国际城市提供了强有力保障。深圳在过去40多年里所经历的翻天覆地的巨大变革，正是中国改革开放历程中的一个生动缩影。从一个县城迅速崛起为一个国际化大都市，创造了世界城市建设奇迹。这不仅是我国举世瞩目的辉煌成就，也是中国共产党执政期间的一部辉煌之作。从宝安县的撤销到建立地级市，再到经济特区的成立；从改革开放初期的摸着石头过河到后来全面深化改革开放；从以经济建设为中心到向社会主义现代化国家目标迈进；从经济特区的"资"与"社"的辩论，到邓小平南方谈话；从经济特区提出的"是否要继续特下去"到中央明确的"三不变"政策，再到习近平总书记明确表示的"经济特区不仅要继续办下去，而且要办得更好"……在经济特区发展的关键阶段和重大的历史进程中，党始终扮演着统筹全局和协调各方的核心领导角色。深圳在改革开放的各个方面，无论是过去、现在还是未来，都能获得成功，这都离不开中国共产党的坚强领导。

2. 坚持全面深化改革

作为改革开放的"窗口"和"试验田"，深圳始终把改革摆在十分重要的位置上。在建立市场经济体制过程中大胆创新，最大限度地利用先行先试的政策优势，摆脱计划经济体制的限制，在转变经济发展方式等方面走在了全国前列。为了寻找社会主义市场经济的创新路径，深圳进行全方位改革：摒弃"铁饭碗"的观念，用奖金制激发职工积极性，同时完善社会保障体系，推广实施劳动合同制度，保障职工权益，进行劳动力市场改革；引入工程招投标的机制，执行土地的拍卖活动，并且以土地整合为基础实施六项政策，进行土地市场改革；在国有企业建立现代企业制度，并努力使国有、民营和外资企业形成三足鼎立的局面，进行国有企业改革。这些都揭示这样的一个事实：深圳发展的核心驱动力源于全方位的深化改革和持续的对外开放。

3. 高度重视创新创业

深圳始终坚信创新是推动发展的关键，大力推动建设具有世界影响力的科技创新中心。自从改革开放政策实施以来，深圳始终保持着敢于冒险、敢于行动以及持续创新的精神，大力发展高新技术产业，推进技术创新和成果转化，推动官产学研资介深度融合，不断加快自主创新能力建设，鼓励各企业在国际舞台上积极参与竞争。深圳不断加大科技投入和政策扶持力度，推动形成具有全球影响力的技术创新体系，通过创新载体来提高创新的层次和能力。在1979年深圳成立之初，它仅仅是一个相对落后的城市。2018年12月，福布斯公布深圳位居"中国创新力最强的30个城市"的榜单首位。创新是推动经济社会发展最强大的动力之一，也是实现创新发展、协调发展、绿色发展、开放发展、共享发展的重要保障，深圳成为受到全球关注的创新型都市。深圳在全国率先提出了建设国际科技创新中心的发展战略，把提升产业核心竞争力作为城市定位之一，建立以工业为核心的对外经济模式，积极推进以产业结构调整为主线的发展进程。此外，深圳并未止步于此，致力于解决土地利用、人口压力、资源与能源以及环境承载能力四大难题。通过实施"腾笼换鸟"的策略，实现经济结构转型升级，显著促进经济高质量发展。

4. 大力加强文化建设

深圳在全国率先制定"文化立市"战略，近年来又提出建设"文化强市"新目标，使文化成为城市凝聚力和创造力的不竭源泉。"鼓励创新，宽容失败"让创新者敢闯敢试；"来了就是深圳人"凸显海纳百川、包容并蓄的理念；"空谈误国，实干兴邦"展现脚踏实地的态度；"让城市因热爱读书而受人尊重"倡导阅读、崇尚文化……这些先进的思想观念为深圳的发展注入了强大活力，而这些都是时代精神的高度凝炼和改革历程的生动注脚。纵览过往，独特的文化不仅锻造了深圳创新所需的企业家精神、创客精神和工匠精神，还营造了其支持创新、包容失败的人文氛围。今日深圳，文化不仅是城市发展的有机构成，更是引领和支撑。

五、问题讨论

（一）深圳经济特区发展的特点有哪些？
（二）谈谈深圳经济特区的历史性贡献和新时代使命。
（三）作为粤港澳大湾区的核心引擎，深圳经济特区具体应该怎么做？

参考文献

黄群慧，2018. 改革开放 40 年中国的产业发展与工业化进程 [J]. 中国工业经济（9）：5-23.

习近平，2014. 习近平谈治国理政 [M]. 北京：外文出版社.

郑通扬，1998. 论市场经济要素与经济体制改革：深圳社会主义市场经济体制框架初探 [J]. 管理世界（5）：44-49.

案例十

调动劳动者生产积极性、体现和谐生产关系的"华为模式"

李琦婷

教学目的

使学生了解"华为模式",尤其是从政治经济学劳动关系和谐视角对其进行分析。

教学内容

介绍华为技术有限公司的经营业绩以及劳动关系,即员工持股型的公司管理模式。

重点、难点:本讲的重点也是难点,即如何运用政治经济学劳动关系理论分析华为技术有限公司员工持股的劳动关系。员工持股既能调动劳动者的生产积极性,也能够使公司长期保持较高的生产效率。

章前思考题:如何从政治经济学视角理解华为技术有限公司的劳动关系?

一、案例概要与教学目标

华为技术有限公司（以下简称华为）作为代表着全球最先进生产力的中国民营企业，既是社会主义经济框架下的微观因素，又具有明显的中国特色，是中国智慧和中国气魄的结晶。甚至有学者将华为的成功经验称为"华为模式"。尤其是华为的员工持股计划、内部激励方式和独特的薪酬管理模式，以及由此引申出的华为劳动关系模式、生产组织方式和所有制形式的研究，将"华为模式"的探讨不断深入。

特别值得注意的是党的十九届四中全会将我国社会主义基本经济制度概括为坚持公有制为主体、多种所有制经济共同发展，按劳分配为主体、多种分配方式并存。这是我们党通过总结、概括我国社会主义经济实践的经验，对于马克思主义政治经济学的又一次重大理论创新，如何探究这一理论的实践来源也是我们研究的重要课题。而华为作为社会主义国家的民营企业则是我们解析这一理论创新的重要微观基础。

为此，本文以华为为例，通过梳理其薪酬模式和员工持股计划，用政治经济学劳动关系理论剖析华为劳动关系模式，探寻其既能调动劳动者的生产积极性，也能使公司保持较高生产效率的原因，为习近平新时代中国特色社会主义经济思想和中国特色社会主义基本经济制度的理论研究提供微观分析基础。

二、案例内容

1987年，华为在深圳创立，当时它是一家主打用户交换机的中国香港公司的销售代理。随着华为的发展壮大，它采取"农村包围城市，亚非拉包围欧美"的发展战略，不断扩大市场份额，致力于成为全球领先的信息与通信基础设施和智能终端提供商，与运营商成立长期合作伙伴关系，华为研发的产品涉及移动、电信、网络等多个领域范畴。华为除在我国深圳、南京等综合性城市设立了多个研究所外，在美国、德国、瑞典、俄罗斯、法国以及印度等国家也成立了研究机构。截至2022年年底，华为有20.7万员工，遍及170多个国家和地区，其中研发员工占总员工数量的55.4%，在全球共持有有效授权专利超过12万件。目前华为已在全球各地成立上百家分支机构，产品的营销及客户服务网络遍布世界，努力为全球客户实现快捷、优质的通信服务。2022年，华为实现全球销售收入6423.38亿元人民币，净利润355.62亿元人民币，实现稳步增长。截至2022年年底，华为在全球近800个产业组织中，如标准组织、产业联盟、开源社区、学术组织等，担任超过450个重要职位，与Linux基金会、开放原子开源基金会、汽车标准化技术委员会等形成深层次沟通与战略合作，并促进中欧产业组织间的深度协作、标准互认等。华为联合全球产业组织、智库、学术界、企业等相关方，构筑产业协同平台，共同探索AI、智能驾驶、数字化场景、音视频等产业热点，分析产业断点、难点，达成产业共识，形成产业合力。同时，华为围绕鲲鹏、昇腾、华为云、鸿蒙、智能汽车解决方案，培育数字化转型人才，赋能开发者，与生态伙伴合作共赢，协同创造社会价值。在产品开发、供应链、财务管理、质量控制和人力资源管理上，华为也实施了深远的体制变革，并建立了IT系统与管理方式相结合的体系。华为在产品创新上坚持"狼性"的企业文化，它之所以能够吸引众多优秀的人才，与薪酬管理上的创新密不可分。

（一）华为的薪酬管理模式

1. 薪酬机制

华为的薪酬机制采用定岗定责和定人定酬相结合的模式。定岗定责是指华为员工的工作职责严格按照岗位说明书执行，保证人员和岗位的匹配，根据以 KPI 考核为基础的工资函数制支付工资，并支付员工相匹配的绩效价值，提高员工的工作活力和主动性。对于不起决定性作用的岗位，定岗定责相对简单。定人定酬通常适用于研发和销售岗位的工资分配方式，并根据个人能力和贡献成果发放薪酬。

定岗定责的特点是：第一，经由提升薪酬成本的可预测性来提高成本控制的有效性；第二，相同或相似职位的工资成本能够相互参照；第三，明显增加员工的工资，必须提升员工级别或转岗；第四，管理模式较为传统。相比之下，定人定酬更适用于现代民营企业的应用。其优势在于：第一，激励员工获得更广泛的技能，承担更多的责任；第二，根据技能来匹配薪酬和绩效管理；第三，管理模式十分灵活。

2. 薪酬政策

华为在薪酬调整方面一直领先于市场水平。它以高于竞争性企业的薪酬水平来引进和保留员工，同时也对员工提出了更高的工作要求，因此它必须有更高的支付能力，这确实吸引了许多优秀的人才加入华为。华为这样的市场化运作，符合其经营策略和市场定位，也与华为"狼性文化""垫子文化"相匹配。

华为想创造价值，就必须认可资本的力量，但最关键的是依靠劳动者的力量。华为以其贡献回报员工，鼓舞他们完全发挥自己的智慧。大量的应届大学毕业生被华为录用，华为以高薪聘请各学科人才来构建知识体系，这对华为有着长远的影响。应届大学毕业生进入华为后，有两年的保护期，他们在两年内不会被开除。此外，华为在北京大学、清华大学、上海交通大学、浙江大学等著名大学设立了奖学金（教学）金，以激励人才。因此，华为约 50% 的员工是博士、硕士、高级工程师，约 90% 的员工具有本科及以上学历。

3. 薪酬分配占比

在华为薪酬分配占比中，长期激励明显占比较大，主要是股票认购部分对在职员工的影响最大。在每一个财年伊始，华为各层级的管理者会决定有资格进行股票认购的员工名单。认购股票的标准有员工的入职时长和总工龄、现岗位工作时长和岗位级别、去年的业绩表现和团队合作度以及全体员工总评价。最终每个员工都会得到一个评级，根据不同的评级，可以购买不同种类的股票和不同数量的股份。

华为的员工可以有三种认购股票的方式：现金认购、奖金认购或者无利息贷款认购。华为内部股票的发行量不是恒定不变的，而是经常根据"能力、责任、薪酬、主动性、风险"等因素进行动态调整。在华为的股本结构中，1/3 左右的卓越员工可享有集体控股，2/5 的骨干员工依照相应的占比控股，大约 1/5 的普通员工（包括新入职员工）只可视具体情况而适量参股。实践证明，华为这种弹性的长期激励机制可以在一定程度上保留人才，而且对新入职员工来说短期激励机制也存在良好的激励效果，最大程度地激发了所有员工的工作热情。

(二) 华为实施员工持股计划的历程

华为员工持股计划是指华为为激励员工授予其股份,员工出资认购,成为股东。该计划促使员工兼具企业所有者与劳动者的双重身份,并设置员工持股会进行集中管理。随着科学技术的迅猛发展,企业仅通过压缩成本、降低产能难以拥有核心竞争力,只有创新才是企业长久发展之路,而创新需要人力资源作为驱动力,人力资源对高新技术企业的重要性凸显。如果一个企业由企业所有者获得绝大部分收益,员工对企业收益分配不满,会致使员工工作积极性不高,而员工持股计划能赋予员工双重身份,帮助企业提升核心竞争力,推进经济发展。华为作为国内通信技术龙头企业,是我国实施员工持股计划时间早、效果好的私营企业典范。1990 年华为公司最先实施员工持股计划,到现在一共经历了 5 个阶段的发展过程。

1. 创业初期的员工持股计划(1990—1999 年)

1990 年,处于成立初期的华为急需迅速扩大生产以占领产品市场份额,并且提升技术创新水平。当时华为作为一家私营企业,很难得到银行大笔贷款的批准,也很难从国务院国有资产监督管理委员会获得资金补助。同时,华为创始人任正非认为员工不仅应获得工资薪酬,还应享受公司发展壮大带来的利润,任正非在此基础上提出了华为员工持股计划的初始方案。初次实施员工持股计划以每股 1 元人民币的价格,让员工购买公司股票,公司承诺会以税后利润的 15% 用作员工分红。这次购入华为股份的员工共计 2432 人,员工股份占公司股份总数的 61.86%。员工入职华为公司满两年期限后,将根据当次员工持股计划规定按员工具体情况安排股票认购。员工既可以选择用自己的年终奖金来购买股票,也可以选择通过银行贷款等方式来购买股票。员工持股计划进行到 1993 年,华为的每股净资产价格上涨到 5.83 元,而 1994 年下降到 4.59 元。1997 年,恰逢深圳市颁布了《深圳市国有企业内部员工持股试点暂行规定》,而华为已经持续实施了长达 7 年的员工持股计划,逐步从资金困境中解脱出来,开始进入高速增长时期。为了提高对人才的吸引力,华为参照这个规定对员工持股计划进行改革,完成了第一次增资。华为将在册的 2432 名员工的股份全部转到了华为工会的名下,在提高薪酬的同时也加大了员工配股力度。此时随着华为效益的提升,员工持股计划所发挥的作用不再局限于担负内部融资任务,还逐步发挥出越来越大的激励作用。与此同时,华为设立内部员工银行贷款来帮助员工购买股票,解决新员工没有足够的购股资金的问题。进一步扩大的员工持股计划形成了强大的人才磁场,使华为聚集了大批行业优秀人才。但是,在此期间,员工持股计划主要起融资和激励作用,员工仅有分红权益,而没有其他普通股东应有的权益,因而并没有达到员工持股计划的真正预期。

2. 网络经济泡沫阶段(2000—2002 年)

2000 年爆发了网络经济泡沫,信息产业遭受到了毁灭性打击。华为接到大量系统订单的同时,核心员工却纷纷离职。为解决这一难题,华为开始了新一轮员工持股计划。此次计划从仅有分红的股票转变为虚拟受限股,发行范围从所有员工转变为核心员工和高管。2001 年华为请第三方国际著名咨询公司合益咨询公司对其员工持股计划进行改革,首次将虚拟股票期权应用于华为。员工不仅享有股票分红的权利,同时可获得公司净资产增值收入的相应份额。华为不允许员工转让或卖出所持有虚拟股票,华为工会在员工离职时回购他们持有的股票。

通过此次改革,员工以低价格购买了华为的股票期权,由此能获得相对较高的投资回报。此外,华为对于不同岗位的员工分别设置了持股上限,即饱和分配。新员工认购股票期权将有助于稀释旧员工的持股份额,这一举措可以激励了全体员工的自主创新积极性,为推动公司总体发展提供驱动。这次由实物股票激励转向虚拟股票期权激励的改革,是华为从对整个公司激励转变为对核心员工激励的一次关键性转变。

员工持股计划采用认购股票期权的方式,这比直接持有股票的方式更合理,华为规定员工持股后获得限定的期权后,行权的期限为4年,每年最多可以兑现的份额为1/4。自享受股权激励计划起第二年开始,激励对象可选择兑现差价、以每股1元的价格购买股票或留待以后兑现等方式行使期权,也可以选择放弃。例如,某员工在2001年获得华为股票100万股,认购价为每股3元,2002年以后他可以选择四种方式行权:一是兑现价差(若股票价格在2003年升至每股5元,那么可以兑现价差200万元);二是以每股1元的价格认购股票;三是留到以后行权;四是放弃。

3. 危机下降薪配股(2003—2007年)

2003年,华为再次遭遇重大打击,由于"非典"暴发,其产品出口市场被严重影响。同时,华为的一些核心员工在离职后入职了思科公司,而华为和思科公司的知识产权诉讼也直接影响了华为在国际市场上的竞争力。为了应对此次危机,提高员工持股计划的激励效果并且降低核心员工离职率,华为鼓励中高层管理人员自愿申请减薪,并配送公司期权作为补偿。此次配送期权的特点是:其一,配股份额很大;其二,改变了股票兑换方式,普通员工的年度兑现份额不超过个人总股本的1/4,核心员工的兑现份额不超过10%;其三,员工只需用认购股票价值15%的资金购买股权;其四,为防止员工集体离职后套现,华为规定三年锁定期内不可兑现,如果员工在锁定期内辞职,则此次配送的期权无效。这次降薪配股计划实施后,华为的销售收入逐渐增加,2004年达462亿元人民币,2007年超过1200亿元人民币。

4. 金融危机下的调整(2008—2012年)

2008年,美国次贷危机引发的金融危机席卷全球,世界各国爆发金融危机,世界经济的整体发展遭受了严重影响。在此期间,华为员工开始大量兑现所持有的期权,为了稳定人心,缓解员工恐惧心理,吸引更多核心技术人员入职公司,华为再次对员工持股计划进行改革,开始实施饱和配股激励计划。

这次饱和配股的股票认购价为每股4.04元,年利率预期超过6%,激励范围包括了入职满一年的新员工。此次计划规定不同职位等级的员工匹配不同数量的股票期权。当时,华为的工资是根据职位设置的,从13级到23级,每个级别分别有A、B和C三个层次,不同级别员工基本工资之间的差额在4000元至5000元。持股上限也根据级别不同而不同。比如,15级员工的持股上限为8万股,而16级员工的持股上限为10万股。这次配股与往年配股的相同点是:若员工没有足额现金认购股权,则华为可以作为员工的担保人,让员工获得银行贷款来认购股票。在2008年全球金融危机情况下,华为的销售收入达1230.8亿元人民币,同比增长46%。

5. 时间单位计划（2013年至今）

随着国家针对员工持股计划的相关政策的颁布，华为被迫停止了利用信贷购买公司股票期权的方式。如此一来华为员工需要完全自筹资金来认购公司股票，员工纷纷集体离职，大量虚拟股被套现，这严重影响了华为的国内外市场的拓展。同时，华为希望利用员工持股计划的优势吸引更多的外籍高管，从而拓展海外市场，但虚拟股不能对外籍员工发售。虚拟股还导致老员工的工作热情有所下降，单纯依赖股票收益混时间，有"搭便车"之嫌，而新员工不管如何努力工作，他们的收入增长仍旧不够快，这样导致新老员工的工资薪酬不均。因此，在2013年华为启动了时间单位计划（Time Unit Plan，TUP）。该计划是华为中长期的员工激励方案，华为按员工的岗位层次与绩效表现，分别分配不同数值的股权。该股权不必用现金购入，会预先授予一个获取收益的权利，包括分红权和增值权，收益需要在未来N年中逐步兑现（跟业绩挂钩），该权利兑现后自动销毁，以5年为一个周期。假设2014年某员工享有时间单元计划分配了1万个单位，虚拟面值为10元，第五年面值升到30元，则他能享受20万元的增值收益。

时间单位计划有效处理了华为当时面对的各种难题。其一，华为在全球设立了大量研究中心和联合创新中心，拥有海量的海外研发人员。此次改革克服了华为在不同国家的员工实施员工持股计划存在的问题，让外籍员工也能享受到员工持股计划，给外籍员工提供了更优越的工作环境，以增强其研发热情。其二，时间单位计划的实施制定了五年的最低服务期限，使员工的劳动价值最大化。时间单元计划的主要配股范围是核心技术人员，该计划保障其工作稳定性，为企业的研发和创新提供肥沃土壤，以此不断提高华为的研发和创新能力。其三，伴随此次改革实施力度的不断增强和范围的不断扩大，老员工手中的持股份额不断被稀释，这解决了老员工持股过多的难题。华为增加对勤劳者的股权激励比例，调整由于持股时间过久而只有历史贡献的老员工与勤劳的新员工之间收入差异的不合理性，促使企业价值得以合理分配给全体员工，并且可以提高新员工的工作热情，增强其进行研发和创新的动力。

总而言之，华为已对其员工持股计划进行了数次调整与改革，该计划具有三个主要特征。第一，前期员工持股计划的主要原因是获得资金，因而企业虽未上市，但资产规模增速却相当可观；第二，激励对象范围很广，除创始人外的员工持股比例高达99%，在企业成长阶段，华为的激励范围包括几乎所有新老员工，在企业成熟阶段，华为主要将股份分配给企业的核心人员和高管；第三，华为制定配股条件时格外注重公平和效率，根据多种因素对员工进行综合评估和分配。

（三）华为员工持股计划的激励效果

企业所有者投资企业是为了获得利润，财务指标中的盈利能力反映出企业赚取利润的水平。本部分通过分析华为的销售收入、营业利润等，探讨华为在实行饱和配股激励计划和时间单位计划后的盈利能力水平及变化。

1. 销售收入快速增长

（1）2008—2012年饱和配股激励计划。

据表10-1可知，华为的销售收入增速先急后缓，销售收入体量变大后增速有所下降。其营业利润在2008年到2010年保持高速增长，2011出现负增长，其原因在于汇率变化，人民币持续升值导致汇兑损失 48.76 亿元,同时 2011 年华为的新业务在布局,在新领域加强投资,致使当期营业利润下滑。

表 10-1　2008—2012 年华为销售收入数据分析(单位:百万元)

财务指标	2008 年	2009 年	2010 年	2011 年	2012 年
销售收入	123080	146607	182548	203929	220198
同比增长	—	19.12%	24.52%	11.71%	7.98%
营业利润	16197	21052	30676	18582	19957
同比增长	—	29.97%	45.72%	-39.42%	7.40%

数据来源:华为公司 2008—2012 年年报数据。
注:"—"表示本分析不统计。

(2) 2013 年时间单位计划。

由表 10-2 可知,2013 年华为实现销售收入 2390.25 亿元,同 2012 年相比增长率为 8.55%,2022 年华为公司实现销售收入 6423.38 亿元,相比 2013 年增长了 168.73%。华为的营业利润从 2013 年的 291.28 亿元逐年增长,至 2022 年达到 422.16 亿元,增长率为 44.93%。自实施时间单位计划到 2019 年,华为的销售收入增速始终保持在 15% 以上,2015 年增速达到峰值的 37.06%,这个增速放眼在高速发展的通信行业也是数一数二的。2020 年开始,数据的下跌主要是受新型冠状病毒感染以及国外环境变化等因素的影响。

表 10-2　2013—2022 年华为销售收入数据分析(单位:百万元)

财务指标	2013 年	2014 年	2015 年	2016 年	2017 年	2018 年	2019 年	2020 年	2021 年	2022 年
销售收入	239025	288197	395009	521574	603621	721202	858833	891368	636807	642338
同比增长	—	20.57%	37.06%	32.04%	15.73%	19.48%	19.08%	3.79%	-28.56%	0.87%
营业利润	29128	34205	45786	47515	56384	73287	77835	72501	121412	42216
同比增长	—	17.43%	33.86%	3.78%	18.67%	29.98%	6.21%	-6.85%	67.46%	-65.23%

数据来源:华为公司 2013—2022 年年报数据。
注:"—"表示本分析不统计。

由图 10.1 可以看出,华为进行时间单位计划后在第一轮锁定期就取得了显著的效果,其销售收入在锁定期内的环比增长率达到了 152.53%。第二轮成效更明显,华为的销售收入在锁定期内的环比增长率稳定在 150% 以上。第三轮和第四轮的数据虽然有所降低,但鉴于华为的体量巨大,其销售收入仍保持 50% 以上的环比增速,这已经高于绝大多数大型企业了,受新型冠状病毒感染以及国外环境变化等因素的影响,第五轮和第六轮的销售收入环比有所减速。

2. 销售净利率保持稳定

(1) 2008—2012 年饱和配股激励计划。

由图 10.2 可以看出,华为在实行饱和配股激励计划的前三年,该计划对销售净利率和营业利润率的激励效果较为显著,2011 年受到宏观环境影响利润出现下滑,虽然 2012 年稍有回升,但仍比不上 2008 年实行该计划初期的激励效果,营业利润率跌到 10% 以下,销售净利率只比 2008 年高 0.57%。因此，华为下定决心对员工持股计划进行改革，以此促进华为销售利润的提升。

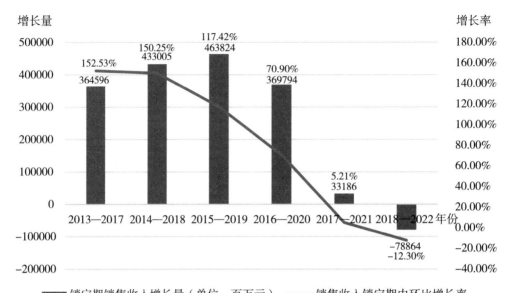

图 10.1　不同时间段内销售收入锁定期内环比增长率

数据来源：华为公司 2013—2022 年年报数据。

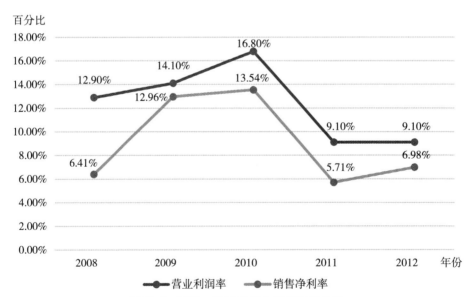

图 10.2　2008—2012 年华为销售数据分析

数据来源：华为公司 2008—2012 年年报数据。

（2）2013 年时间单位计划。

2013 年华为实施时间单位计划后，员工持股锁定期为 5 年，根据图 10.3 可知，在此激励之下，2013 年营业利润率增长明显，达到了 12.20%，之后几年逐年下降，但营业利润增长可观，短短 5 年从 291.28 亿元增长至 563.84 亿元，涨幅近一倍。

如图 10.3 所示，2013—2022 年华为的销售净利率保持在 5.54%～17.86%，2016 年销售净利率有所下降是因为华为当年的研发投入骤增，而新产品创新受阻，科技创新产出不足。这些数据充分说明华为在进行员工持股计划改革后，在信息与通信行业中获利能力很好，不愧为该产业的龙头企业。

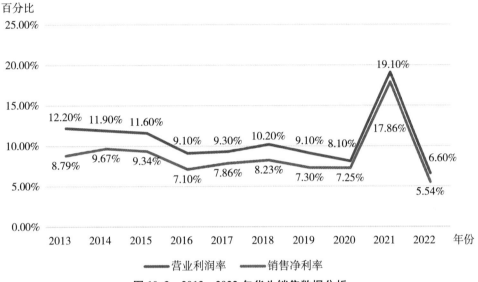

图 10.3　2013—2022 年华为销售数据分析

数据来源：华为公司 2013—2022 年年报数据。

三、案例简评

（一）华为的股权结构及其性质

华为是一家私营企业，由任正非发起创立于 20 世纪 80 年代。华为的股权结构经历多个阶段的变化，企业创建之初就实施员工持股计划，是一种典型的合伙制企业。从股权结构上看，华为的股权主要集中在任正非个人以及由华为工会委员会所代理的全体持股员工。任正非个人持股约 1%，其余 99% 左右的股份由全体持股员工持有，华为股权没有被任何政府部门和外部机构持有。尽管华为工会委员会代持员工股份，但大部分持股员工持股数量是确定的，这也就是说华为的股份是量化到个人的，因此，从企业性质上看华为仍然是私有制企业，而非一些学者所宣称的公有制企业。因为公有制企业的股权是全民所有或者集体所有，公有制除了具有产权的社会占有性，还具有产权的不可分割性，也就是产权不能量化到个人。华为尽管实现了员工持股，没有外部的资本所有者，但并非每个持股员工都平等占有所有的股权，华为员工持股数额的多寡决定了分红的多少，老员工持股数量多，相应的分红就多，新员工持股数量少，相应的分红就少。当然也不是所有的员工都有股份，华为 2022 年年报显示，华为总共拥有约 20.7 万名员工，其中持股员工数量为 142315 名，占员工总数的 70% 左右。

(二) 华为员工持股的特征

从政治经济学的视角来看，华为员工持股实际上是劳动者持股，企业股份实际上是劳动股份，而且华为员工所持有的股份是一种动态的劳动股份。

首先，持股员工能够与企业分享劳动者创造的剩余价值。根据劳动价值论，劳动是价值的唯一源泉，劳动者不仅创造了满足自身劳动力再生产需要的生活资料的价值即劳动力价值，还创造了超出劳动力价值之上的剩余价值，这对企业来说就是利润。华为持股员工在获得劳动力价值即工资之外，还可以凭借股权获得一部分剩余价值（或利润），也就是分红。当然，在现实中，由于企业收益并不一定能够得到实现，有可能会出现持股员工获得的分红有一部分是劳动力价值，比如企业在经营困难时期可能采取降薪举措。华为在初创期，曾经通过管理人员降薪的方式渡过难关，在这种情况下，劳动者并没有获得全部的劳动力价值，相当于将一部分工资用于充当利润进行分红。另外，华为每年净利润用于分红的比例介于15%～54%，这也就是说并不是所有的剩余价值或利润都用于分享给持股员工，而是会保留一部分用于企业的扩大再生产等方面的需要。

其次，持股员工按照为企业提供的劳动的数量和质量获取相应的分红。华为分配股权基于员工的工作业绩和对企业的贡献，换句话来说实际上取决于劳动者向企业提供的劳动数量和质量。《华为基本法》第十九条强调，股权分配的依据是可持续性贡献、突出的才能、品德和所承担的风险。这也就是说，劳动者不同的贡献、不同的才能、不同的劳动质量，所获得的股权数量是不同的，劳动质量高的、给企业带来更多利润的员工可以获得更多数量的股权。持股数量多的员工能够创造更多的剩余价值，从而获得更多的分红。因此，我们认为华为员工持股，持有的实质上是一种劳动股份，即员工以自己的劳动力作为入股的生产要素，所得股份与劳动数量和质量成正比。劳动股份与资本股份有着重大的区别，资本股份是凭借投资金额来确定股权份额，与是否参与劳动毫无关系。

但是这种根据前期劳动绩效评估后获得的股权，会出现当期分红与当期劳动绩效不匹配的问题。此时，持股员工在不付出相应劳动的前提下可以通过分红的形式"不劳而获"，从而占有其他劳动者创造的剩余价值。由此会使得部分拥有较多股份的老员工出现劳动"懈怠"状态。为了避免这样的问题，华为采取了名为时间单位计划的动态股权方式。华为按照岗位、级别和绩效，分配一定数量的股权，并规定员工的配股上限，每个级别达到上限后，就不再参与新的配股。与虚拟股同样享有同等分红权和增值权，但5年到期后，该股权自动失效清零。时间单位计划实际上确保了员工持股的劳动股份属性，将劳动股份动态化，确保员工只有在为企业创造剩余价值或利润的前提下才能获得相应的分红。

最后，员工离职时的收益是员工创造的未用于分红的剩余价值的部分累积金。华为离职的持股员工会获得一笔企业的补偿金，除了《中华人民共和国劳动法》（以下简称劳动法）规定的补偿金额之外，作为持股员工还存在一个虚拟股权退股的问题。暂不考虑劳动法中的员工离职补偿金的问题，那么华为给离职员工的退股金到底是什么性质的呢？如果将其作为企业股份的赎回金或者股权回购金的话，就意味着资本与劳动是分离的，员工可以脱离劳动而获取相应的分红，这显然与华为以劳动贡献作为分配虚拟股权依据的基本遵循是不同的。由此可见，持股员工在劳动过程中创造的剩余价值，其中一部分留存企业用于企业发展需要，另一部分会以分红的形式分配给持股员工。当持股员工离职时，企业应该将其创造的另一部分留存于企业的剩余价值分配给劳动者，相当于劳动者在华为工作期间所创造的价值（特别是将用于未来企业发展的部分）返还给劳动者。这种形式意味着离职的持股员工不能再以持有股份为依据获得企业未来发展的收益，因为这部分未来收益是后来的劳动过程所创造的价值，与离职员工之间没有价值创造关系。

（三）华为实施员工持股计划的动因分析

1. 员工与企业形成利益共同体

优秀的企业管理制度可以有效激发员工的主观能动性并为企业的发展作出贡献，反之可以想象到员工与企业离心离德的结果。但大部分员工只是企业的劳动力，并不是资本投资者，因此他们无权共享资本收益。随着企业的发展，仅依赖监督考核机制并不能有效提高员工的工作热情和对企业的责任感，特别是在高科技产业，核心技术就凝聚在关键人才的大脑中，若员工无法认同企业，则企业的创新发展将会举步维艰。为了让员工感受到自身与企业利益的一致性，使员工具有主人翁意识，并积极推动企业的未来发展，企业可以选择实施员工持股计划。因为通过员工持股计划在员工与企业之间的简单劳动合同的基础上增加了一层企业合伙人关系，从而使员工从聘用的劳动者转变为企业资本的所有者。员工除按照劳动合同获得相应的工资外，还能参与到剩余利益分配和企业管理，如此一来，员工的利益与企业的兴衰息息相关，其工作热情将得到充分激励，为企业的未来发展鼓足干劲，以期达到更高的投资回报率。

2. 获得低融资成本的资金

随着市场扩大和竞争加剧，成长期和成熟期的企业都需要获取外来资金，用来扩大生产、投资项目、技术开发、优化管理、收购兼并等的正常运作。因此，为了获得大额的资金支持，企业将选择不同的融资途径，例如从金融机构筹集资金、债券融资、股票融资、票据贴现等方式，这些融资途径是最常见、最方便的，但在融资时不可避免地要考虑诸如筹集资金的成本、借款利率的变化以及相关的国家政策等因素。而员工持股计划筹集到的资金主要来自对企业全体员工法定报酬、自筹资金等，具有融资成本低和绑定企业核心员工的两大优势：其一，对比同金融机构进行融资，企业可以利用员工持股计划从企业核心员工手中获得资金，这样不必再支付给其他金融机构费用或者利息，无需考虑其筹资的成本；其二，对比债券融资和发行股票的方式，员工持股计划不仅能够让整个企业获得更多资金支持，还大大增加了全体员工的工作积极性，并保护企业的核心员工。因此，企业实施员工持股计划以扩大资金来源并获得低成本融资，同时将核心员工的利益绑定。

3. 形成不同主体间相互促进和制衡的机制

实施员工持股计划的企业发现，企业所有权的主体已经从股东扩展到其他利益相关者，包括员工、投资人、债权人等，并且剩余收益已从传统股东独享转变为由利益共同体一同享有，确保不同利益相关者之间的相互监督与进步。员工持股计划让员工在获得法定的工资薪酬外，还可以获得分红并参与企业管理。如此一来，员工的个人利益与企业资产规模扩张的长期利益紧密相关，其工作热情被充分激发，以寻求企业的快速发展并获得更高的投资回报。通常各个利益相关者如果想要实现长期稳定的合作，那么可以建立一种互相制约的机制,防止其他利益相关者的行为损害到自身利益,员工持股计划可以潜移默化地发挥出监督作用。当员工没有持股来获得企业的所有者身份时,他的职责内容是做好本职工作,没有足够的动机去监督企业的长期利益是否受到损害,但当他成为企业的所有者时,出于关注自身的利益,势必会因关心企业长远发展而自觉监督起来。因此,员工有意识地对其他利益相关者进行监督,这样彼此间形成制衡,有利于企业的可持续健康发展。

(四) 分析华为员工持股下的劳动关系

华为的员工持股模式和动态劳动股份的特征决定了其劳动关系并不是传统意义上资本对劳动的雇佣关系,而是将劳动者与资本所有者合二为一,这是一种新型的生产组织关系,这种劳动关系呈现出合作劳动的特征。

首先,资本的趋利性动机转化为劳动报酬激励。华为的股份都是内部劳动者所有,没有外部的资本所有权关系,持股员工既是企业的劳动者,也是企业的所有者(虚拟股权所有人)。企业的剩余价值规律和资本的趋利性动机让位于劳动者之间的合作机制,或者说企业的资本利润最大化目标让位于企业总体价值最大化目标。企业总体价值不仅包括企业利润,还包括劳动力价值。在这种情况下,资本已经不再扮演重要角色,更可能只是将其作为核算利润与分配红利的工具而已。失去了外部资本在企业中的作用,企业可以通过劳动激励来构建内部激励机制。对此,华为正是通过动态劳动股份的激励举措来促成劳动者的合作动力,由此形成华为企业内部激励的核心优势。

其次,劳动者兼具企业的剩余控制权和剩余索取权。华为分配给员工的是虚拟受限股权,它与实际资本所有权有一定差异。因此,有的学者认为在华为这种虚拟股权分享机制中,员工并没有相应的决策权。但事实上,华为企业持股员工通过持股员工代表会的形式参与企业经营管理和重大决策。第一,所有持股员工通过投票选出持股员工代表,第二,持股员工代表会(是华为的最高权力机构)又通过选举产生董事会和监事会成员,第三,董事会又选出常务董事会。这就意味着,作为持股员工,企业劳动者同时享有企业的剩余索取权和剩余控制权。剩余索取权和剩余控制权的平衡配置是企业得以高效运转的条件,华为通过持股员工代表会实行集体领导制度,有效地避免了现代企业制度中的委托代理问题和内部人控制等治理问题的出现。

最后,华为的劳动关系兼具共享性与合作性。独特的股权结构和全员持股的特征,使华为中资本雇佣劳动的关系已经让位于劳动者之间的合作劳动关系,资本对劳动的剥削关系让位于劳动者之间共享自身创造价值的分配关系。一方面,在动态劳动股份的激励下,劳动者通过发挥自身劳动创新能力以及劳动协调能力,创造出更多用于分配的剩余价值或利润;另一方面,在收益分享机制的作用下,劳动者创造的剩余价值或利润又依据持股数量以分红的形式分配给相关的持股员工。从这个层面来说,华为自称是一种合伙制企业是有一定道理的,企业劳动者也是企业虚拟股份的所有者,他们通过劳动联合的方式结合起来创造和分享企业的价值和收益。在这种情况下,私有制企业中容易出现的劳资之间的冲突与对立的情况在华为中不复存在。如果说存在劳动关系矛盾的话,更多的是劳动者与作为联合劳动的企业之间的矛盾,以及目前仍然可能存在的是持股员工与非持股员工之间的矛盾。

四、问题探索与理论链接

(一) 华为员工持股计划对企业生产关系的改变

华为员工持股计划仍在不断发展和完善的过程中，这也促使华为的生产关系发生了一些改变。由于所有制的性质是生产关系的核心内容，因此，理论界对于华为生产关系的某些变化的关注点，主要在于华为具有社会主义公有制和按劳分配的典型特征，企业生产资料由直接生产者占有。据华为2022年年报，华为总共拥有约20.7万名员工，其中持股员工数量为142315名，占员工总数的70%左右。那么，华为员工持股计划作为一种制度创新对于华为的性质，特别是华为的生产关系是否具有一定的影响呢？这些影响是否改变了华为所有制的性质？这是我们首先要讨论的问题。

首先，华为并非传统意义上的公有制企业，但是具有社会主义公有制经济的某些特征。我们先来分析什么是公有制经济？马克思主义相关理论在对未来社会的描述中，曾经多次阐述公有制的内涵。马克思指出，设想有一个自由人的联合体，他们用公共的生产资料进行劳动，并且自觉地把他们许多个人劳动力当作一个社会劳动力来使用。恩格斯也曾指出，一旦社会占有了生产资料，商品生产就将被消除，而产品对生产者的统治也将随之消除。社会生产内部的无政府状态将为有计划的自觉的组织所代替。根据他们的这些论述，人们一般将社会主义公有制概括为：社会主义条件下全社会劳动者或部分劳动者共同占有生产资料和生产成果的形式，包括全民所有制和集体所有制两种形式。同时，又将全民所有制经济界定为社会全体劳动者共同占有和支配生产资料的社会主义公有制的一种形式，将集体所有制经济界定为部分劳动者共同占有和支配生产资料的社会主义公有制的一种形式。

根据上述理论，我们再来分析华为的性质。一方面，华为不属于全民所有制性质的企业，因为这种性质的企业的根本特征是企业的所有资产归全社会所有，企业的个人不能单独占有这些资产，而华为不仅在工商注册上是民营企业，就是产权也是归私人所有；另一方面，华为也不属于集体所有制企业，因为集体所有制企业的所有生产资料归集体内部的所有成员共同占有，而华为企业的产权并不是员工共同所有，而是由不同层面的企业所有者占有。如在华为股权结构上，任正非作为自然人持有华为约1%的股权，其余99%左右的股权则是由在职员工及业务重组员工持有。华为由于存在着任正非以及在最初持股计划中的老员工，因而会有个别员工拥有华为实际股权。同时，还存在着虚拟股权持股员工，以及不持有实际股权或虚拟股权的员工。因此，华为并不符合集体所有制的性质。

华为虽然在严格意义上并非公有制企业，但是，却存在一定的生产关系的变化，而这些变化的趋向则是社会主义的公有制。诸如，华为虚拟股权形式的员工持股计划中，由超半数的员工联合持有企业股权，并由员工的联合组织工会代替员工持有，而每个员工个人不能单独占有企业股权，只能根据虚拟股权来分配一部分企业利润。这就使得华为在一定范围内的确具有类似集体所有制的生产关系的某些特征，至少可以说是一种半集体经济。华为作为一个民营企业却存在着类似公有制的生产关系也不奇怪，马克思早在一百多年前就曾分析过，任何新的事物都在旧的事物中形成，工人阶级不是要实现什么理想，而是要解放那些在旧的正在崩溃的资产阶级社会里孕育着的新社会因素。在资本主义经济中存在着社会主义因素，这也是马克思主义唯物史观的精髓内容。

其次，华为并非合作制经济，但是有着明显的合作制经济的生产关系特征。所谓的合作制经济是指劳动者以经济互助、合作生产为目的联合组成的经济组织。合作经济根据罗虚代尔原则，主要表现为入社自由、民主管理、收入分享、重视教育、恪守中立等。除此之外，蒙德拉贡合作经济模式通过设置个人资金账户使全体成员的劳动者身份与所有者身份实现统一，这使劳动与资本处于平衡状态。因为合作经济的初衷是一种劳动联合，因此，马克思主义相关理论对于这种合作经济性质给予了极高的赞誉，认为资本主义制度下的"合作工厂"的形成是由资本主义生产方式转化为联合的生产方式的过渡形式。工人们在自己的合作工厂中作为联合体是他们自己的资本家，也就是说，他们利用生产资料来使他们自己的劳动增值，并且资本和劳动之间的对立在这种工厂内已经被扬弃。总之，该理论认为合作制经济是资本主义经济体内的社会主义因素。

在社会主义经济制度建立的初期，我们国家也极力推行合作制经济，诸如初级农业合作社和高级农业合作社，城市的合作制经济组织。后来在合作制经济的实践过程中，由于完全平等的劳动联合形式，存在着平均主义倾向，加之合作经济在与私有制经济激烈的竞争过程中发展艰难，因此进行了种种改革，其改革的方向就是股权的非均衡改革，在我国对于合作经济的改革则是实施了股份合作制经济，即资本与劳动的联合。党的十五大报告提出，股份合作制经济是"改革中的新事物"，尤其要提倡和鼓励以劳动者的劳动联合和劳动者的资本联合为主的集体经济这类的股份合作制。

在华为的发展过程中，原始股权就采用了 1 元 1 股的形式，这与合作制经济最初的形式有些相似，其企业生产关系有着合作经济的特征。后来随着企业的发展壮大，持股人数不断增多，出现了股权过于分散的状况。为此，华为对其股权结构进行改革，让工会代表员工持股。之后，受华为诉讼事件的影响，以及借鉴国外实行的虚拟股权机制，华为再次将股权调整为虚拟股权，将实体股东（控股工会）手中的股票按当年每股净资产的价格进行购买，再通过控股工会发行等比例虚拟股出售给"奋斗者"们，使原始股权逐渐消化吸收转化为不能转让、不能买卖的虚拟股权。这种虚拟股权形式又具有合作制经济的某些特征，因此，其企业生产关系中合作制经济色彩又浓郁了起来。

最后，华为认为自己"是一家100%由员工持有的民营企业"，是全球最大的合伙人制度的企业。所谓合伙人制度是指两个以上当事人为实现共同的经济目的订立合伙协议，共同出资、合伙经营、共享收益、共担风险，并对合伙人可以承担无限连带责任的营利性组织。根据这个概念，我们来对照一下华为，可以发现，就本质而言，华为确实是一家合伙人制度的民营企业，例如华为最初是由 6 名出资者以每人 3500 元的资产共同创立的；之后，华为实行员工持股计划，使员工也成为华为的出资者，由此华为更具有了共同出资、合伙经营、共享收益、共担风险的合伙人制度的企业的特征。

但是，华为与完全的私有制企业又不同，一是华为创始人任正非仅拥有华为约 1% 的股权，而企业员工却拥有 99% 左右的股权，那么，员工无论以实际股权形式还是虚拟股权形式获得的个人收入都是劳动所得，不是资本收益。只不过前者是以资本的形式获得劳动收益，而后者则是以虚拟股权非资本的形式获得劳动收入。二是华为通过员工持股计划实施的虚拟股权形式，是劳动者联合持有企业股权形式，也就是这部分股权是归持股的员工所有。在一个民营企业里，有接近99%股权不是私人所有，而是劳动者联合所有，显然这就会极大改变企业内部的生产关系。

总之，我们认为华为作为民营企业能够发生这些趋向社会主义公有制生产关系的改变是正常现象。按照马克思主义唯物辩证法和历史唯物主义的基本观点，任何事物都是发展变化的，任何新的事物都是在不断对旧事物的扬弃过程中，由小到大、由弱到强的一个自然发展过程，华为终将会从旧的经济形式向新的、理想的社会主义形式过渡。这不仅仅是华为的特例，也是中国所有私营经济的必然趋势，只是华为较好地展示了这种发展的趋向。

（二）华为员工持股计划对企业分配关系的调整

马克思认为，所谓的分配关系，是同生产过程的历史规定的特殊社会形式，以及人们在他们生活的再生产过程中相互所处的关系相适应的，并且是由这些形式和关系产生的。这些分配关系的历史性质就是生产关系的历史性质，分配关系不过表现生产关系的一个方面。因此，从这个意义上讲，如果华为的生产关系发生了一些变化，那么，其分配关系也就发生了一些变化，哪怕只是趋势性的变化。华为通过员工持股计划使得生产关系发生一定意义上的变化后，也带来了企业分配方式的改变。

首先，员工持股计划改变了华为员工工资和利润的分割比例。按照马克思对于私有经济分析，他将企业的新价值分为两个部分：一部分是劳动者在生产过程中必要劳动时间里为自己创造的劳动力价值，以工资形式为劳动者所有；另一部分是劳动者在剩余劳动时间里创造的剩余价值，归资本所有者所有。由于华为员工持股计划使华为股权发生了变化，拥有股权的员工都可以根据股权来分得企业利润，这部分员工个人收入部分就包括劳动力价值即工资，以及剩余价值即利润。这样，企业劳动力价值和剩余价值的相对比例就发生了变化，这就是分享经济学所说的企业利润分享制，即本来是企业工人创造的被资本所有者无偿占有的一部分剩余价值现在以股权收益方式转化为员工的个人收入。由此可见，华为员工持股计划由于改变了原来的产权结构，出现了分享制的分配方式。华为在员工持股计划实施过程中，不断增加员工持股人数，从1997年的900多人，上升到2022年的142315人，员工持股比例在70%左右，为此，劳动力价值与剩余价值的分割比例也在不断变化，员工除了工资收入外，所分得的企业净利润也在不断增长。例如2021年，华为员工的分红总规模达614亿元，占该年净利润的54%。

其次，员工持股计划改变了企业的分配方式，即按照劳动者的劳动贡献进行分配。华为员工持股计划根据员工的工作年限、工作岗位和工作级别等，也就是按照员工的劳动贡献进行福利分配，并不是每个员工都可以获得的。诸如，在企业刚开始实行员工持股计划时，允许就职2年以上员工以每股1元的价格购买企业股份，到允许就职1年符合条件的员工可以以每股1元的价格购买企业股份，到最新的时间单位计划激励机制……华为的员工持股计划是基于员工历史贡献和未来发展来确定的一种长期但非永久的股权分配计划，以保证对关键人才及艰苦区域员工的长期激励力度。

这种分配方式与私营企业的按生产要素贡献的分配方式不同。华为员工持股计划是真正意义上按劳动贡献进行分配的，而不是按资本贡献进行分配，华为现在实行的按虚拟股权进行分配的方式，员工所获得的收入是他们的劳动创造的一部分利润，是他们凭借劳动所得，不是按资本要素获得的股息和分红。但是，这是否意味着华为的分配方式就是按劳分配呢？马克思在《哥达纲领批判》中提到，我们这里所说的是这样的共产主义社会，它不是在它自身基础上已经发展了的，恰好相反，是刚刚从资本主义社会中产生出来的，因此它在各方面，在经济、道德和精神方面都还带着它脱胎出来的那个旧社会的痕迹。所以，每一个生产者，在作了各项扣除之后，从社会方面正好领回他所给予社会的一切。他所给予社会的，就是他个人的劳动量。从马克思关于按劳分配的阐述中我们可以看到，按劳分配是有条件的，第一，按劳分配是建立在生产资料公有制的基础上的分配方式，正如马克思指出的，如果物质的生产条件是劳动者自己的集体财产，那么同样要产生一种和现在不同的消费资料的分配。第二，按劳分配是全社会唯一的分配方式，不存在按要素等其他的分配方式。正如马克思指出的，生产者的权利是和他们提供的劳动成比例的；平等就在于以同一的尺度——劳动来计量。由此可见，华为采取的按劳动贡献进行股权分配的方式并不是真正意义上的按劳分配。

综上所述，华为员工持股计划的股权分配方式与纯粹的按生产要素贡献分配方式，与马克思的按劳分配方式都是不同的，它采取按劳动贡献进行股权分配的方式。华为在分配关系和分配方式上的独特性，充分反映了习近平新时代中国特色社会主义经济思想。

（三）华为员工持股计划对企业发展的影响

首先，员工持股计划对企业生产关系和分配关系的改变有利于集体劳动的形成。华为员工持股计划在其内部形成了集体劳动关系。集体劳动的目标就是将各种劳动联合在一起，并将各种劳动的潜能激发出来，通过相互之间的分工、合作、协作、配合来完成企业的发展。华为不仅将其大多数员工纳入其持股计划中，而且员工持股还是分层的，有一层是对于核心创新性技术劳动的激励，有一层是对于核心创新性管理劳动的激励，还有一层是对于核心创新性运营劳动的激励。其激励是通过技术劳动向管理劳动再到运营劳动层层展开的，并且每个层次的劳动之间又具有相互的协作关系。这样，在华为内部就很容易形成集体劳动关系。

集体劳动关系加强了员工之间在工作上的紧密性。员工持股计划的实行使华为内部员工之间、岗位之间形成了相互合作、相互促进、互不分离的劳动关系，在利益共同的前提下形成了良性发展的工作团队；同时，华为创始人任正非认为，华为员工在基层历练的过程中，要在自己的范围内，干一行、爱一行、专一行，不鼓励他们从这个岗位跳到另一个岗位，应在本职岗位上实现业务水平和绩效产出的不断提高，并不断提高企业内劳动者进行集体劳动的意识；此外，华为在岗位间实行"项目中心"的运行方式，同一项目组中包含多个部门的员工，在做好集权和分权平衡的前提下，通过项目将职能部门进行资源整合，使华为内部各个部门之间形成长期的相互合作协作关系。华为在形成一种个人与个人、群体与群体、部门与部门之间的联合互动关系下，改变了其内部的劳动方式，形成了集体劳动关系，同时员工之间的联系更为紧密，并在实践中使这一劳动方式得以延续。

集体劳动关系促进了企业员工的个人成长。在员工培养方面，华为内部实行的"全员导师制"，它是一种帮助企业进行员工培养的良好制度。在这一制度的实施下，新入职员工会快速地提升自身的业务能力，实现"一帮一，一对红"的效果。此外，通过采用"721"法则（70%的能力提升来自实践，20%来自导师的帮助，10%来自真正学习）来实现对员工的培养。在人才晋升方面，华为规定没有担任过导师的员工，不得提拔为行政干部，不能继续担任导师的，不能再晋升。《华为基本法》中规定，没有周边工作经验的人，不能担任部门主管。没有基层工作经验的人，不能担任科级以上干部。同时，华为在其内部对干部实行"之"字形成长道路，这是证明干部是不是好"种子"的关键。有管理潜力的人才通过基层实践选拔出来后，将进入培训与实战相结合的阶段。任正非曾说过，自古以来，英雄都是班长以下的战士，而想要成为英雄，需要善于学习，扩大视野，提升自己的能力。华为内部实行的人才培养机制和人事晋升路径给了其员工足够的上升空间，也使华为在人才结构、人才分层上体现出科学性和合理性。而这种人才培养制度正是在华为内部存在集体劳动关系的具体体现。

多元的集体劳动关系加强了华为与外部企业的合作。华为通过高效的管理方式和强有力的技术支撑，在实现自身效益的同时，也为客户创造了更大的价值。华为在不断吸纳 IBM、麦肯锡等全球优秀企业的管理经验的基础上，使其组织结构从直线型管理模式蜕变成面向区域、客户、产品的多元矩阵式组织结构，华为还通过持续进行的研发投入，实现向客户持续提供创新产品和高效服务。同时，华为作为一个在170多个国家和地区开展业务的全球化企业，在积极联合客户、合作伙伴、开发者、产业联盟、标准化组织进行相互依存、共同成长的生态圈构建的过程中，坚持利益分享，并在联合创新、营销、人才培养等方面与合作伙伴之间建立双向支持，通过推动建立行业标准、降低数字化转型成本等方式实现产业扩展，并通过与外部企业的联合与协作，实现对集体劳动外在的推动作用。

其次，员工持股计划对企业生产关系和分配关系的影响有利于集体力的形成。马克思主义相关理论认为，受分工制约的不同个人的共同活动产生了一种社会力量，即扩大了的生产力。社会分工和协作不仅提高了个人的生产力，而且创造了一种生产力，这种生产力本身必然是集体力。由此可见，华为的员工持股计划，通过将不同层次的劳动者的积极性调动起来，产生了一种劳动生产力，这种生产力必然会形成一种集体力，这种集体力会带给企业更大的发展动力。

华为的团队合作精神充分体现了企业内部高效的集体力。华为的企业文化认为狼是其学习的榜样，在不断地学习、创新、获益和团结中，实现企业的发展。任正非曾说过，有成效的奋斗者是公司事业的中坚，是前进路上的火车头、千里马。要使企业优秀员工组成的队伍生机勃勃，英姿勃发，你追我赶。通过让优秀的员工分享胜利的果实，让怠惰者感受到末位淘汰的压力，以激发员工的奋斗精神。此外，华为提出了"狼狈组织计划"，让企业中的"正职要敢于进攻，是狼的标准；副职要精于管理，是狈的行为"，进而通过狼与狈的各司其职，互补互助，实现组织的不断进步。这些具体的人事组织计划，都充分体现了华为的团队合作精神，并在集体劳动关系的作用下，实现内部集体力的形成。

集体力的产生是提高企业劳动生产力的重要手段。华为的员工持股计划在形成了集体劳动关系的同时，使员工之间的合作变得更加紧密。这不仅提升了劳动生产力，同时也促进了企业利润的增长。这种劳动生产力的提高，是建立在更为合理的生产方式、更完备的制度约束下的。这种在集体劳动关系下形成的生产力并非马克思、恩格斯所说的一般意义上的"集体力"，而是在分工的基础上，在集体劳动关系的作用下形成的，能够实现更高生产效率的生产力。这种集体力的产生，使劳动者在主观劳动热情高涨的同时，也免去了劳动者在分工下进行劳动时，因枯燥、单调、乏味的工作内容而造成的心理厌烦和不满情绪，进而避免了工作效率的损失。因此,在员工持股计划下,通过集体劳动关系而产生的集体力是促进劳动生产力提高的有效方式。

最后,员工持股计划对企业生产关系和分配关系的改变有利于企业的创新发展。创新是企业发展的生命力,一个企业如果不创新,就不会得到发展。华为的员工持股计划,以及华为对生产关系、分配关系的调整,使其形成了集体力,这也确实促进了华为企业创新能力的提升。

员工持股计划带来生产关系的变化促进了企业的创新发展。华为员工持股计划的实行使企业的所有制性质趋向于一种集体所有制,它使华为具有了一些公有制的特征。按照斯大林关于生产关系三方面的描述,由于华为生产资料的所有制形式发生了改变,因此各种不同社会集团在生产中的地位及其相互联系也发生了变化。企业内部产权关系的变化,致使员工在企业中的地位发生了改变,这使资本雇佣劳动关系变得模糊,员工的主人翁意识变得强烈,增强了员工在劳动过程中的主观能动性,调动了员工主动进行创新的积极性。同时,企业内部的民主管理制度,以及相关人才激励计划的实施,对企业的创新发展起到了极大的推动作用。

员工持股计划带来分配方式的变化推动了企业的创新发展。华为员工持股计划的实行使其内部形成了一种分享制的分配方式,通过向员工直接进行利益分配,借助股权形式,分享企业的剩余价值,增加了员工的实际收入。这一直接性的工资收入的增加极大地提升了员工的工作热情,激发了员工的劳动积极性。华为作为全球领先的信息与通信技术企业,员工的劳动积极性直接体现为对企业创新活动的增加,进而实现企业的创新发展。

员工持股计划带来的经济关系的变化形成了集体劳动关系,从而推动了企业的创新发展。对企业而言,集体劳动关系的形成所产生的集体力是企业最大的生产力。集体力作为具有综合性的合力,能够产生出"1+1>2"的效果,进而在企业的各个方面之间形成力量的相互作用,通过相互协作来实现企业的目标。此外,这种集体劳动关系形成的集体力还具有持续存在的特征。集体劳动关系的形成在带动企业不断进行创新发展的同时,员工在企业中的地位以及收入的变化,都使员工希望与企业形成长期的合作关系,使这一经济关系变化所带来的集体劳动关系得到良性、持续的循环,从而实现企业的创新发展。

五、问题讨论

(一)简述华为员工持股计划成功的原因。

(二)华为的劳动关系模式兼具合作性和共享性,是中国特色社会主义劳动关系新模式的重要实现形式,请分析中国特色社会主义劳动关系新模式的可能方向。

参考文献

孔东民,徐茗丽,孔高文,2017. 企业内部薪酬差距与创新[J]. 经济研究,52(10):144-157.

孟庆斌,李昕宇,张鹏,2019. 员工持股计划能够促进企业创新吗?:基于企业员工视角的经验证据[J]. 管理世界,35(11):209-228.

王砾，代昀昊，孔东民，2017. 激励相容：上市公司员工持股计划的公告效应 [J]. 经济学动态（2）：37-50.

周留征，2017. 华为创新 [M]. 北京：机械工业出版社.

案例十一

阿里巴巴、京东、苏宁易购等企业的新零售商业模式的政治经济学分析

闫境华

教学目的

使学生了解阿里巴巴、京东、苏宁易购等企业的新零售商业模式及其适用的政治经济学理论。

教学内容

介绍阿里巴巴、京东和苏宁易购等企业的新零售商业模式的发展历程及所具有的特点。

重点、难点：本讲的重点也是难点，即应用政治经济学商品流通理论分析新零售商业模式的先进性。

章前思考题：如何理解新零售商业模式的先进性？

一、案例概要与教学目标

在当前数字经济背景下,新一代信息技术正在全球范围内带来一场颠覆性变革,其影响力广泛渗透至社会生产和生活的方方面面。随着"新零售"成为全世界备受关注的高频热词,还由此衍生出了智慧零售、无界零售、无人零售、智能零售、社群经济、平台经济等一系列的概念,并进一步关联到新制造、新经济等关乎高质量发展和经济全球化创新的重大经济问题。

党的二十大报告中指出,加快发展数字经济,促进数字经济和实体经济深度融合,打造具有国际竞争力的数字产业集群。在由数字经济催生的商业模式和产业结构升级中,中国零售业的数字化转型趋势尤为突出。在数字经济中,网络零售发展迅猛。网络零售是新零售的重要组成部分,新零售是基于网络零售和传统实体零售深度融合的升级产物。新零售的不断深化与演进,又产生了内涵更丰富的数字化零售。秉持由案例到理论或者由理论到政策的不同出发点,近期关于新零售的学术探讨也更加深入本质和机制层面,但总体而言还缺乏政治经济学视角的系统阐释。基于此,我们有必要在详细了解新零售的相关概念以及本质的基础上,探究如阿里巴巴、京东、苏宁易购等企业的新零售商业模式及发展历程,在此基础上从政治经济学视角进行详细的阐述,更好地看清目前新零售发展存在的缺陷,从而提出合理的建议。

虽然新零售具有提高流通效率以及带动社会生产和生活方式重塑的潜在作用机制,但在资本主义生产方式下仍然从属于资本的流通过程并服务于以价值增殖和榨取剩余价值为根本动机的资本主义扩大再生产体系。因此,马克思主义政治经济学对于科学认识其本质和机理具有重要意义,其中既要能充分看到新技术对于进一步提升流通效率和激发经济发展潜能的重大价值,也要看清其在私有制和资本逻辑下难以回避的内生缺陷,自觉防范资本拜物教意识陷阱和数字化、平台化垄断,以辩证的、积极扬弃的态度应对其未来发展。

本讲通过介绍新零售的产生背景、本质特征及驱动因素,运用马克思主义政治经济学的分析方法分析新零售的本质及其发展规律,帮助同学们更好地理解新零售商业模式的先进性,并探究如何使其更好地发展。

二、案例内容

(一)新零售的产生背景与相关概念

1. 新零售的产生背景

2016年10月,马云首次提出"新零售"概念,引起业界广泛关注。2016年11月,《国务院办公厅关于推动实体零售创新转型的意见》指出,鼓励支持推动零售业创新发展。随着电子商务流量增速的放缓,阿里巴巴等互联网企业开始发展线下实体零售,2016年阿里巴巴推出了盒马鲜生,2018年京东推出了7FRESH。永辉超市、苏宁易购等实体零售企业也开始推出超级物种、苏鲜生 SuFresh 等,探索实体零售转型升级之路。国内城市也积极创造良好环境,大力吸引新零售项目入驻,致力于打造"新零售之城"。2018年阿里巴巴启动建设"新零售之城",北京、上海、杭州、深圳、广州、天津、福州等城市纷纷加入。由此可见,新零售的发展已经成为城市商业转型升级的新动力,它满足和创造新消费,并将可能重塑城市间商业发展地位及经济增长格局。

2. 新零售的本质特征

马云对新零售的释义为:线下与线上零售将深度结合,服务商利用大数据、云计算等创新技术,再加现代物流,构成未来新零售。亿欧公司创始人黄渊普认为,新零售是更加全面地通过整个线上线下融合,利用先进的技术,收集C端消费者的需求,去反推整个生产,以达到C2B完全无库存销售。也有学者将新零售解读为线上线下和物流的紧密结合(线上+线下+物流),其核心是以消费者为中心的会员、支付、库存、服务等方面数据的全面打通,目标是面向线上线下全客群提供全渠道、全品类、全时段、全体验服务,满足人们随时随地、随心所欲的全方位需求。

2017年3月,《C时代 新零售——阿里研究院新零售研究报告》①中对新零售也进行了明确的定义,即新零售是以消费者体验为中心的数据驱动泛零售形态,它的核心在于重构,从而产生全新的商业业态,核心价值是最大程度地提升流通效率,其基本特征包括三个方面:以心为本,围绕消费需求,重构"人""货""场",实现以消费者体验为中心;零售二重性,从物理化和数据化二维角度思考新零售;零售物种大爆发,形成多元零售新形态,向人人零售迈进。结合商务人士、行业实践者、实战研究者、专家学者等对新零售理念的解读,新零售的基本理念包含以下几个主要方面:其一,新零售是"线上+线下+物流"的深度融合,目的是为消费者提供全渠道、全面化的服务;其二,新零售由数据技术驱动,数据技术串联零售始终,打通线上线下,优化零售效率;其三,以消费者为核心是新零售本质的凸显,新零售努力为消费者提供高效满意乃至超过预期的服务。由此可见,新零售是零售本质的回归,是在数据驱动和消费升级时代,以全渠道和泛零售形态更好地满足消费者购物、娱乐、社交多维一体需求的综合零售业态。

3. 新零售的驱动因素

新零售是基于网络零售和传统实体零售深度融合的升级产物。新零售的发展较多地受到信息技术、消费需求和竞争态势的影响,三方面因素均对"线上+线下+物流"深度融合的新零售提出了要求。

(1)信息技术。

近年来随着"互联网+"战略的实施,智能手机和WiFi等得以普及应用,信息技术对生产和生活的影响日益增强。依托信息技术,大数据的开发应用取得明显效果,2014年马云提出人类正从信息技术时代走向数据技术时代,而纵观中国互联网企业百度、阿里巴巴、腾讯(合称BAT)所实施的一系列战略,也明显反映出其开发应用大数据、抢占大数据制高点的思路。以阿里巴巴为例,其早在2010年就制定了大数据战略,2012年设立首席数据官岗位及相应事业部,全面负责大数据战略,并利用大数据开发应用技术连续发布多个大数据报告,如《中国年货大数据报告》《品质消费指数报告》等。同时利用大数据在精确匹配广告、信用评估和管理、医疗数据服务等方面持续发力。新零售区别于以往任何一次零售业变革,它通过数据与商

---

① 《C时代 新零售——阿里研究院新零售研究报告》从技术、消费者、行业三个视角总结的新零售诞生重要原因包括:新的商业基础设施的出现、消费者的数字化、寻找新的增长动力。

业逻辑的深度结合，实现消费方式逆向牵引生产变革，为传统实体零售赋予数据"翅膀"。数据驱动是新零售的本质特征之一。在工业经济的商业体系中，生产制造和流通销售是两个市场，新零售以消费者为核心全链路打通生产制造和流通销售市场，实现 C2B 逆向路径的变革。以消费者为核心的数据挖掘应用如果缺失了线下数据，其开发应用就不算完整，因此，"线上+线下+物流"深度融合是大数据深度挖掘应用的基本要求。①

（2）消费需求。

中国正步入消费需求急剧变化的新时代，消费主体、消费方式、消费结构、消费观念等纷纷发生"颠覆式"变化，这给零售业带来强大的冲击和变革的诉求。进入 21 世纪以来，中国消费主力逐渐由 20 世纪 50—60 年代出生的人群（50 后、60 后）转为 20 世纪 70—80 年代出生的人群（70 后、80 后），并逐渐向 20 世纪 90 年代（90 后）和 21 世纪（00 后）出生的一代迁移。从消费方式来看，互联网的"迁移者" 70 后、80 后及"原住民" 90 后、00 后对网络零售的依赖不言而喻，但是他们对传统实体零售的场景化、休闲化的需求同时存在；从消费结构来看，"吃穿住行用"消费样样升级，同时美丽消费、娱乐休闲消费、教育医疗消费等享受型、发展型消费趋势更为突出，单一的消费方式已难以满足日益提升的消费诉求，线上线下协同是必然趋势；从消费观念来看，"新新消费者"消费的从众心理逐渐淡化，而时尚、绿色的品质化消费及定制化、DIY 的个性化消费趋势日益明显。根据阿里研究院发布的新消费指数《品质消费指数报告》，2016 年阿里巴巴零售平台高端消费达到 1.2 万亿元，占总消费的比例明显上升，这体现出品质消费趋势，且未来的品质消费还呈现出原创、智能、绿色、精致、全球化及体验化趋势。中国消费升级趋势将日益放大网络零售和传统实体零售的劣势，两者唯有深度融合，升级成为新零售，才能更好地迎合消费升级趋势的挑战。

（3）竞争态势。

新零售具有典型的规模经济特性，企业倾向于无边界化特征，由此也意味着新零售市场是一种"赢家通吃"的市场。通过研究新零售的竞争态势发现，在前期竞争并不激烈，后期竞争则逐渐走向白热化。在新零售发展前期，新零售的价格优势尤为明显，巨大的市场容量为众多企业提供了发展机遇，同时因市场潜力巨大，各企业规模相对较小，涉足的领域也相对专业，正面竞争较少，市场的竞争并不激烈；在新零售发展中期，因新零售的进入和退出成本相对较低，行业不断迎来新的进入者，竞争加剧，同时为了争夺流量，依托价格战、战略性亏损等竞争方式又进一步加剧了竞争；在新零售发展后期，市场基本形成"两超多强"的竞争格局并将不断演变。"两超"是指阿里巴巴和京东，这两家企业依托强大的线上平台优势很早就进军新零售，例如阿里巴巴旗下的盒马鲜生，集生鲜超市、餐饮、配送于一体；京东入股永辉超市，共同打造超级物种。同时，"多强"格局也日益凸显，一些企业也在实施一系列赶超战略，特别是苏宁易购、国美集团，他们在线下的基础上打造线上业态，其 O2O 优势明显，并且近年来深化 O2O 战略的趋势也在增强，与"线上+线下+物流"深度融合的新零售趋势相契合。在激烈的竞争面前，在零售业态转变和升级的大好时机下，深化新零售战略，抢占制高点是零售企业确保在竞争中胜利的关键。在新零售不断发展的时代

---

① 同时，数据驱动的数字经济呈现高速增长趋势，成为中国经济增长的新动能。据统计，中国 2022 年数字经济规模超过了 50 万亿元，占整个 GDP 的比重是 41.5%。

背景下，网络零售和传统实体零售从原来的冲突对立逐步转向深度融合。

4. 新零售具有以下特征

（1）电商平台与传统实体零售企业开展战略合作，借助实体优势开辟线下渠道。

网络零售与传统实体零售的商业本质并无不同，但两者的运营存在很大差别，这也决定了企业实施新零售战略，拓展线下空间并非易事。网络零售大多是通过电商平台完成的，因此电商平台与传统实体零售企业进行战略合作，借助其资源可以尽可能地降低风险，获得更多的资源。阿里巴巴通过参股、结盟等方式，不但从形式上密切与实体零售的关系，而且在业务上与传统实体零售进行战略合作，优化协同关系，如阿里巴巴在入股银泰商业后，在淘品牌线下实体店布局上就展开了系列合作，开设银泰家居集合店等。京东也是如此，在入股永辉超市后，在业务上与其展开了系列合作，如在永辉超市开设京选空间等。

（2）新零售的关键点在于深度融合"线上+线下+物流"，同时特别重视数据的开发应用。

新零售对线下的布局，实质上是打通线上线下，使两者深度融合，打造全渠道购物体验，有别于传统实体零售门店。电商平台线下布局实体商业打造新零售业态，并不是简单地开设线下实体店。例如，阿里淘品牌的线下集合店通过产品和工具赋能商家，让任何一个消费者在线上线下享受同款同价和同样的会员体系，线下集合店内安装了天猫导购屏，实现个性化定制，消费者可以根据推荐在线下集合店内进行搭配尝试，满意后点击导购屏即可实现线上购买，线下提货。传统实体零售企业向新零售的改造升级，也并不是简单地构建一个辅助的网络平台。放眼全球，亚马逊的实体书店及 Amazon Go 更展示出互联网、大数据、高新技术特征，完全不同于传统实体零售门店。

（3）以消费者体验为中心，满足消费者购物、娱乐、社交多维需求是布局新零售的重要考量。

新零售时代更加凸显零售业高效满足消费者需求的商业本质，全渠道、多物种是基本支撑。传统实体零售企业如苏宁易购和国美电器，在后天又注入了互联网基因，原则上它们更具线上线下协同的优势，也不断尝试新零售战略，而它们的重点是更加注重消费者需求的满足，加强数据开发应用，用互联网基因不断改造和拓展传统实体零售，由此实现新零售的转型。如苏宁易购在注重数据开发应用的同时，不断尝试苏宁易购云店、苏宁超市、苏宁红孩子母婴店、苏宁小店等多样化的实体零售新业态，国美电器则提出以消费者为中心的社交新零售战略。同时，考察对比新零售实践发现，新零售具有典型的互联网基因，其关键点在于大数据的开发应用。同时，物流与线上线下的协同也是新零售的关键点，以阿里巴巴和京东为首的电商平台在几年前电商遭遇物流短板效应时就已开启了整合物流的历程，目前已取得实质性效果。

（二）阿里巴巴、京东、苏宁易购等企业的新零售商业模式

2016 年，"新零售"概念提出后，零售行业内的探索发展成为热点。从阿里巴巴、京东、苏宁易购等企业的发展情况看，新零售的商业模式主要有 4 种类型。

1. 电商平台线下布局实体商业

电商平台通过传统商业平台、自营线下单体店、新零售购物中心等，在线下布局实体商业。

(1) 传统商业平台。比较典型的有盒马鲜生、超级物种。它们通过在运河上街、解百商城等传统商业平台建立"餐饮体验和商品零售"合二为一区域，进行"生鲜+餐饮+商品零售+O2O"场景营销，再通过App拓展门店覆盖范围内的线上到家业务。

(2) 自营线下单体店。把天猫国际、网易考拉等线上店"搬到"线下，同步建立天猫国际线下店、网易考拉海淘爆品店等实体店。

(3) 新零售购物中心。2018年正式营业的阿里巴巴西溪园区亲橙里，是天猫国际线下店、盒马鲜生、天猫精灵未来馆等新零售集合体，如表11-1所示。

表11-1 电商平台自营线下零售实体

类型	品牌名称	所属企业	主要特点	发展情况
传统商业平台	盒马鲜生	阿里巴巴	"生鲜+餐饮+商品零售+外卖+O2O"模式	13个城市47家店（杭州3家）
	超级物种	永辉超市（腾讯、京东入股）	"生鲜餐饮+高端商品+各类商品新物种开发、孵化、培育"模式	10个城市34家店（杭州2家）
	苏鲜生 SuFresh	苏宁易购	"精品超市+生鲜上门送达+餐饮外卖"模式	全国6家（杭州试点）
自营线下单体店	天猫国际线下店	阿里巴巴	跨境零售商品展示、体验店	杭州1家
	网易考拉海淘爆品店	网易	集零售、体验、交流于一体	杭州1家
新零售购物中心	亲橙里	阿里巴巴	阿里新零售各业态的集合体	杭州1家

注：本表数据截至2018年5月1日。

2. 传统实体零售企业向新零售改造升级

受电商平台加快线下布局实体商业的影响，同时也受传统实体零售企业自身转型的内在需求的驱使，传统实体零售积极向新零售转型。

(1) 自身改造升级。传统实体零售企业对供应链、采购、物流、仓储管理等环节进行数字化改造，增加餐饮区、主题体验场景，并通过App拓展线上业务。典型的有世纪联华·鲸选、物美超市的"小而美"便利店。

(2) 借力电商平台赋能升级。例如，阿里巴巴的天猫小店对街坊店铺、社区超市、夫妻店等进行硬件改造，并通过提供高效的供应链支持和数据化管理平台进行软件提升，同时接入菜鸟驿站、饿了么等服务平台，如表11-2所示。

表11-2 传统零售实体向新零售改造升级

类型	品牌名称	所属企业	主要特点
自身改造升级	世纪联华·鲸选	联华超市	集黑科技、美食娱乐、次世代购物于一体，线下体验+线上服务
	"小而美"便利店	物美超市	零售+餐饮，联合多点App，实现线上线下融合
借力电商平台赋能升级	天猫小店	阿里巴巴	新零售改造传统的街坊店铺、社区超市等，并将阿里巴巴供应平台接入小店，改善其采购体系

3. 百货商场 + 新零售

该模式的典型代表就是银泰商业（以下简称"银泰"）新零售。2014年，阿里巴巴入股银泰，银泰就成了新零售"试验田"。银泰"传统百货商场嵌入新零售业态"已成为传统商业转型样板，2017年"双十一"期间，银泰客流、营业收入均增长50%以上。同年12月，南京中央商场与浙江银泰投资有限公司合资成立南京中银新零售发展有限公司，银泰"百货商场 + 新零售"模式开始对外输出。截至2020年，在全国26个城市近50家银泰线下门店，消费者只需要通过喵街App下单，即可实现门店5千米范围最快1小时定时达。2019年得益于直播卖货，近三成的导购平均年薪达到20万元，收入最高的导购年薪甚至超过了50万元。对比银泰全国线下门店和银泰直播用户分布，银泰直播用户最多的20座城市的用户总数，已经超过了银泰全国线下门店的用户总数。2020年"双十一"期间，银泰线上销售增长65%，喵街App订单是2019年同期的5倍。这期间多款商品爆单，以兰蔻菁纯臻颜焕亮眼霜为例，一天销量超万件，相当于传统实体零售门店2~3个月的业绩。银泰"百货商场 + 新零售"模式如表11-3所示。

表11-3 银泰"百货商场 + 新零售"模式

类型	业态	主要特点	典型代表
百货商场 + 新零售	银泰西选	跨境电商精品超市，线上交易平台 + 西选宅配服务 + 场景化海淘体验	已在全国拓展20多家门店，保持零亏损。首家门店杭州百大店，开业一年销售额4700万元，超过同行业绩的两倍
	集合店	线上线下无界融合实现线下体验、线上下单、高效物流配送	ONMINE零食体验馆、Home Times家时代等
	智慧门店	游戏云 + 购物云 + 行为分析云，游戏互动 + 大屏幕自助购物	卡西欧电子屏幕
	快闪店	临时设置的铺位，引入黑科技，增加新的购物体验	雅诗兰黛、美宝莲、雪花秀等美妆大牌快闪店；天猫快闪店
	商场公共区域新零售场景	将洗手间、母婴室商场公共区域变为新零售切入口	西湖银泰城二楼女士智能卫生间、中大银泰城智能母婴室

4. 无人零售

无人零售主要运用电子标签、重力感应校验以及人脸识别等技术，构建一个无收银台、无现金支付、拿完即走的智能化消费场景。无人零售中体现新零售特点的类型主要有两个：无人值守商店和无人货架，同时也逐渐渗透到餐饮等其他领域。比如，杭州五芳斋无人餐饮店，消费者自主完成购餐过程，从下单到取餐只需五六分钟，效率显著提升，用工成本明显下降，店员由13人减少到7人。中国无人零售市场呈现波动上升的趋势。2017年销售规模为135.86亿元，经过两年40%~50%的增速，于2019年达到287.27亿元的规模。但是2020年受到新型冠状病毒感染的影响，该销售规模产生了极大的下滑，但于2021年开始恢复上升趋势。截至2022年，我国无人零售市场的销售规模达299亿元，预计后续还会持续发力。在用户规模方面，从无人零售的用户使用情况来看，呈现出爆发型指数级别的增长，从2017年的400万人增至2021年的2亿人左右。无人零售模式如表11-4所示。

表 11-4 无人零售模式

类型	品牌名称	所属企业（或创始人）	主要特点	发展情况
无人值守商店	淘咖啡	阿里巴巴	"购物+餐饮"无人商店	2017年亮相杭州
	7.7未来便利店	杭州几禾科技	ATM机房改造的无人便利店	2017年12月正式对外营业
	WithAnt	蚂蚁金服	蚂蚁金服周边衍生产品，自动识别价格，无感支付	2018年1月亮相蚂蚁Z空间
无人货架	好品	创始人李旭阳	自助式零食货柜	截至2018年1月在杭州合作网点1000多个
	蚂蚁鲜生	创始人胡忠	无人鲜食店	截至2018年杭州200多家写字楼设点
	领蛙（2018年被便利蜂收购）	创始人胡双勇	"货架+二维码"开放式零食柜	2017年9月铺设点位1000个
	果小7	创始人樱桃	设置在电梯厅的货架铺	截至2018年入驻杭州700多家公司，投放货架1000多个
无人智慧餐厅	五芳斋	五芳斋、口碑	消费过程全部由消费者自主完成	杭州1家

（三）新零售的典型案例

零售业态是指零售商为了满足不同消费需求而形成的不同经营形态，是零售商经营形式的外在表现，是由零售商的目标市场、选址策略、卖场规模、商品结构、价格水平、购物氛围、服务功能等多种要素组合构成的。与以往零售新业态的诞生有所不同，新零售在不同商业业态领域均出现新经营形态，如超级市场领域出现了盒马鲜生、超级物种等；百货领域出现了 Hi 百货等新模式；便利店领域出现了 EasyGO 未来便利店等无人便利店；专卖店、专业店领域出现了阿里无人汽车售卖店、唯品会专营店等。目前，新零售还处于发展阶段，零售商还在不断探索中，不断有新零售模式出现。

1. 盒马鲜生

盒马鲜生是阿里巴巴旗下，以数据和技术驱动的"超市+餐饮"智慧超级市场业态。盒马鲜生经营的特点表现在以下几个方面。

一是商品结构及价格水平。盒马鲜生以生鲜为主线，商品种类涉及生鲜、熟食、果蔬、肉禽、日常食品、糕点、酒类等。生鲜是传统各类生鲜超市较少经营的品类，一、二线城市对生鲜的潜在消费需求旺盛，盒马鲜生在生鲜方面提供了新的商品和服务供给。盒马鲜生以直采直供为主，不收取供应商进场费，降低进货成本，实现生鲜价格"平民化"。商品通过全程冷链运输并精细包装后售卖，商品品质被消费者认可。

二是目标市场。盒马鲜生的商品品类以生鲜熟食为主，属于以吃为主的高频刚需，兼顾线上线下消费者并以线上为主流,其商圈范围在3千米左右,以周边社区居民为核心消费者,尤以能掌握线上下单操作的中青年消费者为主流。

三是选址策略及卖场规模。2023年1月,盒马鲜生创始人兼CEO侯毅发出全员信称,截至阿里巴巴2023财年三季报披露时,全国已有300余家盒马鲜生门店(含盒马mini)、9家盒马X会员店、153个盒马村。其中上海、北京门店规模远超其他城市。其在城市中的选址以中心城区核心商圈为主,其选址会参考一个区域的消费者大数据,布局在商场的负一、二楼的占比超过50%,其他门店也多布局在商场的一、二楼,这与传统大型超市选址有相似之处。盒马鲜生经营面积在4000~6000平方米。截至2022年10月,盒马鲜生自有品牌销售额占比达到35%左右,比2021年的自有品牌的销售额占比17%增长了一倍,已赶超Costco、山姆会员商店等国际零售巨头。

四是服务功能。盒马鲜生采用线上线下融合发展的商业模式,可到店购买,现场可自助结账,也可通过客户端App下单,提供3千米服务范围内"30分钟免费送达"的24小时配送服务,实现线上线下消费者互相转化,目的是将线下流量引导到线上,其线上销售额已经超过线下销售额。顾客到店可购买生鲜并由后台加工,盒马鲜生还提供堂食服务,实现"餐饮+购物"融合发展。

五是新技术的运用推广。数字技术在盒马鲜生的门店中应用广泛,包括大数据、智能物流、电子价签、物联网等。依托消费数据的沉淀与大数据处理,把握消费特点,提高销售精准性,减少库存量,让盒马鲜生赢得线上消费者流量优势。店内实现消费者自助扫码结算,减少消费者排队等候结账的情况。盒马鲜生还搭建仓店一体化的快速分拣体系,店内安装智能悬挂链传送系统,实现了店员分拣商品后自动输送给后台配送员,并搭建30分钟覆盖3千米的自营物流配送体系,实现生鲜消费的"快"和"鲜"。目前,盒马鲜生不但实现了新技术应用落地,还实现了新技术的推广输出,其自主研发的ERP系统、管控系统、履约系统等,也为其线下零售合作伙伴提供技术服务。

2. 超级物种

超级物种是永辉超市的新零售门店,超级物种的经营特征表现为以下几个方面。

一是商品结构及价格水平。超级物种属于高端生鲜超市,以生鲜、肉禽类、寿司等食品为主。

二是目标市场。主要吸引年轻、中高端客群到店体验,以3千米范围内居民为主,商品价格处于中高端水平。

三是选址策略及卖场规模。超级物种在推出半年后,其门店数量曾超过盒马鲜生,2019年蓬勃发展时在全国设有80余家门店。单店平均面积约为900平方米,从空间分布来看,福建地区和广东地区布局数量最多。与传统超市相似,超级物种的选址以商场负一楼、一楼为主,毗邻永辉超市。其店内设有鲑鱼工坊、波龙工坊、盒牛工坊等不同商品品类售卖区。

四是服务功能。超级物种采用线上线下融合发展模式,实现30分钟送达,引导线上线下消费。超级物种采用"超市+餐饮"经营模式,推出订桌服务,注重打造迎合年轻消费者的体验式消费场景,提高到店消费者黏度。

五是新技术运用。腾讯、京东等企业入股永辉超市,为超级物种提供新技术支持,如腾讯在超级物种门店推广使用微信扫码购、人脸支付等新技术,提高结算效率。超级物种引进智能管理系统、手机 App 及微信小程序，推动数据化经营。超级物种还注重整合供应链，与生鲜生产商合作，采用产地直采、规模采购等方式，降低采购成本，节约运营成本。

三、案例简评

（一）阿里巴巴的新零售发展历程

1. 战略投资及战略合作方面

2014 年 3 月，阿里巴巴以 53.7 亿元港币入股银泰，2017 年 1 月，阿里巴巴尝试私有化银泰，持股 74% 成为其控股股东；2015 年 8 月，阿里巴巴以 283 亿元人民币投资苏宁云商，成为其第二大股东；2016 年 11 月，阿里巴巴以 21 亿元人民币获得三江购物 35% 股权；2017 年 2 月，阿里巴巴与上海百联集团在六个领域展开全方位合作。

2. 淘品牌线下实体店战略

2016 年 4 月，阿里巴巴召开"新零售"平台商家大会，宣布线下布局战略，意在带领一群淘品牌走入线下。目前合作的淘品牌线下实体店包括银泰家居集合店、三只松鼠、茵曼、内外等。

3. 物流战略

2013 年阿里巴巴联合众多企业组建菜鸟物流网络，随后依托菜鸟物流网络实施物流整合战略。其主要措施包括：借力银泰复星，布局物流地产；参股心怡科技，抢占智能仓储制高点；投资全峰、百世汇通、圆通等快递企业，促进协同；投资海尔"日日顺"，增强大件物流能力；注资卡行天下，涉足干线运输；收购高德地图，保障地图资源及物流数据优势；投资新加坡邮政等，实施全球战略；投资苏宁云商，协同 450 万平方米仓储网络等。

4. 融合平台战略

2018 年 4 月，阿里巴巴联合蚂蚁金服以 95 亿美元的价格收购饿了么，以此完善阿里巴巴在新零售方面的布局，实现饿了么与阿里巴巴的有机整合，实现线上平台、线下商家的完整生态闭环。

盒马鲜生作为阿里新零售的"领头羊"，一直在探索新的商业模式。盒马鲜生作为集生鲜超市、餐饮、配送于一体的线上线下结合的融合平台，称得上新零售领域的典范。通过对食材的预处理和预包装，使消费者在购买商品后能够实现即时烹饪、加热、即食的效果。为此，盒马鲜生成立了一个特殊部门——3R 商品中心，对盒马鲜生的商品进行二次创新，通过再造产品，为其带来自主定价权。

（二）京东的新零售发展历程

1. 战略投资及战略合作方面

2015 年 8 月，京东以 43.1 亿元人民币入股永辉超市，持股比例 10%；2016 年 6 月，京东与沃尔玛展开深度战略合作，收购沃尔玛旗下的 1 号店，沃尔玛亦战略投资京东，与此同时，双方还在供应链、物流平台、电商平台等方面展开系列合作。

2. 实体店战略

2016 年 11 月，开设京选空间北京爱琴海实体店；2017 年 4 月 10 日，京东宣布，5 年内将在全国开设超过百万家京东便利店，其中一半在农村。

3. 物流等战略方面

2015 年京东打造了 O2O 生活服务平台——京东到家，2016 年促成达达与京东到家合并，整合众包物流平台及超市生鲜 O2O 平台业务。通过一系列物流战略，京东物流成为全球唯一拥有包括中小件网、冷链网、大件网、B2B 网、跨境网、众包网（达达）六大物流网络的智慧供应链企业，截至 2016 年，京东在全国运营 7 个大型智能化物流中心，拥有 256 个大型仓库，6906 个配送站和自提点。2017 年 4 月，组建京东物流子集团，进一步打造全产业链的供应链平台。

（三）苏宁易购的新零售发展历程

苏宁易购较早开启 O2O 探索历程，在布局新零售上主要实施了三大战略：一是大数据的挖掘应用，依托全渠道的大数据加之店员的导购服务，实现精准和个性化营销服务；二是开设易购直营店，通过直营店模式将触角深入县域和乡镇，实现与线上的衔接和融合；三是提供定制化服务，针对门店购物需求者，通过预约导购服务提供私人定制服务。

2015 年苏宁易购与万达合作，在万达商业综合体内开设苏宁易购云店，顾客可以在店内体验，线上下单。苏宁易购云店包含电器经营、红孩子母婴店、苏宁超市实体店以及互联网服务体验区等综合服务。2016 年，苏宁易购开启了开设苏宁小店的历程，其由实体店和独立 App 结合而成，提供"最后一千米"的生活便利服务。2017 年，苏宁易购在一、二线城市核心商圈，围绕中高端产品和互联网品牌打造"品质生活体验基地"；在农村市场，在 2000 家苏宁易购直营店的基础上，苏宁易购继续推出"千店计划"，同时还将进一步推进苏宁超市店、苏宁红孩子母婴店、苏宁小店等零售新业态战略。

（四）其他企业的新零售发展历程

国美集团在 2016 年 12 月，宣布线上线下深度融合的社交新零售战略，其基本路径是以"6 + 1"为价值创造触点，打造集互联网、物联网供应链为核心竞争力的新零售生态体，其中"6"表示用户、产品、平台、服务、分享、体验，逻辑上层层递进，形成完整生态闭环，"1"表示线上线下融合。到了新零售时代，国美集团的新零售之路就是采用实体店、国美 App、国美美店三端进行引流的线上线下融合模式，并且配合低价促销策略以期占据更大市场份额。易点鲜依托社区经济，推行"易点鲜云平台 + 社区店 + 城市物流和众包物流"的新零售战略。

四、问题探索与理论链接

互联网在商业模式和产业链中的广泛渗透，加速推动了数字经济时代的到来。以互联网、大数据为基础,零售业中的"人""货""场"及其内在关系正发生着颠覆式的重构,依托新技术的新场景、新渠道、新体验等层出不穷,并由此引发了新零售的概念之争。目前,中国已形成了全球最大的电子商务市场,网络零售规模稳居世界第一,约占全球市场的半壁江山。作为数字经济最活跃、最集中的表现领域之一,中国企业正在成为零售业创新实践的领跑者,也为零售理论创新提供了最具典型性和代表性的诸多分析样本。在研究层面,如何界定新零售的概念,以及对新零售的探讨也在学术论坛中频繁涌现。虽然关于新零售仍有待进一步的理论探讨,但目前绝大多数观点的共性认识在于,零售业的创新实践多与互联网背景及其驱动的大数据的应用紧密联系,这也是本讲接下来的重点关注维度。

鉴于中国零售业的创新实践已经极大丰富,先需要讨论的并非如何界定新零售的概念,而是如何透过互联网和数字化条件下的零售新现象,明确新情境中的零售本质及其可能的创新机制。这不仅对丰富零售基础理论具有重要意义,而且对于零售创新实践也具有现实启发。同时,作为连接生产和消费的关键纽带,流通在促进产业结构调整和升级方面发挥着重要作用。在供给侧结构性改革的背景下,零售创新如何反馈、服务乃至引导中国制造的效率提升,与去库存、去产能、降成本、补短板等重大经济问题息息相关,这关系着整体经济发展。鉴于此,本讲将首先探讨零售和零售业的理论本质,而后在结合互联网、数字化的作用框架和案例分析的基础上,运用马克思主义政治经济学的相关理论,提出构建适应互联网和数字化情境、更好发挥零售本质功能的新机制。

(一) 马克思流通经济范式中的零售本质

马克思最早在《〈政治经济学批判〉导言》《资本论》等相关著作中系统地阐述了商品流通的本质及其表现形式。从社会再生产的整体框架来看,零售是商品流通这一"无限错综的一团锁链"[①] 的重要构成部分,作为社会再生产过程的"交换"要素而存在;同时,从商业资本理论出发,零售业则是"专门"进行社会商品交换的行业之一,作为"商品经营业的商业资本"而发挥作用。马克思流通经济范式从社会再生产视角揭示了零售和零售业的本质,对于认识互联网和数字化情境下的新零售奠定了重要的理论基础。

1. 社会再生产视角的零售本质

从生产、分配、交换、消费之间紧密衔接和相辅相成的作用关系来看,零售作为社会再生产框架中关键的"交换"要素,最直接、最本质的功能在于促进社会商品交换,通过完成商品的最终销售而推动使用价值和价值的实现。只有消费者最终购买,对于商品资本本身而言才真正完成了由商品到货币(W—G)的第一形态变化,商品才真正意义上在流通全程中完成"惊险的跳跃"。具体而言,从商品是使用价值和价值(价值实体和价值量)两个因素的综合体的角度出发,虽然商品价值通常并不是在市场上直接创造的,但流通过程却是使用价值传递和价值实现的关键过程,而零售则从属于这一过程,并且作为终端流通环节直接作用于商品价值和使用价值的最终实现。

一方面,从使用价值的有效转移和传递来看,零售活动应当重视"物的有用性",即零

---

① 马克思、恩格斯:《马克思恩格斯全集》第十三卷,中共中央马克斯恩格斯列宁斯大林著作编译局编译,人民出版社,2006,第84页,后同,省略部分信息。

售商应当从有效需求出发，为消费者筛选出能满足其需要的高质量产品，并向厂商反馈真实需求，帮助生产者判断市场动向以便创造出更匹配需求的、更加新颖且丰富的使用价值。如马克思指出："使用价值同时又是交换价值的物质承担者"[①]，一旦产品使用价值发生缺陷或无法满足需求，那么交换价值将失去基础，价值也就无法最终实现，从而直接阻碍市场交易和供需匹配。因此，零售过程不仅要保证使用价值的完整性，更要甄别和传递符合需求的丰富的使用价值。

另一方面，从商品价值的实现过程来看，零售作为流通过程中唯一直接接触消费者的环节，通过恰当传递商品使用价值、性价比等相关信息，在帮助生产者传递产品和品牌信息的同时，也帮助消费者了解和筛选商品。这一过程有效地充当媒介，促进商品的价值交换，帮助实现由供给商品到收回货币的价值形态的最终转化。即从商品转化为货币（W—G）和从货币再复归于商品（G—W）这两个相互对立、相互补充、不断循环的社会再生产的统一过程来看，零售也是价值交换的媒介环节，对于"W—G"的第一形态变化而言，正如马克思所指出的那样，它是"商品的惊险的跳跃。""这个跳跃如果不成功，摔坏的不是商品，但一定是商品占有者。"[②]

因此，作为商品流通的重要组成部分，零售的本质在于作为交换要素而发挥"媒介供需"的职能。生产过程形成商品的价值和使用价值，而流通过程则最终推动了价值实现和使用价值的物质代谢，也即只有消费者最终购买才会使生产者持续回笼货币资金，满足生产需要和完成必要劳动耗费的及时补偿，再生产也才能顺畅运转。由于占据着最后一道销售环节，从而也是商情信息反馈的首道环节，零售对于商品及其背后的生产者和所有者而言是最为"惊险的跳跃"，于社会再生产而言，零售在媒介价值形态转化、最终实现商品价值和传递使用价值上具有关键且不可替代的意义。

更进一步，我们还要认识到零售介于供给和需求之间的动态作用框架。生产、分配、交换、消费之间是彼此依存、相互制约的动态关系。正如马克思所说："一定的生产决定一定的消费、分配、交换和这些不同要素相互间的一定关系。当然，生产就其单方面形式来说也决定于其他要素。"[③] 这也就是说，虽然生产在社会再生产过程中是主导性的，但其他要素不仅可以反作用于生产，在一定条件下甚至可以反过来起决定作用。一方面，就生产与消费之间的动态辩证关系而言，"生产直接是消费，消费直接是生产""每一方直接是它的对方""产品在消费中才得到最后完成……产品只是在消费中才成为现实的产品"[④]。由此可见，生产为消费提供对象，但消费同时也是生产的目的，消费的需要反过来决定着生产。另一方面，就生产和流通的动态辩证关系而言，零售作为商品流通的重要一环，也是"生产和由生产决定的分配一方同消费一方的中介要素"。

基于此，零售既要作为消费者的采购代理人而买，同时也必须作为生产者的销售代理人而卖。零售的作用既在很大程度上取决于供给侧的功能和效率，同时也受限于购买习惯和偏

---

① 马克思、恩格斯：《马克思恩格斯文集》第五卷，中共中央马克斯恩格斯列宁斯大林著作编译局编译，人民出版社，2009，第49页，后同，省略部分信息。
② 马克思、恩格斯：《马克思恩格斯文集》第五卷，人民出版社，2009，第127页。
③ 马克思、恩格斯：《马克思恩格斯文集》第八卷，人民出版社，2009，第23页。
④ 马克思、恩格斯：《马克思恩格斯文集》第八卷，人民出版社，2009，第15页。

好等需求侧的影响因素，亦即在供需的动态作用框架中，零售的媒介职能也随情境不同而有不同的体现。当生产相对消费是主导性的（如标准化生产和同质化需求），其媒介作用通常蕴含于推动商品快速买卖的营销活动之中；而当消费对于生产什么、为谁生产以及如何生产等问题发挥更突出的主导作用时（如个性化生产和定制化需求），其媒介作用则更多蕴含于探知需求、引导生产的信息反馈之中。

综上所述，从社会再生产视角来看，在商品经济发展的任何阶段，零售的本质都在于作为交换要素而发挥"媒介供需"的作用，并且由于零售是将代表生产者的供给和代表消费者的需求连接在一起的最直接的经济活动桥梁，因此零售要始终适应生产和消费的动态变化，这是零售蕴含于社会再生产过程中的最关键作用，也是零售从属于商品流通的本质体现。

2. 零售本质的初步总结

从马克思的社会再生产理论框架出发，在供给和需求之间，必须存在交换这一媒介要素，而作为唯一直接接触消费者的媒介要素——零售，是促进供需匹配的最直接的经济活动桥梁，既要面向生产者推动商品价值的实现，也要面向消费者推动使用价值的物质代谢。为了便于分析，本讲将上述零售的最本质的流通功能定义为"媒介供需"。理解零售的本质还要看到下述两个关键点：第一，零售的最终目的在于更好地满足需求，而这一目的最终仍要通过更有效地服务生产、提升供给侧效率来实现，亦即重视零售识别需求、引导生产的联动机制；第二，零售的主体可以具有多元性，既可以由生产主体直接承担（产销合一），也可以由独立分化出来的零售商承担（产销分离），零售业从产业资本中分化独立出来的关键意义在于通过专业化的零售活动保证更高水平的媒介效率，亦即以效率提升来进一步强化零售的本质功能。

（二）零售的源起及其在资本主义经济关系中的本质

零售是人类社会交换关系发展中最古老的贸易形态，正如恩格斯所说："当贸易只限于零售交易的时候，贸易的形式是原始的、粗糙的。"[1] 源起于人类氏族部落共同体之间的偶然物物交换及其向原始共同体内部的渗透，已经表现出最原始的零售贸易雏形，并在一定程度上推动了物物交换向商品流通和商品生产的艰难发育[2]。在商品经济不发达时期和简单商品流通形式下（W—G—W′），人们从事物质产品生产的动因与自然经济时期有较大的相似性，最终目的仍在于通过生产或交换获得使用价值，表现为"朴素理性主导"[3] 的经济活动，即交换的目的在于"为买而卖——是达到流通以外的最终目的，占有使用价值，满足需要的手段"[4]。但简单商品流通和货币流通的存在为"作为商品而进入流通的产品"以及"专门对商品交换起中介作用"的商业资本的存在提供了必要的条件，零售活动经由商业之

---

[1] 马克思、恩格斯：《马克思恩格斯全集》第五卷，人民出版社，1958，第373页。
[2] 马克思指出："商品交换是在共同体的尽头，在它们与别的共同体或其成员接触的地方开始的。但是物一旦对外成为商品，由于反作用，它们在共同体内部生活中也成为商品。"参见马克思：《资本论》第一卷，中共中央马克思恩格斯列宁斯大林著作编译局编译，人民出版社，2018，第107页，后同，省略部分信息。
[3] 参见金碚：《高质量发展的经济学新思维》，《中国社会科学》2018年第9期。
[4] 马克思：《资本论》第一卷，人民出版社，2018，第178页。

手的规模也会逐步加大。由于商人集中"为许多人而进行买卖",因此买卖行为"不再与购买者(作为商人)的直接需要联系在一起了""商业使生产越来越具有面向交换价值的性质"。因而从历史考察的角度,包括零售业在内的商业资本的存在和一定的发展,"本身就是资本主义生产方式发展的历史前提"①,推动着以使用价值为动因的简单商品流通越发转向以交换价值为基础的资本流通形式(G—W—G′);或者说,"要使资本能够形成并且能够支配生产,需要商业发展到一定的阶段,因此也需要商品流通,从而商品生产发展到一定的阶段"②。

作为资本主义生产前提的商业必然"随着资本主义生产的发展而日益发展"③,只有在资本主义生产方式的基础上,资本流通形式才会得到极大发展,不只是产品经由商业而进入流通的规模越来越高,而且随着生产者自身变成商人和资本家,流通成为生产的一个要素和过渡阶段,商业资本由"资本在历史上最古老的自由的存在方式"逐步表现为被产业资本支配的"执行一种特殊职能的资本"④。因此,资本主义生产方式必然不断提高流通社会化,即"资本主义生产方式的趋势是尽可能使一切生产转化为商品生产;它实现这种趋势的主要手段,正是把一切生产卷入它的流通过程"⑤。零售普遍地融入以价值增殖为特征的资本流通过程,零售为资本主义生产体系而执行社会化销售职能,尤其是在批发业日益发展和物流社会化的基础上,零售业还可以借此延伸至更广阔的领域,在远方乃至世界市场中推动着资本不断突破"用时间去消灭空间"⑥。然而,流通本身被资本支配,仍然无法克服剩余价值生产与实现之间的对抗性矛盾,甚至商品流通和商业资本越发展,越有可能因资本增殖驱动而加深剩余价值实现的难题和周期性经济危机。

因此,资本主义经济中的零售业发展难免孕育着矛盾。一方面,零售资本的周转除了受生产时间和再生产消费的限制以外,"最终要受全部个人消费的速度和规模的限制",并且"产品只是在消费中才成为现实的产品"⑦,因而零售推动价值实现的流通机能必须以市场对使用价值的真实需要和消费速度为限度。作为关乎商品价值最终实现的"惊险的跳跃"⑧,零售必须在传递使用价值的过程中密切关注消费的需要,并作为流通渠道中唯一的直接面向最终消费者的环节最先发挥市场预警作用。另一方面,提升流通效率和周转速度的根本归宿在于降低流通时间对再生产过程的消极制约,无论是营销技能的提高还是商业技术的进步,虽然表现为更好地为消费服务并促进供需敏捷匹配,但由于零售本身从属于资本流通过程,这在根本动机上仍难以避免价值增殖的资本本性。资本主义生产方式必然促使商业资本的增加,而且随着商业资本容易挤进零售业,过剩的不执行职能的游离资本越来越多地在零售业出现,并通过批发业而不断放大虚假的需求,当商品的连续买卖"只是表面上被消费吞没"

---

① 马克思:《资本论》第三卷,人民出版社,2018,第362、363、364页。
② 马克思:《资本论》第二卷,人民出版社,2018,第40页。
③ 马克思:《资本论》第二卷,人民出版社,2018,第128页。
④ 马克思:《资本论》第三卷,人民出版社,2018,第362、364页。
⑤ 马克思:《资本论》第二卷,人民出版社,2018,第127页。
⑥ 马克思、恩格斯:《马克思恩格斯文集》第八卷,人民出版社,2009,第169页。
⑦ 马克思、恩格斯:《马克思恩格斯文集》第八卷,人民出版社,2009,第15页。
⑧ 马克思将商品向货币转化的不平坦道路形象比喻为"商品的惊险的跳跃",并指出:"这个跳跃如果不成功,摔坏的不是商品,但一定是商品占有者。"参见马克思:《资本论》第一卷,人民出版社,2018,第127页。

而仍然积压在转卖者手中时,却使资本主义生产者只看到连续性的表象,"整个再生产过程可以处在非常繁荣的状态中"①,商业资本不仅自身超出再生产过程的界限,而且"还会驱使再生产过程越出它的各种限制"②。由此,随着市场扩大而加剧推动资本主义生产的无政府状态,加深由资本的本性所内生的剩余价值实现问题。

总之,在生产、分配、交换、消费相互联系和制约的社会再生产系统中,零售是推动生产和消费有机衔接并且影响社会生产价值再分配的不可或缺的流通环节,是任何社会经济形态中只要存在交换就必然具有的最基本的贸易形态。尽管人类从事零售业最朴素的动机是满足对物质产品的消费,即以不同于生产的交换的方式,在自身生产能力以外获取种类更加丰富的使用价值,但随着分工的深化和资本流通形式的一定发展,零售必然越发面向交换价值而展开。尤其是在按照生产价格来交换的成熟资本主义经济中,零售虽然受限于消费能力而不得不考虑消费者的需要,但从根本上仍服务于资本主义扩大再生产和资本逻辑的深化,零售是在传递使用价值和推动资本增殖的双重意义上媒介供需的社会交换关系,加速再生产循环的同时也难以避免加剧资本主义积累的对抗。

(三) 数字化零售趋势的兴起与中国零售业转型

随着新零售的进一步发展,数字化零售趋势兴起。从世界范围看,资本主义国家普遍兴起的数字化零售趋势并不是对商品经济条件下零售本质的颠覆,而是以新一代信息技术进一步支持流通效率提升的体现,更具体地说在于以数字化信息技术加快一定时期一定量商业资本在零售过程中的周转速度,但这对资本主义经济的根本意义则在于不断克服流通时间对再生产循环和价值增殖的消极制约,因而又绝不可能背离资本的本性。回溯零售业伴随社会分工发展的历次组织形态演化,从产销分工到零售业独立化再到商业内部批发和零售分工深化,以及从19世纪中期到20世纪被称为三次零售业革命的百货商店、连锁商店和超级市场的陆续兴起,无一不是源自生产力和生产关系的矛盾运动对更高流通效率的诉求。通过技术进步和管理革新,零售业不断寻求以更低流通费用衔接社会化大生产和最终消费需要的有效方式。特别是随着超级市场对管理信息系统的应用推广,零售业加速开启了商情信息的数字化管理趋势。以沃尔玛为典型代表的零售巨头均十分重视利用信息技术强化销售数据的积累和分析,根据消费动向调整商品结构并基于信息化有效贯通生产组织;但对零售商而言,数字化提升流通效率和获利基础的关键则在于赋予零售商更加薄利快销的周转方式。这是因为商业部门周转速度的加快并不能决定商品资本的总利润量,但由于商业部门"一定量商品资本周转一次获得的利润,同实现这个商品资本的周转所需的货币资本的周转次数成反比",因此增加一定时期内的周转次数可以降低每次出售的商品价格,从而推动快速买卖。薄利快销,特别对零售商来说是他遵循的一个原则。这一规律对单个零售商的决定意义在于"他会赚到超额利润"或者"如果为竞争所迫,他可以卖得比他的伙伴便宜一些,但不会使他的利润降到平均水平以下"③。超级市场以薄利快销的特点在经济危机时期获得大发展,这在一定程度上印证了上述原则。

---

① 马克思:《资本论》第二卷,人民出版社,2018,第89页。
② 马克思:《资本论》第三卷,人民出版社,2018,第339页。
③ 马克思:《资本论》第三卷,人民出版社,2018,第349、350页。

由此可知，数字化零售加快资本周转并不意味着通过增加周转次数而直接创造价值，而是在于通过快买快卖来缩短流通时间对产业资本增殖运动的消极限制。在马克思看来，流通时间作为资本增殖过程的积极因素只是表面的现象，它实际上是对资本增殖运动起限制作用的消极因素，"限制的程度与流通时间持续的长短成比例"。因此快速买卖是零售商要遵循的重要原则，并且对于价值增殖而言，"G—W"作为必要的行为"是剩余价值生产的导论，而不是它的补遗"，而"W′—G′"则是"W′所包含的剩余价值的实现"，从而"卖比买更为重要"①。因此，数字化助推零售快速周转的过程最终要服务于资本循环及其增殖运动。

20世纪70年代以后，随着信息产业在资本主义发达国家的大力发展以及信息系统与精益生产、模块化生产网络的广泛结合，信息化成为促进制造、零售与消费之间更紧密连接的有效技术手段，即通过更精准地发现、利用、重组流通过程，尤其是零售过程中的信息来消除市场需求的不确定性。这虽然在一定程度上促成了后福特主义时代基于消费个性的反向定制化和计划性生产特征，对于防范无效产能和过剩供给具有一定的积极意义，但并不意味着过剩性经济危机的隐患消失或被彻底克服。在资本主义经济中，依靠零售来反馈或传递个人消费需要并加强生产的定制化和计划性特征只能是在有限范围内的表现。如马克思所指出，"根据订货进行生产，即供给适应事先提出的需求，作为一般的或占统治的情况，并不适合大工业，绝不是从资本的本性中产生出来的条件"。资本流通过程的连续稳定性"对于以资本为基础的生产来说，同以往一切生产形式下的情形相比，是在完全不同的程度上表现为基本条件"。如果假定所有资本彼此都根据订货进行生产，"因而产品始终直接就是货币——这种想法同资本的本性相矛盾"。时至今日，随着信息技术的更新换代，不断推动着零售的全球化扩张，尽管一定范围内存在但却并没有普遍地看到零售完全从个人需要出发实现对生产的真正指挥，它仍然只是普遍地协助产业资本在世界市场上加剧榨取剩余价值。虽然"生产的连续性是要求消灭流通时间的"，但"资本的本性要求资本通过流通的不同阶段""资本在能够像蝴蝶那样飞舞以前，必须有一段蛹化时间"②。因此数字化零售也必然在不断扩大的世界市场中继续助力资本的蛹化。在全球价值链中，流通作为价值实现的关键环节影响甚至控制着财富的分配和流向，以新技术提升流通效率和加强流通控制成为支撑资本主义生产方式全球扩张的重要途径。沃尔玛等零售巨头正是通过对流向美国乃至世界市场的流通环节的掌控获取了垄断利润。进入21世纪以后，由Web 1.0到Web 2.0的技术发展，使得数字化信息技术进一步支撑亚马逊等互联网平台的兴起，其实质仍是以新技术提升流通效率，进而加快资本周转速度并加剧资本的全球扩张速度。

在新零售的基础上，当前中国零售业普遍掀起数字化转型热潮，这固然是零售业融入全球竞争并伴随市场供求矛盾发展而推动流通效率变革的体现，但是应当看到，由于社会性质和经济制度的差异，数字化转型具有不同目的和规律。其一，不同于资本主义制度，我国社会主义生产的目的始终以人民为中心，流通领域的市场化改革和商业发展的目的与生产目的相一致，数字化零售的过程虽然表现为加快商业周转和提高流通效率，但最终不是服务于资本的增殖和扩张，而是为更好地满足广大人民群众对美好生活的具体、现实需要。因此，我们要坚持完善社会主义市场经济体制，在积极利用新技术推动生产力发展的同时，自觉规避

---

① 马克思：《资本论》第二卷，人民出版社，2018，第142、144页。
② 马克思、恩格斯：《马克思恩格斯全集》第三十卷，北京：人民出版社，1995，第533、548页。

技术与资本的过度捆绑，在积极拥抱数字化转型趋势的过程中，始终防范数字化零售的发展陷入资本陷阱。其二，过去一段时期内曾经出现的我国实体零售业的增长放缓，或零售业中出现的关店调整等，并不是生产过剩性危机的先兆，而是源于零售业的市场经验和商品经营能力积累的不足。在消费升级趋势下，商品的供给结构与现实的消费需要之间呈现出暂时的结构性失衡，这种现象最容易表现在直接面向最终消费者的零售环节，从而更加凸显出零售业加速推进数字化转型的迫切性。数字化技术的应用，有助于我国零售业快速提升自主采购、精准营销等专业化的商品经营能力，提高流通领域的媒介性和先导性能力，以及时适应消费升级的需要，促进和优化供需结构匹配。

因此，在世界范围内普遍兴起的数字化转型趋势下，数字化信息技术是支持我国零售业更好开展专业化经营、应对全球竞争以及继续深化流通体制改革的大势所趋，它也成为弥补市场经验不足、优化商品供给结构进而提升商业周转能力的有力技术手段。通过数字化零售提升流通效率是向成熟市场体系不断发育和转型的必然趋势。

（四）数字化驱动零售创新的潜在作用机理

数字化零售作为以信息化提升流通效率的技术路线，本身有益于解决生产和消费之间的信息鸿沟与流通阻塞，具有加速市场实现并反向驱动生产创新的潜力，更具体地说在于由洞察消费需要到促进供需匹配直至联动再生产资源配置的潜在作用机制。

1. 数字化零售与消费洞察

在通俗意义上，人们将零售喻为连接"人""货""场"的桥梁，那么消费洞察即在于发现和识别不同"人"的消费需要，这是零售活动及其数字化创新的市场分析起点。马克思就生产和消费的动态辩证关系指出："生产直接是消费，消费直接是生产。每一方直接是它的对方……消费创造出新的生产的需要，也就是创造出生产的观念上的内在动机"[①]。没有消费也就不存在生产的动力。因此，数字化驱动零售创新的逻辑起点和优势在于，数字化分析有益于零售和消费之间更紧密的连接，即通过挖掘零售数据更精准地获知消费动向，识别个人的多元化消费需要，帮助消除由消费到生产的信息传递鸿沟，尽可能规避无效商业供给和商品误配，从而为化解由生产、零售到消费的商品流通难题提供技术支撑。

互联网信息技术的广泛应用为零售业的数字化转型奠定了基础，互联网通过推动消费的个性化升级提高了零售业对需求分析精度的要求，也同时为深入洞察消费行为提供了大数据基础。一方面，随着世界各地的生产、流通、消费等活动通过计算机网络日益紧密地连接起来，原本在不同实体空间碎片化分布的小众需求也因虚拟空间的聚集效应而具有了规模经济的基础，高度分散化的长尾需求借助数据字节式的虚拟货架展示，广泛便捷的信息沟通渠道及大数据搜集匹配等方式在互联网市场中极大显性化，由此形成不同于传统工业经济时代的长尾经济。因此，互联网时代更有可能出现的商品流通和价值实现难题不在于社会消费相对不足，而在于社会化大生产对个性化的消费升级趋势响应不足，这就对消费洞察提出了更加精准化的要求，原则上要求零售商率先建立适配异质性需求波动的柔性供给机制。另一方

---

① 马克思、恩格斯：《马克思恩格斯文集》第八卷，人民出版社，2009，第15页。

面，互联网也为零售商提供了低成本、便捷式连接大量消费者的有力工具，这为消费数据的积累、分析以及数字化管理提供了重要基础。零售商可以利用互联网构建与消费者更紧密的社群联系，通过跟踪消费行为赋予每个消费者大量的个性化数据标签，捕捉转瞬即逝的长尾需求，并促使普通消费者以数据化方式参与研发创新。

在互联网大幅度提高长距离空间的信息传递效率的基础上，数字化分析技术进一步提高了高密度和大容量信息流的处理质量，将未经组织的数字、词语、声音、图像等转化为有意义的数据，数字化信息产品成为社会再生产过程中必不可少的生产资料。相较于以互联网为基础的"人与数据对话"，物联网、大数据、人工智能等在不同层面数字化技术的交互融合中进一步推动着"数据与数据对话"。物联网强化了万物互联的大数据采集效率，云计算提供了承载大数据的强大能力，大数据通过数据挖掘形成有效信息，人工智能则化信息为知识，形成层层递进、逐步深入的数字化分析路径。在互联网催生的个性化消费升级时代，数字化有益于零售商充分利用新技术突破需求侧的认知约束，在日益复杂的数据中发现关乎真实消费需求的有效信息，为零售创新奠定基础。

2. 数字化零售与流通效率的时空演进

作为归属于商品流通过程的社会交换关系，数字化零售创新的关键机理并不在于销售场地或商业设施的数字化更新，也不仅以数字化的交换情境单方面地提升消费体验；从"流通在空间和时间中进行"①的时空范畴来看，数字化有益于提升零售过程对于敏捷匹配供需的能力，这促使商品以更短的流通时间开拓更远的市场空间，从时间和空间双重维度提升流通效率。

一方面，数字化零售有助于市场在空间上的扩大，即推动商品交换关系开拓到越来越远的市场，这一过程不仅从扩大的空间角度促进供需匹配，而且也会随着交通运输工具的发展，进一步节约流通费用。在数字化信息技术支持下，零售商可以依托大数据资源和市场分析更有效地拓宽组织边界，并通过虚拟化交易场景的塑造持续扩大零售活动空间。移动互联网和社交媒体更是促进了网络零售业务的大发展，从而在一定程度上，零售市场空间的扩大可以降低对批发的依赖，而依托物流支持便可拓展至全球范围，这使无形的数字产品的零售甚至不再将空间运动作为必要因素。通俗而言的零售商圈扩展，亦即"市场在空间上相应扩大，以商品生产领域为中心画出的圆的半径越来越大"，数字化可以有效支持这一过程。当然在这一过程中，市场的扩大也使空间运输变成越来越必要的因素。从表面上看，不断增加的运输费用是价值的纯粹扣除，其实不然。在马克思看来，把产品运到市场的空间条件"属于生产过程本身"。"这个空间要素是重要的，因为市场的扩大，产品交换的可能性都同它有关系""这一实际流通（空间上的流通）的费用的减少，属于资本对生产力的发展"②，物流的社会化及其带来的更高运输效率是从节约生产性流通费用的角度增进流通效率的体现，而且交通运输工具的发展还会进一步引起"开拓世界市场的必要性"③。

另一方面，在数字化的需求分析基础上所形成的商品采购结构的合理化，有助于在零售

---

① 马克思、恩格斯：《马克思恩格斯全集》第三十卷，人民出版社，1995，第532页。
② 马克思、恩格斯：《马克思恩格斯全集》第三十卷，人民出版社，1995，第532页。
③ 马克思：《资本论》第二卷，人民出版社，2018，第279页。

过程中尽可能降低供需误配，这实际上相对地缩短了商品储备的停滞时间。而通过大数据营销和精准推送等方式，零售可以更有效地应对"千人千面"的多样化需求并提升供需匹配，由此通过数字化的"货找人"而大大缩短商品由零售到消费的流通时间，从节省纯粹流通费用的角度增进流通效率。

因此，数字化有助于零售在时间和空间的双重范畴内实现效率突破，并且在时间和空间上可以相互促进。数字化对流通时间的缩短有助于零售过程，"用时间去更多地消灭空间"；而流通时间的缩短原本就部分地由于"开拓了延续不断的市场"，而伴随空间扩张的交通运输工具的发展，实际上也是流通时间的节省；到达市场的速度比市场在空间上的远近更重要，"甚至距离也归结为时间"①。但是应当注意的是，在新技术推动的提高零售效率的时空演进中，数字化零售的微观主体原则上是多元化的。虽然零售业资本的独立化是发展趋势，但中间商的组织形态演化必须以流通效率为基础。在产销合一模式下，数字化可以成为制造商实现流通渠道"去中间化"的有效途径并成为直接面向消费者开展零售活动的有力技术手段。在产销分离模式下，数字化则为零售商重构"再中间化"渠道分工和提升流通效率提供了关键技术支持。在移动社交网络和数字化的平台组织中，消费者个人也越来越成为零售主体。总之，数字化在时空双重维度上驱动零售效率提升的潜在作用机理可以被日益多元化的零售主体所应用。

3. 数字化零售与社会再生产资源配置

虽然数字化赋予零售日益精准化的需求洞察能力，并具有驱动流通效率时空演进的巨大潜力，但数字化零售能否在识别需求的基础上持续衔接供需，还要受限于零售与再生产资源配置的联动程度，即在"货—场—人"关系中，通过联动上游生产，从根源上帮助解决"货"的有效供给问题。

马克思指出："一定的生产决定一定的消费、分配、交换和这些不同要素相互间的一定关系。当然，生产就其单方面形式来说也决定于其他要素。"② 在数字经济时代，随着消费者的个性化需求不断显现，上述有机联系的实现机制也会发生动态演进。一方面，产销之间的衔接逻辑发生了显著的变化。以数字化为技术工具，流通过程除了加速消化库存，还可以从消费端反推生产计划，通过反向定制生产、自有品牌开发等多种方式，帮助解决生产什么、由谁生产以及生产的产能资源如何分配等难题。比如，在购买者驱动的生产网络中，由零售商提出产品概念并组织供应商生产的"被流通决定的生产"情境开始越来越多地存在，这在一定程度上可以帮助缓解生产在不确定信息中的无政府状态，也更加适配数字经济时代个性化消费升级的需要。另一方面，产销主体之间的纵向关系发生了变化。数字化信息技术有助于跨企业的供应链管理的深化，零售商和生产者之间可以由基于流通渠道的供销关系进一步拓展至基于供应链的合作生产关系，随着产品结构和生产流程的模块化分割，具有信息优势的零售商甚至可以通过自有品牌规则反向主导生产者组建模块化的合作生产网络。尤其是随着互联网平台的兴起和消费者规模经济的显现，以及数字化基础设施和信息系统研发投入在实际使用中的非竞争性特征，数字化零售商更易于借助技术投入和纵向约束影响社会再

---

① 马克思、恩格斯：《马克思恩格斯全集》第三十卷，人民出版社，1995，第538、541、536页。
② 马克思、恩格斯：《马克思恩格斯文集》第八卷，人民出版社，2009，第23页。

生产的资源配置。虽然上述反向定制逻辑或合作生产模式仍是依据零售商而非消费者个人的"以销定产",在私有制和资本逻辑下也仍难免于资本的增殖本性,且如前文所述,完全根据全部消费者个人的需要进行定制生产,既在现实上不可能,也同资本的本性相矛盾,但如果通过制度重构来规避私有制和资本逻辑的盲目驱动,数字化零售本身具有反向引导社会再生产资源配置的潜在动能。

事实上,零售对生产的反向主导作用在传统工业经济时代也并不鲜见,在以精益生产、大规模定制等为典型代表的"拉动式"供应链系统中已经有所体现。亚马逊在创立之初也曾基于互联网开创了区别于传统书店的拉动式订单模式,这些都已反映拉动式产销逻辑对于优化产能配置并满足消费升级的重要意义。但受限于社会化大生产的规模经济约束,同时也必然受限于资本主义经济中生产和流通过程的连续性要求,上述拉动式产销模式只能是具有补充意义的模式。而在数字经济时代,数字化零售驱使柔性化生产成为更加常态的现象,且在数字化的互联网平台中更是基于强大的订单聚合效应而广泛可见,数字化零售在客观上具有整合分散化的生产资源和引领产能合理配置的潜在作用机理。但马克思指出:"在资本主义社会以前的各阶段中,商业支配着产业;在现代社会里,情况正好相反。"① 在成熟或发达的资本主义经济中,新科技在流通领域的应用将成为影响价值分配的有力工具,数字化零售整体显示正向效应。而在发展中国家,数字化零售则犹如一把"双刃剑",在商品经济和市场体系不成熟的情况下,将可能赋予商业支配产业的巨大力量并再次带来商业掠夺的风险,但在合理的制度重构的基础上却有助于激发数字化零售引领再生产资源配置的内在潜能。

(五) 结论及启示

中国网络零售走过了20多年的发展历程,其间经历了一系列业态演变,对传统实体零售也造成了重大冲击。如今在信息技术、消费升级、竞争态势等多重因素驱动下,零售业又迎来新的转变时机,即"线上+线下+物流"深度融合的新零售。由此,网络零售与传统实体零售也由对抗转向合作。新零售是以消费者为中心的零售本质的回归,其依托大数据开发应用,促进"线上+线下+物流"深度融合,更好地满足消费者购物、娱乐、社交等方面的综合需求。新零售无论在理论上还是实践中都处于探索阶段,具有巨大的发展前景。以阿里巴巴和京东为首的企业纷纷强力推进新零售战略,抢占新零售制高点,以获得竞争优势。毫无疑问,基于零售业的本质,未来的趋势必然是新零售,新零售的确切释义也会随实践的发展不断丰富和完善。新零售在自身发展壮大的同时,还促进了数字化零售的兴起。结合新零售的本质和发展的基本情况,在推进新零售实践的过程中,还需要注意以下几个方面的问题。

第一,以开放的态度迎接新零售。中国网络零售发展堪称世界第一。对比国内和国外的情况,网络零售鼻祖亚马逊成立于1995年,经历了这么多年的发展,其体量只不过是实体零售沃尔玛的1/5左右;反观中国现实,就自营零售来看,京东用了不到10年的时间成为中国第一,就平台体系来看,电商平台淘宝于2003年推出,2009年它就成长为中国最大的电商平台,淘宝2022年的交易额达到5571亿元。中国网络零售的发展,得益于信息技术的风口效应,也得益于众多企业的努力及宽松的发展环境。"模仿—创新升级—再创新、再升

---

① 马克思:《资本论》第三卷,人民出版社,2018,第368页。

级"是中国网络零售发展的基本路径，网络零售越来越展现出其原创性和中国特色，它不但变革了零售业，促进了零售效率的提升，还更好地满足了消费者的多维度需求，逆向促使制造业、服务业转型，同时还逐渐成为经济新常态和供给侧结构性改革背景下中国经济增长的新动能。网络零售的发展得益于宽松的环境和开放的态度，对基于网络零售等发展起来的新零售更应持开放的态度。

第二，政府为新零售发展创造必要的政策环境。中国网络零售在发展前期具有典型的"野蛮生长"特征，而后期随着其缺点的暴露，政府加大了鼓励和规范引导的力度，出台了一系列措施为其发展创造条件，这对促进网络零售的健康发展起到了重要作用。新零售发展涉及的环节更多、接触面更广、技术标准更高，缺失必要的政策环境，其发展会受到很大限制。为此相关部门应秉持鼓励发展的态度，为新零售发展创造良好的环境，诸如在规划引导、税收优惠、技术标准、基础设施建设、行业规范发展等方面给予支持。但必须注意的是，应重视环境塑造和制度规范，尽量避免对企业的直接干预，同时还要打破各种行政壁垒，鼓励各类企业开展对新零售的实践探索。

第三，新零售要凸显合作共享的基本理念。新零售的基本特征是"线上+线下+物流"的深度融合，核心是大数据开发应用的串联作用，全渠道购物和泛零售业态是其基本态势，这也决定了新零售的实践必须秉持合作共享的基本理念，这主要包括以下两个方面的要求。其一，线上线下的跨越需要合作共享。新零售理念下的线下实体零售不同于传统实体零售，新零售并非网络零售与传统实体零售的简单叠加，同时网络零售与传统实体零售的逻辑也存在很大不同，两者各有优劣势，即使由网络零售主导新零售的构建也脱离不了传统实体零售的支撑，两者采取合作共享模式更易取得成功；其二，新零售是数据驱动的零售形态，大数据的开发应用需要供应链各环节的合作共享。新零售的实质是打通线上线下，利用数据服务深度融合"线上+线下+物流"，最终实现以消费者为核心，以零售企业为主导，以服务企业为支撑，以制造企业为定制供给的合作共享格局。由此也可以看出，大数据的开发应用是布局新零售的关键。因此从这个意义上来说，未来主导新零售的企业绝非单纯的、一般意义上的零售企业，而是深度理解商业本质，具备强大的大数据开发应用核心能力的智慧型信息技术企业，这从阿里巴巴、京东的布局中也可窥见这一趋势。

五、问题讨论

（一）为什么现代企业要采用新零售商业模式？新零售商业模式的主要特征是什么？

（二）试运用政治经济学的相关理论探究新零售商业模式的本质特征及其未来的发展趋势。

（三）在"双循环"新发展格局背景下，我国企业将如何发展新零售商业模式？请结合实际进行分析。

参考文献

大卫·哈维，2016. 跟大卫·哈维读《资本论》：第2卷[M]. 谢富胜，李连波，等校译. 上海：上海译文出版社.

蒋亚萍，任晓韵，2017. 从"零售之轮"理论看新零售的产生动因及发展策略 [J]. 经济论坛（1）：99–101.

裴长洪，倪江飞，李越，2018. 数字经济的政治经济学分析 [J]. 财贸经济，39（9）：5–22.

孙冶方，2009. 社会主义经济论稿 [M]. 北京：中国大百科全书出版社.

王国顺，何芳菲，2013. 实体零售与网络零售的协同形态及演进 [J]. 北京工商大学学报（社会科学版），28（6）：27–33.

吴锋，2015. 主动适应消费需求之变 [N]. 经济日报，07–16（9）.

杨圣明，2016. 中国经济发展战略理论研究 [M]. 北京：中国社会科学出版社.

余斌，2014.《资本论》正义：怎样理解资本主义 [M]. 南宁：广西人民出版社.

中国流通三十人论坛秘书处，《中国流通经济》编辑部，林英泽，等，2017. 从阿里与百联"联姻"看"新零售"[J]. 中国流通经济（3）：124–128.